中国西部农村统计资料

2000

国家统计局农村社会经济调查总队

中国统计出版社
China Statistics Press

（京）新登字 041 号

图书在版编目（CIP）数据

中国西部农村统计资料－2000/国家统计局农村社会经济调查总队编．－北京：中国统计出版社，2000．8
ISBN 7－5037－3282－2/F·1266

Ⅰ．中…
Ⅱ．国…
Ⅲ．①农业经济-统计资料-中国-西北地区②农业经济-统计资料-中国-西南地区
Ⅳ．①F327．4-66②F327．7-66

中国版本图书馆 CIP 数据核字（2000）第 39410 号

中国西部农村统计资料－2000

作　　者/国家统计局农村社会经济调查总队
责任编辑/陈悟朝
封面设计/张　冰
出版发行/中国统计出版社
通信地址/北京市西城区月坛南街 75 号　邮政编码/100826
办公地址/北京市丰台区西三环南路甲 6 号
电　　话/（010）63262295，63266600－22500
印　　刷/科伦克三莱印务（北京）有限公司
经　　销/新华书店
开　　本/890×1240mm　1/16
字　　数/410 千字
印　　张/13．75（彩页 0．5 印张）
印　　数/2000
版　　别/2000 年 9 月第 1 版
版　　次/2000 年 9 月第 1 次印刷
书　　号/ISBN 7-5037-3282-2/F·1266
定　　价/78．00 元

《中国西部农村统计资料—2000》编辑委员会

编者的话

自党中央、国务院向世人庄严宣告中国将从现在起部署实施西部大开发战略以来,“西部大开发”这个词在各种媒体上出现的频率已经达到前所未有的程度,各个层面都以罕见的热情在关注、在讨论、在研究。然而当今世界,整个社会经济的运作与发展,都要靠信息来导向,西部大开发也不例外。

今年,是实施西部大开发的第一年。作为农村统计调查系统,我们自然关注的是西部农村。无论是出于感性的领悟还是理性的思索,我们都深信:20 年前,中国的改革大业发轫于农村;今天,当中国实施西部大开发战略的时候,或许国人应该将目光再次首先投向西部广阔的农村,在那里,21 世纪的春潮将孕育一个财富的摇篮。事实上也是如此,西部 80%左右的人口是农民,西部与东部最大的差距在农村,那么,潜力最大的也是农村。由于西部农业在西部经济中的重要性,以及西部地区在全国生态环境中的重要性,决定了西部的农业、农村与农民在西部大开发中的优先序。

出于责任感和使命感,我们着手编辑了这本旨在反映西部农业、农村和农民现状的统计信息资料,描述和透视西部农村的昨天和今天,以期为政府决策、为所有关注西部开发的各界人士提供分析研究的依据。明天,当西部繁荣富强的时候,我们或许能更加领悟到今天这份劳动的价值。

有鉴于此,在编辑本书的过程中,我们力求突出如下特点:

第一,权威性。本书收集整理的所有资料,均是政府统计调查资料,具有法定性。

第二,实用性。本书是迄今为止,国内第一部有关西部农村的统计资料工具书。在统计资料篇中,我们首次将全国的统计调查资料进行了按地区的多重分组,并且加工计算了大量的平均指标、结构指标以便于比较和研究。所选择的指标均是分析研究中必不可少的有用的信息。

第三,翔实性。本书共分三个部分。第一部分:西部农业与农村简况,介绍了西部各省区市农业资源优势、发展定位与开发思路。第二部分:综合篇,该篇加工整理了西部地区主要年份的统计数据。第三部分:地区篇,该篇加工整理了按全国、东部、西部以及西部各省区市进行分组的农村统计资料,以反映西部农村社会和经济发展情况、东西部发展差距以及各省区市发展的特点。另外,附录部分精选了党和国家领导人关于西部大开发的重要论述以及有关西部大开发的一些重要事件,目的是为读者提供西部大开发的一些背景材料。

第四，全面性。本书编辑加工整理了农业与国民经济、农村基本情况与农业生产条件，农业生产及成果，农村居民收入与消费，农村社区环境与基础设施等方面的统计信息资料，力求反映西部农村发展的全景。

需要特别说明的是：

1. 在编著本书的时候，西部大开发的地域范围还没有明确的定论。因此，我们根据三大地带的范围和地理概念上的约定俗成，考虑有关省区经济技术发展的实际水平，以及我国对内对外政策上的协调和形象一致性等各方面因素，兼顾可操作性，系统整理了原西部地带 10 个省区市（包括重庆、四川、贵州、云南、西藏、陕西、甘肃、青海、宁夏、新疆）和内蒙古、广西 2 个自治区的资料，供政府和社会各界决策参考。

2. 为使读者比较东西部农村发展的差距，同时也为"沿海发达地区率先实现农业现代化"提供分析研究的基础，本书中东部沿海地区包括北京、天津、河北、辽宁、上海、江苏、浙江、福建、山东、广东 10 个省市。

3. 为确保本书出版时效，书中 1999 年数据多为初步统计数，正式数据均以《中国统计年鉴－2000》为准。

4. 有关符号的说明："…"表示数字不足本表最小单位数；"＃"表示其中主要项；"—"表示无该项指标；"空格"表示数据不详。

5. 本资料中所涉及的全国性统计数据均未包括港澳台地区。

本书在编辑过程中得到了国家统计局有关单位以及西部 12 个省区市农调队的大力支持，在此表示感谢。

由于我们的水平有限，编辑过程中难免出现一些错误和技术上的疏漏，欢迎广大读者指正。

2000 年 6 月

图1　西部地区国内生产总值及构成

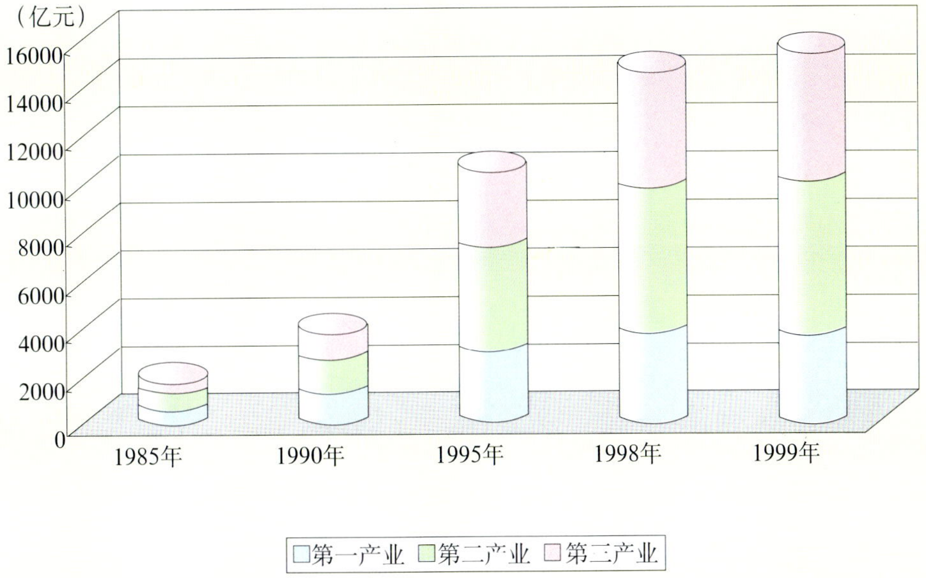

图2　1999年西部地区人均国内生产总值与全国、东部沿海地区比较

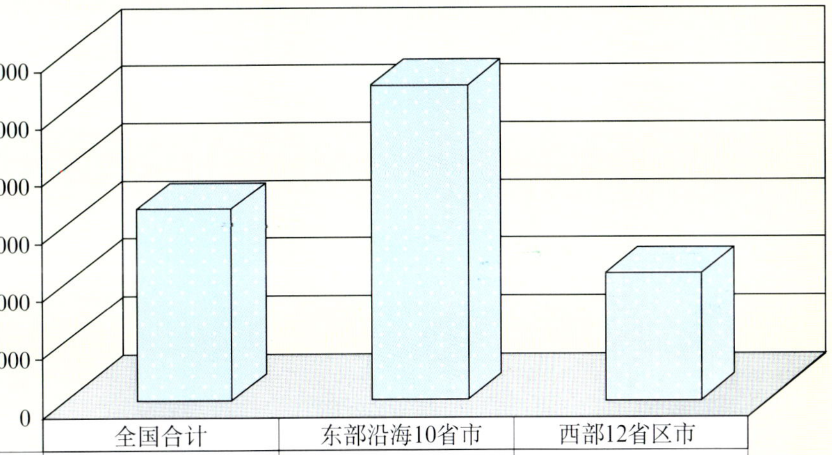

	全国合计	东部沿海10省市	西部12省区市
人均国内生产总值(元)	6534	10807	4302

图3　1999年西部地区地方财政收入、支出中农业部分

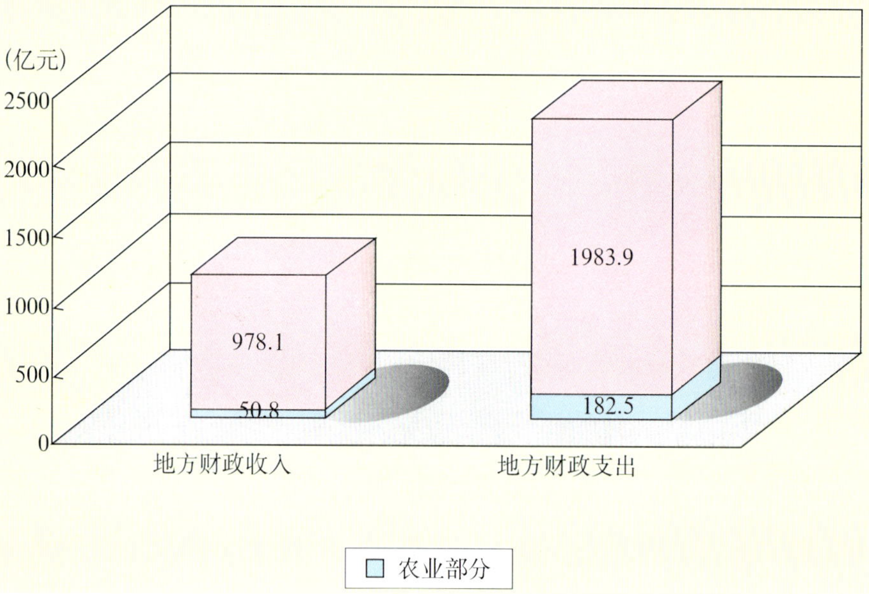

图4　1999年西部地区社会消费品零售额构成

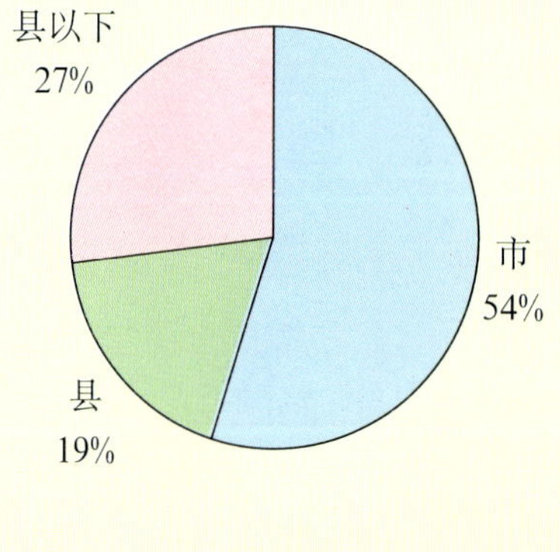

图5　1999年西部地区民族自治地方少数民族人口占总人口的比重

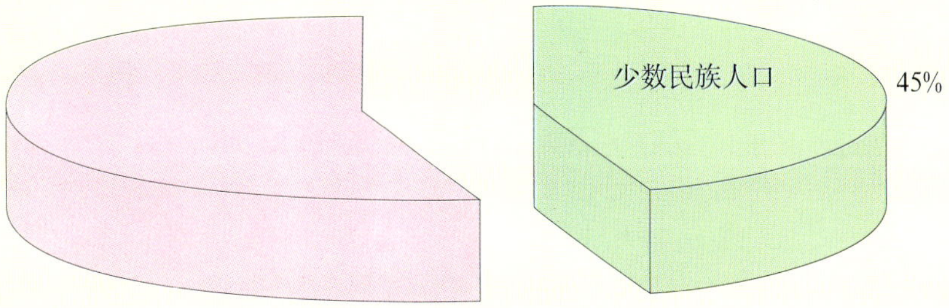

图6　1999年西部地区农村劳动力行业构成

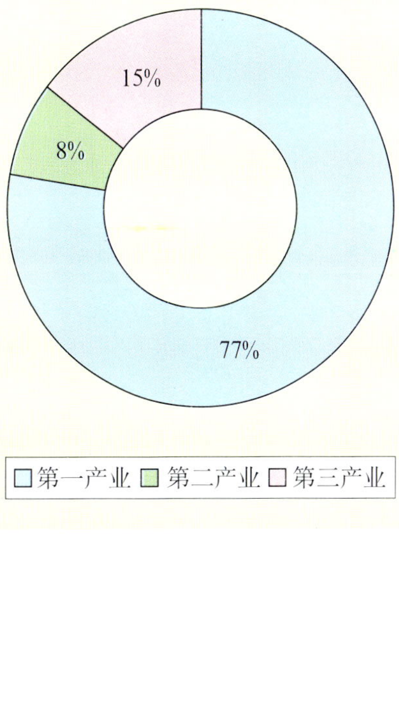

图7　西部地区人均占有耕地面积与全国、东部沿海省区比较

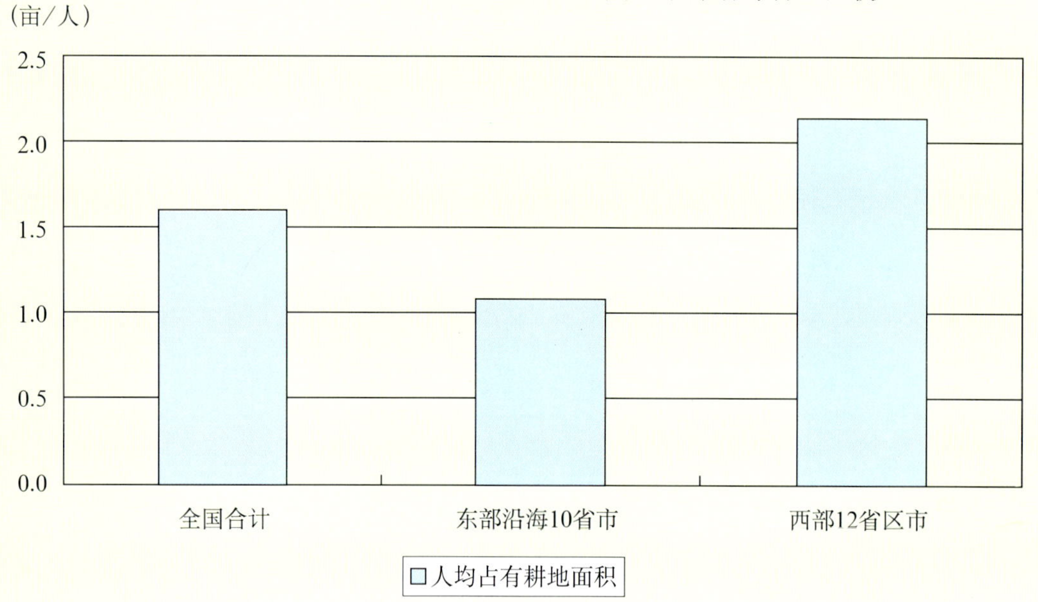

注：本图资料来源于全国第一次农业普查。

图8　西部地区农用机械总动力及占全国的比重

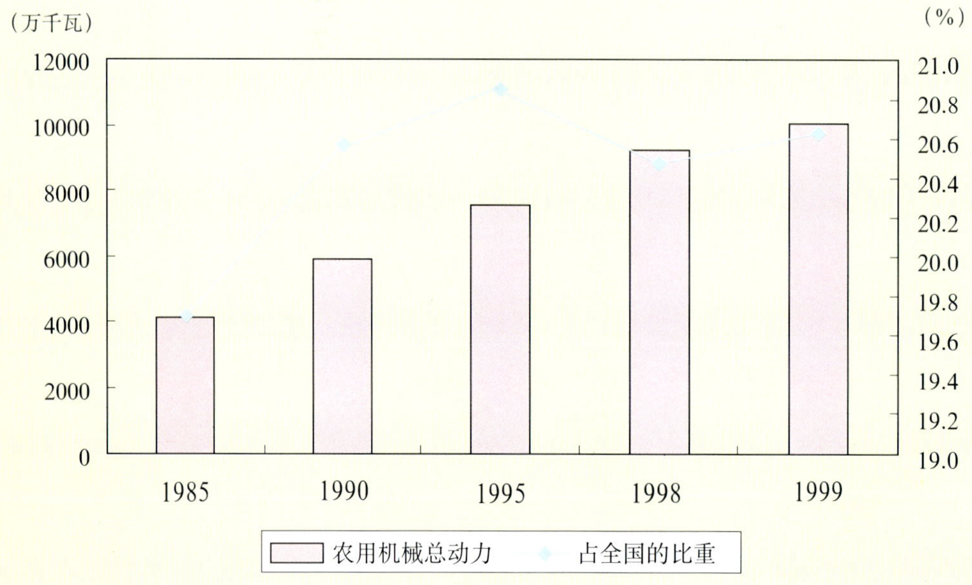

图9　1999年西部地区农作物种植面积构成

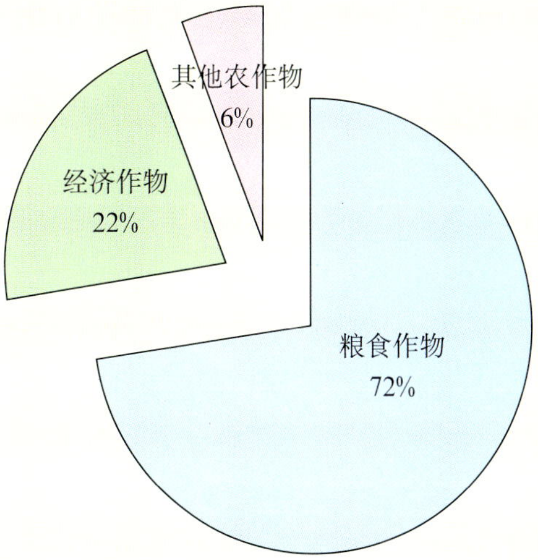

图10　西部地区粮食产量

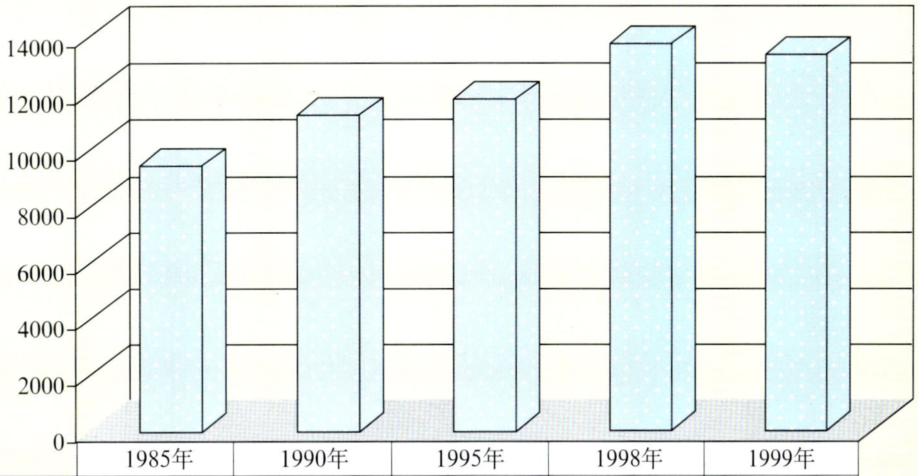

	1985年	1990年	1995年	1998年	1999年
□ 粮食产量(万吨)	9356	11168	11730	13714	13376

图11　西部地区现价农林牧渔业总产值及占全国的比重

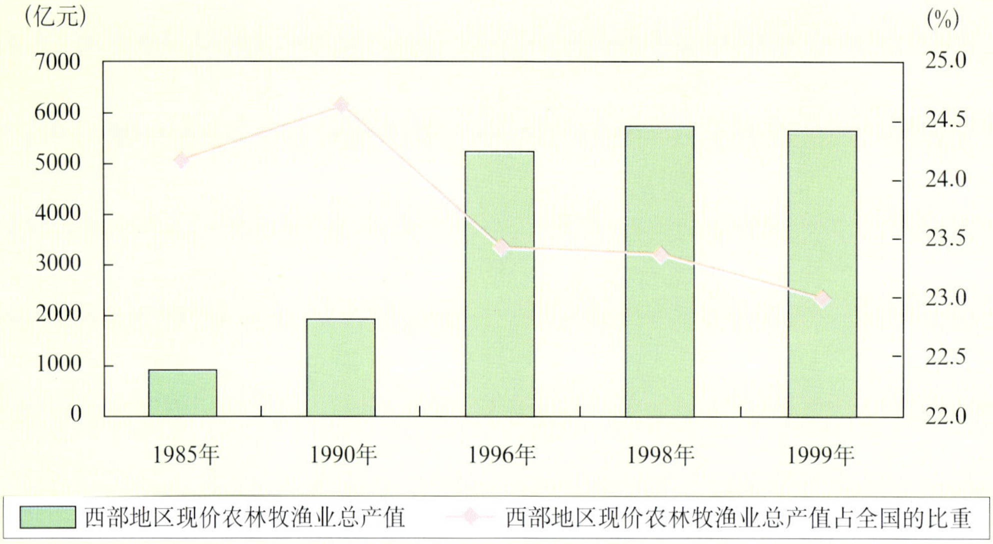

图12　西部地区现价农林牧渔业总产值构成

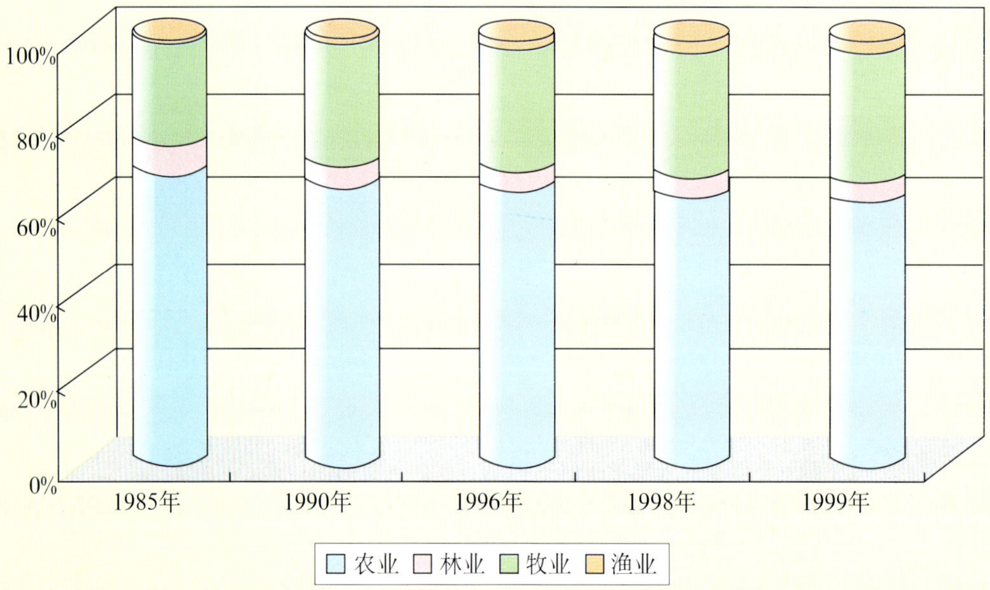

图13　西部地区农村平均每个建制镇基础设施建设情况

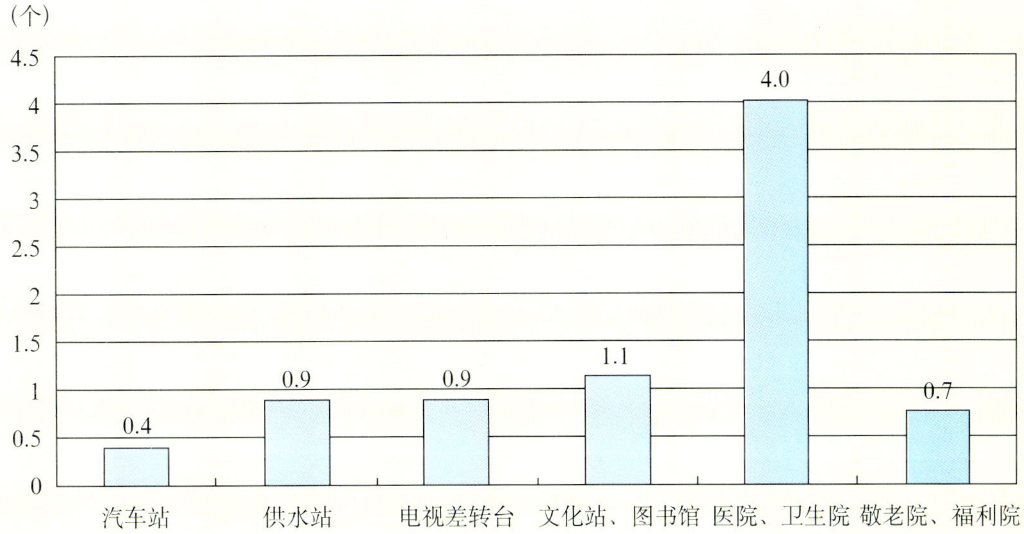

注：本图资料来源于全国第一次农业普查。

图14　西部地区通电、通邮、通电话、通公路、通自来水的村占全部村的比重

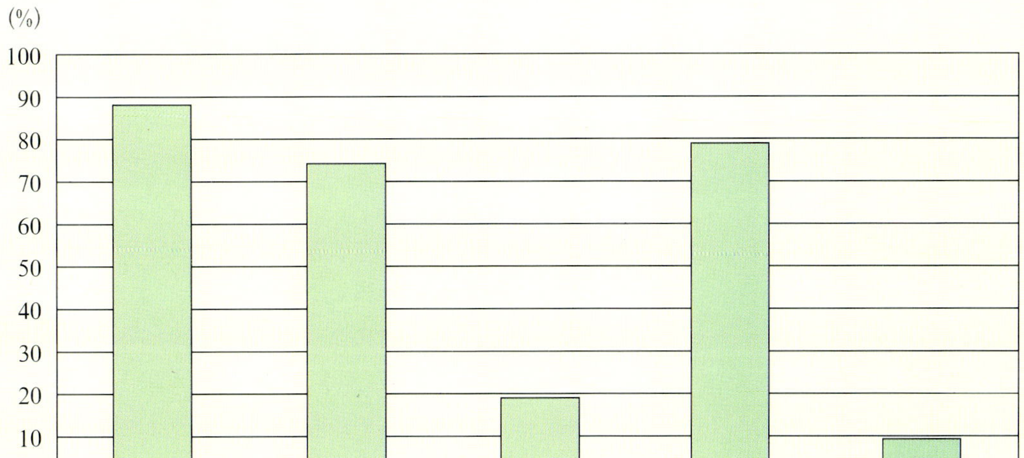

注：本图资料来源于全国第一次农业普查。

图15　1999年西部地区农民人均纯收入与全国、东部沿海省市比较

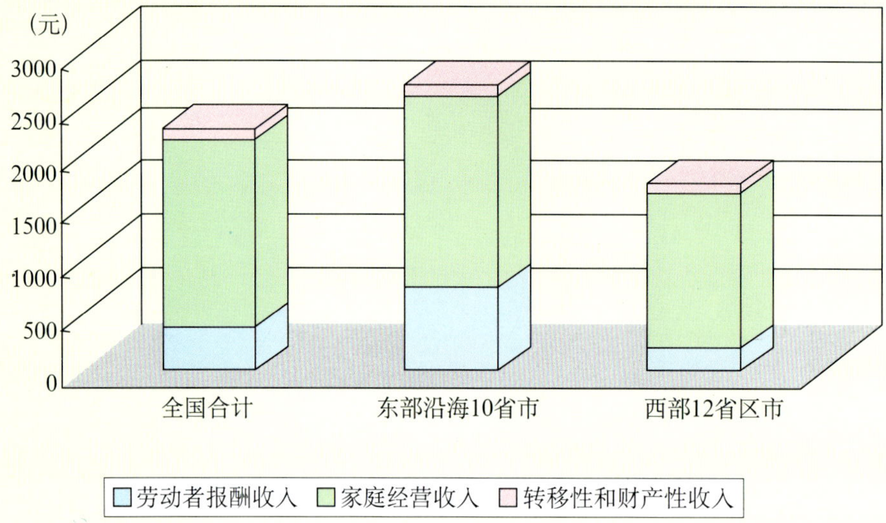

图16　1999年西部地区农民人均支出及构成与全国、东部沿海省市比较

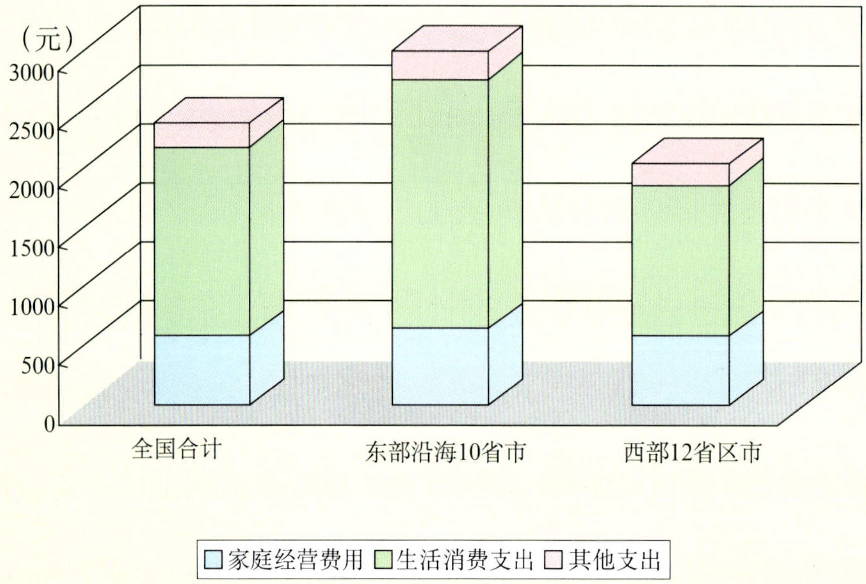

目 录

第一部分 西部农业与农村简况

第二部分 综合篇

四、农村居民收入与消费

五、农村社区环境与基础设施建设

六、区域农村经济

第三部分　地区篇

一、农业与国民经济

二、农村基本情况与农业生产条件

三、农业生产与成果

附　　录

第一部分

西部农业与农村简况

西部的农业、农村与农民

实现共同富裕是我国的基本国策，但地区经济的不平衡发展又是我国的一个基本国情，也是大国经济发展的普遍规律。20年前开始实施的沿海地区率先发展的非均衡发展战略对提高整个国家的综合国力和发挥沿海地区经济优势具有重大的作用，在新世纪来临之际，党中央、国务院把握大局、审时度势，及时提出并开始部署了西部大开发战略，这是我国在经济发展的地区布局上作出的又一次重大战略性调整。西部大开发，最直接的意义在于遏制和逐步缩小地区发展差距，其更深远的意义是实现区域经济协调发展和人民群众共同富裕这个最终目标。西部80%左右的人口是农民，西部与东部最大的差距在农村，由于农业在西部地区经济中的重要性，以及西部地区在全国生态环境中的重要性，决定了西部的农业、农村与农民在西部大开发中的优先序。

只有加快西部农业与农村的发展，提高农民的收入水平，使庞大的潜在需求变成现实的市场需求，才能为经济增长开拓出更加广阔的市场空间；我国贫困人口的绝大多数集中在西部农村，即使现阶段解决了温饱问题，但返贫率极高。只有加快西部农业与农村发展，才能有效地减少贫困人口，改善贫困群体的社会经济地位，实现"八七"扶贫攻坚计划；只有加快西部农村发展，才能使高山深谷者尽快从"越穷越垦、越垦越穷"的怪圈中走出，大江大河及其中、下游地区的长久安澜才有保证；只有加快西部农村发展，才能使愈来愈多的民族聚居地区走上繁荣之路，才能巩固民族大团结，保持社会政治稳定。

一、农业与农村发展概况

（一）西部地区（包括内蒙古、广西、重庆、四川、贵州、云南、西藏、陕西、甘肃、青海、宁夏及新疆12个省区市）农业对地区经济发展起到了巨大的推动作用，但在全国农业生产中仍处于相对劣势

1. 西部地区经济对农业的依存度高。相对于全国而言，西部地区第一产业增加值占GDP的份额大，农业从业人员多。西部12省区第一产业增加值占该地区GDP的比重虽然从1985年的36%降到1999年的23.9%，但仍长年高出全国平均水平7个百分点左右。1999年西部农村第一产业从业人员占全部从业人员的比重高达77.7%，比全国平均水平高出7.5个百分点，高出东部地区17.7个百分点。现代发展经济学和国际经验表明，在不发达的地区，农业是经济增长最重要的源泉，但由于农业是比较效益较低的产业，西部地区的这种产业结构和就业结构决定了西部地区总体经济也因此严重滞后于整个国民经济的发展。西部地区GDP占全国GDP的比重只有18.7%，人均GDP虽然从1985年的585元增加到1999年的4306元，但比全国平均水平少2240元，仅相当于全国平均水平的2/3，相当于东部沿海发达地区的40%。

2. 以农牧业生产为主的农业增长模式较为突出，资源优势与效益劣势并存。1985至1999年间，西部地区农林牧渔业总产值保持了年均5.2%的增速，1999年现价农林牧渔业总产值达5630亿元，占全国农林牧渔业总产值的23%。从农林牧渔业的构成来看，农牧业产值合计占总产值的比重达93%，比全国数高出近7个百分点。

西部地区粮棉生产大县、牧区半牧区县分别占全国的18.3%和85.7%。截止1999年底，西部地区农作物播种面积49541千公顷，占全国农作物总播种面积的31.7%。粮食作物播种面积35891千公顷，占西部地区农作物播种面积的72.4%，占全国粮食播种面积的31.7%。西部地区粮食作物产量从1985年的9356万吨增加到1999年的13376万吨，占全国粮食总产量的比重也由24.7%增加到26.3%。西部地区基于土地、光照、热量等方面因素使其包括畜牧、棉花、糖料、瓜果、花卉、香料、亚麻、向日葵、药材在内的特色农业不仅仅在西部经济发展中占有举足轻重的地位，而且对全国农业经济发展也有重要影响。1999年，西部地区棉花、油料、糖料产量比1990年分别增长123.2%、38.1%、84.3%，占全国的比重分别达到39.1%、23%、

66.6%;肉产量比1996年增长25.6%,占全国的比重达27.8%。但农业产出效率与全国平均水平相比,实际上还是处于相对劣势。就粮食而论,1999年西部地区粮食总产量份额低于播种面积份额5.4个百分点,生产能力的提高主要受益于播种面积量的扩张,粮食作物单产1999年为每公顷3727公斤,是全国平均水平的83%,仅相当于东部沿海发达地区的73%。人均粮食拥有量从1985年的315公斤增加到1999年的375公斤,虽然基本上解决了温饱问题,但长年低于全国平均水平30－50公斤。其它特色农产品单产水平接近或高于全国平均水平,再加上播种面积大的优势,使西部地区已成为这些农产品的主要产区,但农产品加工业产值在全国的比重却很小。这一大一小,就决定了西部地区农业经济发展的弱势。

3.农业物质技术装备落后,生态环境脆弱。西部地区山区县占全国的比重高达55.5%。由于地理地势条件的制约,现代农业发展的步伐比较慢,生产条件的改善落后于全国平均水平。1999年末西部地区拥有农用机械总动力10107万千瓦,占全国农用机械总动力的比重自1990年以来一直保持在20.6%左右的低水平上。人均拥有的农机总动力相当于全国平均水平的72.4%,仅相当东部沿海发达地区的57.8%。从农田水利建设方面来看,西部地区农田有效灌溉面积14825千公顷,占农作物播种面积的29.9%,低于全国平均水平4个百分点,低于东部沿海发达地区12.4个百分点;西部地区机电排灌面积占灌溉面积的比重为35.3%,而全国机电排灌的比重为67%,东部地区更是高达86.6%。从农用生产资料的投入情况看,西部12省区市农业中间消耗占总产值的比重(中间消耗率)仅为36%,东部地区则到达45%。东西部地区在农业生产条件方面的差距是显而易见的。

经济的落后加剧了生态环境的破坏。由于产出效率的低下,为满足日益增长的需要,只能是过度开荒、过度放牧、过度开采、破坏性使用。据有关方面的资料,我国西部地区草地退化、沙化和盐碱化面积已经占到75－95%。土地沙漠化的速度也在加快,从70年代的每年1500平方公里增加到90年代的2460平方公里。由于农业生产条件差,生态环境脆弱,农业抗御自然灾害的能力弱,农作物受灾和成灾的面积大。1990－1999年间,农作物受灾面积占播种面积的比重一直高于全国平均水平。

4.人口增长加重了资源的负荷,农村人口数量大与质量差所形成的反差抑制了经济的发展与收入的提高。人口是实现可持续发展的重要因素,西部农村的人口压力来自于两个方面,一方面是人口总量增长快,另一方面是人口素质尤其是劳动力素质低。

从人口数量上看,1999年全国73%的人口在农村,农村人口中30%在西部,1999年西部乡村人口在1990年2.67亿的基础上又增加了1120万,增长了4.2%,比同一时期全国乡村人口的增幅高出1.3个百分点,不断增长的人口加剧了与有限资源之间的矛盾。

从人口素质上看,文化素质不高一方面导致环保意识的缺乏,继而引起过度开采及生态环境的破坏;另一方面,劳动力素质低下使得农民很难适应科学技术含量较高的现代农业,长期被束缚在土地上从事传统的农牧业生产,影响自身收入的增长。1999年西部地区劳动力的文盲(包括半文盲)率高达15.6%,是全国劳动力文盲率的1.7倍,是东部地区的2.9倍;只有8.4%的农村劳动力接受过高中及高中以上教育,低于全国平均水平2.9个百分点,低于东部地区5.8个百分点。实证分析也表明通常情况下劳动力文化程度与收入水平之间存在显著的正相关关系,而西部农民明显落后于其他地区的教育水平无疑制约了其收入水平的提高。

(二)西部地区农村居民生活水平逐年提高,但同其他地区相比仍然相对低下

1985年至1999年,西部地区农村居民人均纯收入、生活消费支出及生产投入均有显著增长,生活及生产条件发生了显著的变化。1999年,西部地区农民人均纯收入1730元,比1985年增加1414元,14年间年均增长12.9%,其中劳动者报酬年均增长16.7%,快于家庭经营收入年12.3%的增加率。1999年西部地区人均生活消费支出1256元,比1985年增加993元,年均增速11.8%,消费的商品化程度也不断提高。1999年该地区人均生产投入669元,比1985年增加550元,年均增速13.1%。

尽管西部农村居民生活水平逐年提高,但和全国平均水平特别是东部发达地区相比,差距还非常大:

1.西部地区农村居民收入、消费水平低,贫困人口集中。1999年全国农村居民人均纯收入、人均生活消费支出分别高出西部地区481元、322元,如果

以西部地区为1,则东部地区的人均纯收入和人均生活消费支出分别是西部地区的1.5和1.7倍。西部地区也是一个贫困人口相对集中的地区,1999年全国592个贫困县中的366个集中在西部,农村贫困人口1884.7万,占全国农村贫困人口的比重高达55.2%,对这部分贫困人口的扶助直接关系到整个西部农村的发展,是西部大开发中至为关键的一环。

2.西部地区农民收入结构单一,非农产业不发达,收入稳定性差。1999年西部地区人均纯收入的75%来源于家庭经营收入,比全国平均水平高出9个百分点。由于非农产业不发达,其工资性劳动报酬收入年人均只有332元,占纯收入的比重只有19%;而东部地区农民人均劳动报酬收入则高达1240元,占纯收入的比重达46.5%,已成为农民纯收入最主要来源,家庭经营的收入则开始退居为第二位因素。由于西部地区农民家庭经营主要以农业为主,容易受到自然条件的影响,因此收入的稳定性差,风险大,每逢大的自然灾害,收入就容易滑坡,返贫率高,这也是造成西部地区大量短期贫困存在的主要原因。

3.消费结构的差异更加放大了消费水平的差距。第一,西部地区农民消费的商品化程度较低,1999年现金消费支出占总消费支出的比重为63.6%,低于全国平均水平9个百分点,低于东部发达地区18个百分点,农民同市场的联系程度较弱,传统的自给自足仍占有重要地位。第二,西部地区的消费层次较低,其以生存性消费为主的消费模式更为明显。1999年西部地区的恩格尔系数为57.8%,高出全国平均水平5.2个百分点,高出东部发达地区近10.6个百分点。而对代表更高生活层次的生活资料如家庭设备、医疗保健、文化娱乐、交通通讯的需求,西部地区则明显落后一步。

(三)西部地区农村社区环境与基础设施相对较差,城镇化滞后

村寨遥远、交通不便、市场建设滞后使农户生产的产品无法及时送达城市消费地;信息不灵、通讯落后导致生产者利益受损;文化教育落后、公共基础设施不健全、生活环境差难以吸引人才和投资。据第一次全国农业普查资料显示,西部21.94万个行政村中通电、通邮、通公路、通自来水的村比重分别为87.8%、74.2%、78.3%和9%,分别低于全国平均水平8.1、16.1、9.1和8.4个百分点。西部地区分别有67.4%、54%、17.8%、6.8%、11.8%的行政村距本村所在县城、最近的汽车站、最近的集市、最近的医院或卫生院、最近的邮电所的距离在20公里以上,分别高于全国水平11.4、19.6、7.5、3.9和6.9个百分点。对于西部农村而言,空间的阻隔、交通的不便、通讯的落后不可避免地造成了信息的滞后、文化的闭塞,影响了农村经济的发展。小城镇发展缓慢,基础设施落后,企业规模小,聚集效应差。小城镇规模、市场建设以及基础设施均明显落后于全国平均水平。城镇化水平只有23%左右,低于全国30.1%平均的水平。这一方面限制了农村劳动力的转移,另一方面制约了农村市场的开拓。1995—1999年间,西部地区农村(县以下)社会消费品零售额占全国农村消费品零售额的比重一直在17.9%左右徘徊。

二、西部地区农业发展的优势与潜力

(一)农业资源优势

著名经济学家童大林先生曾充满激情的指出,我国西部是地球上最壮观、最富饶的地区。西部最大的优势就是自然资源丰富,国土辽阔,土地和劳动力成本较低。西部地区是我国主要的农业生产基地、能源基地、原材料工业基地和重工业基地。西部12省区耕地面积4957万公顷,占全国耕地面积的38.1%;人均占有耕地2.1亩,是全国平均水平的1.3倍,是东部的2倍。西部农业宜用地资源开发潜力大,有林业和草场等大量可开发资源及独特的气候资源,可开发的水能资源占全国的80%以上,植被类型、植物种类繁多,宜于多样开发和综合利用。西部地区是全国重要的牧区、商品粮产区和棉花调出区,特别是畜牧业及棉花、糖料、薯类、烟业、花卉、烤烟、药材等经济作物生产,具有品质好、产量高等优势。

(二)农业产业优势在于林业、畜牧业及其加工业

西部地区山地面积大,土壤条件较差,生态环境脆弱,天然降水差异较大,其中西北水资源匮乏,光热资源充实;西南水资源丰富,但土壤资源缺乏,积温较高。这种自然条件有利于发展林业、畜牧业、旱作农业与山区特种经济作物,以及围绕这些农林畜产品进行的加工业。在西北地区推广节水型农业,更具现实性和迫切性。

发达国家的经验表明，一个高效的农业产业体系，在产值构成上应当具有的特征是：畜牧业产值大于种植业产值，农产品加工业产值大于种植业和畜牧业产值的总和。增加农民就业和收入的机会，很大程度上是围绕着发展畜牧业和农产品加工业展开的。我国畜牧业的产值仍然低于种植业，发展的余地和空间非常大。随着城乡居民收入水平的提高，对动物性食品的需求量在不断增加，发展畜牧业的市场前景在总体上是看好的。而且，随着消费结构的改善，人们对农畜产品制成品、半制成品的需求将逐步扩大。从长远来看，农产品加工业发展如何是衡量农业发达程度的重要标志，它可以有效地提高初级农产品的附加值，增加农民收入，可以有效地提高农业的整体效益和形成完整的农业产业链条，可以通过加工业合理布局促进乡镇企业相对集中和加快小城镇发展。因此，西部地区应利用其独特的资源条件，把发展林业、畜牧业和农产品加工业作为区域经济的支柱产业。

(三)农业生产各有特色，使得西部农业的发展更具多样化

在买方市场条件下，西部地区独具特色的农牧业、林业、民族手工业、园艺花卉、药材等，不仅成为农业效益提高、农民收入增长的亮点，也是地区经济新的增长点。

比如“东林西铁、南粮北牧、遍地是煤”的内蒙，具有耕地面积、草场面积、森林面积均居全国首位的优势，适合发展农牧业；四川省是我国西部最可靠的粮食、生猪和副食品基地，也是全国五大重点林区及林业发展重点省份之一；贵州丰富的生物资源、非耕地资源及劳动力资源造就出发展绿色产业的良好自然环境；云南多气候带、多物种资源的优势十分突出，素有“植物王国”、“动物王国”、“花卉之乡”、“药材之乡”诸多美誉；西藏是中国自然资源最富集的地区之一，生物气候资源复杂而独特，拥有全国16.2%的林木蓄积量、23%的草场面积、33%的水能资源，生态环境受破坏程度最小；陕西号称“八百里秦川”的关中平原是我国内地著名的粮棉油果生产基地，汉中盆地是西北最大稻米生产基地，陕北高原和陕南的低山丘陵地带水丰草肥，适宜放牧；青海丰富的冷凉气候资源、天然草场资源和具有高原特色的动植物资源以及无污染的高原生态环境，有利于发展具有青藏高原特色的农牧业；宁夏在地理位置上属于我国东部季风区、西北干旱区、青藏高原区三大自然区域的交汇地带，绝大部分地区属于干旱半干旱地区，但由于黄河干流穿越宁夏中北部，赋于宁夏引黄灌溉之利，形成了宁夏发展灌溉农业的独特优势；新疆水、土、光、热资源丰富，有可利用草地7.2亿亩，温带农作物品种齐全，盛产棉花，全区农民人均纯收入的30%以上来自棉花，主产区这一比例更是高达60%左右。

三、西部地区农业与农村经济发展的新思路

西部的优势是资源优势，劣势却是多方面的，如生态恶化、基础设施落后、科技含量低、人口素质差，等等。受诸多因素的制约，资源优势并没有有效地转化为经济优势。也正是由于对自身优势的过分强调，使得西部地区的经济发展严重地依赖于自然资源，无形中限制了经济向更高水平发展的自由。我们必须正视一个事实：寄希望于大规模资源开发，依靠资源优势加快西部地区经济发展战略已面临严峻挑战。要实现西部农业和农村的长期稳定发展，还必须从多方面加以努力：

(1)兼顾经济效益与生态效益，实现农业可持续发展

农业的可持续发展既要实现经济利益，又要维护和改进人类赖以生存的生态环境。西部的资源虽然丰富，但其所处的生态环境却很脆弱，加上多年来资源型农业发展对生态环境的提前透支，出现了严重的土地荒漠化、盐渍化、水土流失、水源枯竭，直接影响到该地区的农业生产和农民生活，形成了越穷越开采，越开采越穷的恶性循环。

西部生态环境的破坏，主要是农牧民为了生存，陡坡开荒、草原过度放牧、林业过量采伐所造成的。从短期看来，可持续发展的紧迫需要在短期内必然使得西部地区的农林牧以及后续加工业的发展受到影响，进而影响到农民收入的增加。国家出台的西部地区退耕还林(草)、对长江上游“禁伐”等等政策，虽然会暂时延缓西部地区经济发展的步伐，但一个稳定的生态是农业长期发展的基础。由于多数资源的不可再生性，对生态无度的破坏最终将无法恢复，必须避免任何以破坏生态为代价换取短期经济利益的行为。可行的方法是在不破坏生态的原则下，合理利用自然资源，从结构调整、现代化、产业化等多方面为农业发展寻找出路。

(2)西部地区应成为粮食可以实现区内基本平衡,特色农牧产品可以向外大规模输出的重要基地

西部地区应立足于自身的优势产品及优势产业,加大对农村产业结构的调整,以资源置换生产能力,以特色置换市场空间。随着中国入世,西部特色农业的发展将更具广阔的前景。因此,西部地区应成为粮食可以实现区内基本平衡,特色农牧产品可以向外大规模输出的重要基地。

对于粮食问题,可以将实现西部地区内基本平衡作为西部粮食生产的基本目标,而不应过分强调自给自足。如新增需求,可以与中部粮食主产区通过等价交换的形式予以补充。这样还可以发挥中部地区的比较优势,使其在西部大开发中分享区域分工的实惠。西部地区应以农产品的国际大市场为背景,在发展特色农业的同时,大力发展劳动密集性的农牧产品加工业,发挥劳动力成本低,产品具有竞争优势的优势,通过农业产业化等形式,拉长拓深农业产业链条,以农产品及其制成品的国际大流通带动农村剩余劳动力的更大农业就业,通过农业增效实现农民增收。

(3)加大农业结构调整力度,培育发展新兴农业产业

充分发挥西安等地的人才资源优势及已有的高新技术产业开发区的优势,推动西部地区高新技术产业的发展,特别是高新农业及生态治理方面的产业,发展有竞争优势的特色农产品及后续加工业。一是调整优化区域布局,实行规模化生产。在不同的区域,建设相对集中的不同产业和产品的生产基地。比如云南、内蒙优质蔗糖和甜菜基地;西部特色水果如猕猴桃基地;云南、甘肃、青海等反季节、无公害蔬菜基地;云南、新疆等全羊、干切花卉基地;宁夏的清真肉奶品和肉类加工业;以皮毛绒制品为主绒类制品业;宁夏、甘肃等中药材基地;云南烟叶基地等名特优新生产基地。二是搞好农产品加工。大力兴建特色产品的加工、保鲜、储运企业,推进农业产业化经营,实现特色产业的深度加工,开拓国内外市场,提高其竞争力。

在产业结构方面,有些省区已经走在了前列,如云南省内已形成了以粮食生产为主体,以烟、蔗、茶、胶为骨干,以畜禽、蛋、奶、渔、油、果、茶、花、蚕桑和多种经济林果为补充的新的产业群体。农业部近期也打算逐步建立西部七大名特优农产品生产基地,促使西部优势农产品和优势产业的发展。西部大部分地方人烟稀少,受现代工业污染程度较轻,加上其特有的少数民族风情,发展生态农业和旅游农业在全国也有相对优势。

(4)树立新的资源观,加大人力资源及科技资源的投入

旧的资源观,着重于自然资源而忽视对人力资源的开发和利用。然而,自然资源优势并不是经济发展的充分条件,而且其相对性及短期性使得任何不当的开采都可能招致资源优势长期不可挽回的逆转。除少数地区外,丰富的自然资源并没有给西部地区的经济带来繁荣。相反,有的地方随着资源的开采,不是越来越富,而是越来越穷,正出现许多非洲国家已出现的“富饶下的贫困”现象。在西部农业的发展中,存在着多种非自然资源因素的影响,如农村社区环境和基础设施的落后,生态环境脆弱等,但更重要的是人的素质和农业科技的落后。西部地区教育的贫穷比经济的贫穷更加根深蒂固,从而导致经营的粗放、短视、守旧及低效,大大阻碍了农村经济的发展。因此,西部地区农业的可持续发展,除了要加强基础设施建设以外,更应在人力资源、科技创新上多作文章,转变长期以来的资源观。

树立新的人力资源观,培养和造就大批能在农业和农村经济建设中解决实际问题,富有创新精神的应用型人才已成为西部农村经济发展的当务之急,也是西部农村开发的一个突破口。正如经济学家舒尔茨所说的那样,“土地本身并不是使人贫穷的主要因素,而人的能力和素质却是决定贫富的关键”。因此,西部地区应以西部大开发为契机,在农业科技方面下工夫。加强对农民科技知识的教育和培训,使农民尽快掌握农业生产新技术、新品种、新设施、新机具等。注意在生产中应用先进技术,如优质经济作物新品种开发、栽培技术,农产品保、储、加、包、运技术,节水和旱地农业技术,水土保持、沙化治理、土地盐碱化治理、草地保护技术等,提高农产品的科技含量,最大范围地替代自然资源的投入。

国家统计局农调总队

西部大开发中重庆农业发展思路

一、农业开发的条件

重庆市国土面积 8.2 万平方公里，下辖 13 区 23 县。1999 年末全市人口 3075 万人，其中乡村人口 2443 万人。与西部其他省区相比较，既有相近的有利与不利的条件，也有较好的开发优势。

农业开发的有利条件。一是中央西部大开发战略指明了农业开发的方向，为农业开发营造良好的政策环境。二是西部大开发战略表明了中央把解决农业和农村经济问题提上了议事日程，国家将提供更多的农业开发资金。三是国家实行了积极的财政货币政策，宏观经济环境改善。四是东部地区在资金、技术、信息等方面的支持。五是我国入世在即，将为劳动密集型农产品和特色农产品的销售打开更大的市场。六是粮、油、肉、蛋、菜等主要农产品生产能力大大增强，供给充裕，为高效农业和生态农业的开发准备了物资条件。七是广大农民有增加收入的强烈愿望，将积极响应和支持农业开发的实施。

农业开发的不利条件。一是经济落后，且有大量的国家级贫困县，农业开发资金严重短缺。二是地处内陆，农村信息闭塞，交通、通讯、供电等基础设施欠帐较多。三是地势陡峭，有大量的山区，农业生产条件差。四是劳动力素质低下，思想僵化，劳动技能落后而单一，文化程度较高的劳动力大都外出务工。五是人多地少的矛盾突出，农村劳动力转移的任务很重。六是农产品供过于求，市场竞争激烈，可供选择的农业开发项目较少，且因盲目跟风极易造成过剩供给，市场风险很大。七是我国加入世贸组织后，将面临低成本的外国农产品的激烈竞争。

重庆市农业开发的优势。一是区位优势。重庆地处较为发达的东部地区和资源丰富的西部地区的结合部，在西部大开发中占有承东启西的重要地位。二是自然资源优势。重庆地处中亚热带温润季风气候区，冬暖夏热，光热同季，无霜期长，雨量充沛，适宜农业生产。地势由南北向长江河谷逐级降低，西北部和中部以丘陵、低山为主，东南靠大巴山和武陵山两座大山脉。层次分布的地形为农业生产的多样化提供了天然的条件。境内有长江、嘉陵江、乌江、涪江、綦江等河流，水能蕴藏量大，航运交通发达。三是有依托的中心城市。重庆是长江上游最大的经济中心，西南工商业重镇和水陆交通枢纽，科技力量雄厚，市场消费能力强，可成为农业开发的支撑点。四是三峡工程的机遇。三峡库区移民的资金支持，有利于库区劳动力的转移和农村经济结构调整。三峡工程完工后，将出现举世瞩目的人造奇观，旅游业和渔业将成为重庆经济增长的强劲动力。

重庆作为一个特殊的直辖市，95%的幅员面积在农村，80%的人口是农民，经济总量中的一半是农村经济，国内生产总值的五分之一是农业，农民纯收入的 55%来源于农业；国有企业的改革和发展，也需要农村经济的不断发展为其提供广阔的农村市场。农业和农村经济在我市经济发展中占有十分突出的地位。同时，重庆还肩负了艰巨的三峡库区移民和扶贫任务。因此，步入低增长阶段的农业应定位于重点扶持发展的产业之一。

二、农业开发的根本出路在于结构调整

在西部大开发中，重庆农业的根本出路在于以市场为导向，因地制宜地加快农业结构调整，形成具有自身特色和比较优势的主导产品与支柱产业；依靠科技进步，着力转变农村经济增长方式，提高产品质量，降低产品成本，增强产品的竞争力；加快农业产业化进程，改变传统的小生产方式，疏通流通渠道，提高资源利用的效率和效益。

农业结构调整的方向。重点抓好退耕还林(草)、畜牧、经果产业，改变传统的粮猪型结构，提高林、牧、渔在农业结构中心比重；发展优质经济作物和林果业，大力开发高附加值的特色产品，提高种植业中优质产品的比重；积极发展优质、高效、低耗的

畜牧业和水产养殖业，提高草食动物和名特水产在养殖业中的比重。

农业结构调整的阶段性任务。按照“稳水稻玉米，减小麦薯类，增油料杂粮，重品质效益”的思路，突出抓好布局规划和品种改良，用三年时间完成粮油结构调整。按照“因地制宜还林草，壮大骨干成规模，提高品质占市场，精深加工增效益”的原则，优先发展商品率高，附加值高，创汇率高的名特优新产品，大力发展经果特色产业。重点抓好果品、蔬菜、烟叶、蚕桑、药材、茶叶、花卉及经济林等骨干项目的发展，用五年时间完成多经结构调整。按照“改良提高生猪，突出发展牛羊，积极发展家禽”的思路，建立起优质、节粮、高效的牧业生产结构，提高草食牲畜和家禽在畜牧业产值中的比重，用五年时间完成畜牧业结构调整。充分合理地开发利用各类水产资源，大力发展名特优新养殖品种，积极实施渔业“六大工程”，逐步形成基地化、规模化、产业化的渔业发展格局。

农业结构的调整必须兼顾农民的利益。农民是农业结构调整的主体，农民的支持和响应是农业结构调整成败的基础环节。因此，农业结构调整如何兼顾农民的利益，是不可忽视的重要问题。一是结构调整必须尊重农民意愿，通过政策鼓励，说服动员工作，充分调动农民的积极性。二是抓好土地延包后的规范化管理，坚决制止和纠正违背土地政策的做法，真正使土地承包关系长期稳定下来，让农民放心、放手去调整结构。三是切实加强减轻农民负担的监管，加大对农村乱收费、乱集资、乱罚款和各种摊派的专项治理力度，严肃查处加重农民负担的违法违纪行为。四是切实保护农民的生产经营利益，严格制止农资商品乱涨价和农产品收购压级压价，督促单位或个人与农民所签订的定购合同的落实，避免坑农损农现象的发生。五是在技术、信息、贷款等方面为农民服务，促进农民有效地进行结构调整。

农业结构调整必须走可持续发展之路。农业结构调整不能以短期增收为目标，而应该与生态环境保护相互联系，立足于农业与社会经济协调的长远发展。按照中央西部大开发的战略部署，生态环境建设是农业开发的重点之一。一要抓好天然林保护，坚决停止天然林采伐和毁林开荒；二要抓好绿色通道工程，在江河、国道沿线开展封山育林，退耕还林和植树造林；三要落实好以粮代赈、个体承包、退耕补助等政策，大力推进退耕还林，退耕还草；四要大力实施三峡库区、嘉陵江流域生态林工程和中德合作造林工程，加快长江干流两岸的绿色长廊建设，狠抓荒山绿化、通道绿化和村镇绿化。

三、配套政策

农业开发是一项重大的社会工程，必须要以协调配套的一揽子政策措施来确保农业开发的顺利实施，才可能取得明显的成效。我们认为农业开发的政策体系应包括：

1. 放活土地经营使用权、建立健全土地流转机制。允许并鼓励农民按自愿互利的原则，通过转让、出租、入股、联营等方式进行土地使用权的流转，以推动适度规模经营。对治理开发的“四荒”资源，实行“谁开发、谁经营、谁受益”的政策；放宽经营年限，并对投资经营者五年内免征农业税和农业特产税。

2. 积极推进产业化经营，大力发展龙头企业。鼓励和扶持龙头企业、专业合作社、专业大户，建立各具特色的商品生产基地，形成市场连龙头、龙头带基地、基地连农户的农业生产经营新格局，形成生产、加工、销售一体化经营和利益共享、风险共担的新机制。

3. 加强农业基础设施建设和生态环境建设。切实加强农田水利基本建设，加快建成一批大中型骨干水利工程，建设高标准农田，改善农业生产条件，提高抵御自然灾害的能力。大力加强农村交通、通信、电网等方面的建设，改善农村生产、生活条件。要结合移民开发和扶贫开发，进行退耕还林(草)和封山绿化，坚决禁止新的毁林毁草开荒。

4. 大力发展农村二、三产业。推进乡镇企业的“二次创业”，推动农村个体私营经济拓宽发展领域，提高素质和水平。突出发展农产品加工业、围绕我市支柱产业配套开发的加工业、建筑建材业和为农业服务、为城乡人民生活服务的第三产业等重点产业。

5. 实施城镇带动战略，加快农村城镇化进程。小城镇建设坚持功能合理定位，高起点规划，基础设施适度超前，合理用地，建管并重的原则。搞好市级小城镇建设，带动全市小城镇的发展。鼓励和引导农村剩余劳动力向适度规模经营、农业产业化经营等方面转移，向乡镇企业、小城镇建设和第三产业转移，加快农村城镇化建设。

重庆市农调队

西部大开发中四川农业发展思路

一、农业资源的状况、特征

四川位于祖国西南部，辖21个市(地、州)、180个县(市、区)、3310个乡、1694个镇。国土面积48.50万平方公里。1999年末总人口8550万人，其中乡村人口6941万人，占全省总人口的81.2%。四川是我国西部最可靠的粮食、生猪和副食品基地，也是全国五大重点林区及林业发展重点省份之一，自然资源丰富，且特点明显。

(一)土地资源

四川地域辽阔，土地资源丰富，总面积占全国的5.05%，居第5位。四川土地资源类型复杂多样，宜多样开发和综合利用。其特点有四：一是土地资源绝对量大，但人均占有量少。二是土地利用以林、牧为主，地域差异大。三是山地面积大，平原面积小。四是耕地后备资源严重不足，难利用面积大。五是水土流失严重，地力下降。

(二)气候资源

四川地处北亚热带，受地理纬度和地貌的影响，盆地、川西南山区、川西高寒区的气候差异明显。总的特点：一是雨热同季，利用有效性高，但降雨时空分布不均，旱涝灾害多；二是雨热地域分布基本一致，光热地域分布不均；三是气候垂直变化大，类型多样，对种植业生产有一定制约作用，但有利于林、牧、副多种经营发展。

(三)水资源

四川水资源十分丰富，全省江河纵横，誉称“千水之省”。全省多年平均河川径流总量2548亿立方米，人均水资源量3100立方米，居全国第10位。四川虽然降雨量大，水资源丰富，但由于降水时空分布不均，河床低而狭窄，因而旱涝灾害特别频繁。

(四)生物资源

四川生物资源十分丰富，植被类型、植物种类多。全省高等植物1万余种，仅次于云南居全国第二位；裸子植物88种居全国第一位；被子植物8450余种居全国第二位。松杉植物种类居全国之首；药用植物4600余种，居全国第二位；油脂植物300余种；芳香油植物200种，占全国总数的81.5%，居全国第一位；菌类资源亦十分丰富。

二、农业的发展对西部及全国的经济建设起着重要作用

(一)四川农业在西部及全国有着重要地位

从农产品总量看，四川主要农产品总量在西部甚至全国占有绝对优势。1999年粮食产量3551.4万吨，占全国的6.99%，居第4位，油料产量151.6万吨，占全国的5.83%，居第6位。四川是全国著名的生猪基地，生猪规模和肉产量优势在西部甚至全国都很突出。1999年全省生猪出栏5622.5万头，猪牛羊肉产量440万吨，均居西部乃至全国之首。

(二)四川农业发展为西部乃至全国经济发展发挥了重要作用。

四川为西部乃至全国提供了大量的农副产品。近年20来，平均每年外销蔬菜40多万吨，水果30万吨，优质米50多万吨，食用植物油10－15万吨；四川以生猪为主的畜产品不仅满足本省需要，还支援全国20多个省(市、区)，全省生猪每年外销量达100万吨左右，四川每年还大约有1300万头仔猪和上亿只禽苗调往省外，支援其它省(市、区)的建设和发展。

三、四川农业发展中存在的主要问题及制约因素

1. 农业结构调整缓慢，粮猪型农业仍占主导地位。近年来，四川一直很重视农业结构调整和优化问题，取得了一些成效，但不能说很有成效。目前我省农业结构性矛盾仍未得到根本解决。

从农业产值构成看，1999年种植业占57.5%，

林业占 3.3%,牧业占 36.7%,渔业占 2.5%。这与我省土地资源和气候资源的状况是不相符的。我省山地占 79%,土地利用应以发展林、牧业为主,气候条件也有利于林、牧、副多种经营发展。但是林、牧业,特别是林业的产值比例很低。

从种植业内部看,粮食种植面积在农作物总面积中占 75%以上,高于全国平均水平 3 个百分点。这种粮食一头沉种植业结构给经济发展带来影响。近年来,全国范围的粮食连年丰收,粮食产量出现了阶段性剩余,国家尽管实行保护价收购,但限于仓储能力和财力,这一政策在相当多地方并未得到真正落实,导致市场价格大幅下迭。其结果是农民种粮收益下降,国家也背上了巨额的财政包袱。

从畜牧业内部构成看,牛、羊产值为 28 亿元左右,仅占畜牧业产值的 5.5%,生猪产值 288 亿元,占畜牧业产值的 57.1%。在猪、牛、羊肉产量中猪肉产量占 90%以上。这种畜牧业结构一是与我省农业资源的状况极不相符,占国土面积 28%以上的草山草坡仅创造 5%多的畜牧业产值;二是导致资源的极大浪费。高耗粮的生猪,每年消耗的粮食达 800 万吨左右,而粮食生产成本较高,养猪收益较低。特别是近几年来,随着东部的上海、北京、天津等地自办生猪基地以及西部其他省(区)生猪生产的迅速发展,四川生猪优势不再,外销数量大幅减少,导致猪肉价格大幅下迭,农民养猪收益下降。

2. 农作物优质品种少、低质品种多,市场竞争力弱。据有关资料统计,1998 年四川水稻优质品种率不到 35%、油菜不到 40%、水果不到 35%、茶叶不到 30%。由于品种一般,本省产品交涉力、竞争力弱。如省内市场普通杂交稻积压滞销而泰国香米、东北珍珠米、江浙糯米、湖南丝苗米等优质大米则源源不断涌入。四川柑桔、苹果、柚子省内市场价格低于陕西、河南、山东、福建的 50%甚至更低,销路仍然不好。四川小麦由于品质差,除主要用于酿酒以及农村部分居民消费外,大量库存积压。城镇居民消费的面粉主要从河南、东北和云南调入。这和四川农业科技力量薄弱有着密切关系。从四川科技人员的数量看,全省全民所有制单位的农业技术人员只占全国的 6.6%,全省平均每个乡农业技术人员只占全国的 44.7%,每万人农业人口拥有科技人员数只有全国平均水平的五分之一。从农业科技投入看,近年来科技三项支出占财政支出的比重只有 1%左右,多数时间低于 1%。这种状况影响了四川农业科技水平的提高和农业先进技术的推广普及。农业科技推广应用率平均只有 40%,科技成果转化率平均只有 30-40%。

3. 生态环境脆弱,农业基础设施差,抗灾能力弱。四川的旱涝灾害特别频繁,旱灾尤为突出,近十年统计:四川盆中夏旱频率为 70%,盆东北和东南伏旱频率为 80%左右。在农业基础设施建设方面,尽管改革开放二十年有明显改善,但由于欠帐太多,加之国家、集体以及农户农业基建投入不足,农业基础设施年久失修,老化严重,农业"靠天"吃饭的局面未能根本改变。目前全省还有 48%的农田水利灌溉无保障,47%的中低产田需改造。

4. 人地矛盾突出,影响了劳动生产率提高和农民收入增长及农业现代化进程。粮、猪主导型的四川农业对耕地具有很强的依附性,但耕地资源十分有限,人地矛盾突出。据统计,1998 年四川劳均耕地 2.37 亩,低于全国的 2.99 亩,更低于西部的平均水平。人多地少的矛盾给四川农业发展带来不利影响。

一是劳动生产率水平低。1999 年四川每个农业劳动力创造农业总产值仅为 5034 元,比全国人均 7450 元少 2416 元。

二是农民收入水平低。全省有 1100 多万农业剩余劳动力没有其它就业门路,只能囿于有限的耕地上搞农业,造成"两个人的饭三人吃"的状况。

三是人多地少的矛盾导致土地规模经营难以实施,农业机械化水平难以提高,影响了农业现代化进程。

随着人口的增长,特别是 1300 万亩 25 度以上坡地山地退耕还林还草工程的逐步实施,人地矛盾问题将更为突出。四川农业发展面临艰难抉择。

四、农业发展的思路

从上述分析看,以粮食、生猪为主的耕地依赖型农业已面临抉择。四川农业如何发展?农业开发的重点在那里?在西部地区中如何分工?以下是一些基本思路。

(一)四川农业的开发必须考虑四方面的需要

1. 全国发展战略的需要。四川人口多、农民收入水平低,粮食、猪肉等基本农产品还必须主要依靠自己解决,这也是四川在全国及西部地位所决定的。四川粮食生猪发展政策上应当是:确保粮食基本总量，稳定生猪数量。

2. 农业可持续发展的需要。四川地处长江干支流水系的集中区，占整个长江流域的供水量一半，是长江中下游地区的生态屏障和水源涵养区。加快四川生态环境保护和建设，无论对四川、对西部，还是对长江中下游地区都具有举足轻重的作用。

3. 发挥优势的需要。四川土地资源的特点是，丘陵、山区比重大，平原比重小，耕地资源少，非耕地资源多。这就决定了土地资源的利用应以林牧业为主。同时丰富的生物资源和良好的气候条件有利于发展林牧业和多种经营。但是由于林业资源因多年过度采伐已转为恢复和保护的性质，短期内开发潜力不大。因此，四川重点应当发展：以食草动物为主的畜牧业，以油料为主的经济作物，以及蔬菜、水果、中药材、干菌等多种经营。

4. 增加农民收入的需要。从这一角度出发，四川应因地制宜发展多种经营、发展特色农业，同时还必须搞好农副产品的深精加工，延伸农业产业链，实现农副产品的加工增值。

综上所述，四川农业开发的指导思想应当是：加强生态环境保护和建设；确保粮食总量，稳定生猪数量；重点发展草食畜牧业、经济作物和多种经营；搞好农副产品精深加工，努力增加农民收入。

（二）四川农业开发的措施和途径

1. 加快退耕还林，改善生态环境。中央应充分考虑到四川在实施天然林保护和退耕还林工程中遇到的财政减收、农民减收、林区的工业化城镇化受到的影响等困难，建立补偿机制并制度化。同时吸引和鼓励国内外机构和个人到四川从事生态建设。

2. 加快结构调整，提高产品品质。在种植业发展上要调减粮食面积，扩大油料作物和蔬菜作物面积。在粮食生产发展上：一是要减少小麦种植面积，稳定玉米面积，扩大水稻面积。二是重点抓好52个商品粮基地县的建设。52个商品粮基地粮食面积占全省50%，粮食产量占全省的60%。稳住52个商品粮基地县就可以稳住全省60%的粮食总量。为此在政策上应给予优惠，在财政上应给予补偿。三是要加快高产优质品种的研究推广和应用工作。在畜牧业结构调整上，要稳定生猪数量，提高猪肉品质，发挥山地多、草山草坡多的优势，发展牛、羊、免等食草畜牧业。

3. 优化区域布局，发展特色农业。四川应根据省内不同区域的自然经济状况，因地制宜发展特色农业，改变过去粮猪一统全川的单一农业发展模式。川西平原及中等城市郊区应以发展经济作物和蔬菜作物为主；攀西地区应以发展立体农业和反季节农业为主；盆周山区应以发展林业及草食畜牧业为主；丘陵地区应在继续发展粮食和生猪的基础上，发展多种经营。

4. 搞好农产品加工，延伸产业链条。四川农副产品丰富，但农产品加工落后，交换出去的基本上是原始的农产品或初级加工品，农民从农产品加工中得到的收入很少，与农产品大省的地位极不相称。今后四川应利用自身在油料、水果、生猪、中药材、蔬菜等方面的优势，发展粮油食品、饮料、中药、猪肉及皮革加工业，延伸产业链条，即可以增加农民收入，又可以解决农村劳动力就业。

四川省农调队

西部大开发中贵州农业发展思路

一、自然资源条件概况

贵州位于祖国的西南部，是西南出海大通道的要塞，是一个近海、近边、近江的浅内陆省份。辖3个自治州、3个地级市、3个地区，共87个县(市、区、特区)，1999年末总人口3710万人，国土总面积17.61万平方公里。

(一)土地特征

贵州的地势西高东低，地貌结构为东西三级阶梯，南北两面斜坡、岩溶地貌占全省总面积的70%以上，是世界上岩溶地貌发育最典型的地区之一。全省以山地为主，丘陵、平坝地较少。全省山地占87%。岩溶特征显著，生态系统脆弱，土层浅薄，土壤一经流失，就很难恢复。土地的保肥保水能力差，形成地表水贵如油、地下水滚滚流的现象。水土资源不配套。耕地分布高、水资源虽然丰富，但田高水低，利用困难。耕地面积少，质量差，人均耕地面积仅有全国平均水平的1/2左右。土层较厚，肥力较高，水利条件较好的上等地仅占22%，中等地占43%。存在农业障碍因素的下等地占35%。

(二)气候特征

贵州属于亚热带湿润季风气候区，气候温暖湿润。冬暖夏凉，年变化小，垂直变化大。因有青藏高原和秦巴山地对南下冷空气的阻挡，全省冬温较高，大部分地方最冷月均温在3—6摄氏度之间，夏季因地势高而气温低；同时，贵州地表破碎，河流深切，在短距离内海拔变化大，因而气候的垂直变化也大。多阴天，少日照，光能资源不足，但有效性高。降水丰富，但时空分布不均，各地年降雨量在850—1600毫米之间，但从季节、地区分布看，不均匀。气候灾害多，频度大。主要灾害性天气有干旱、秋风、冰雹、倒春寒、秋季绵雨、夏季暴雨和大风等。光热水同期，贵州夏半年(4—9月)集中了全年太阳辐射量的70%、年降水量的73%。而同期气温均在10摄氏度以上，光热水季节配合好，为大多数农作物的生长发育创造了良好的条件。

(三)河流较多，水资源丰富，储量居全国第9位

全省10公里长以上的河流有984条，其中流域面积1000－10000平方公里的河流54条、10000平方公里以上的河流7条，全省多年平均水资源总量为1216亿立方米，其中地表水资源即河川径流量1035亿立方米，深层地下水181亿立方米，另外省外河流过境水量153亿立方米。

(四)生物资源丰富

全省有食用野生植物500多种，工业用野生植物600多种，绿化、美化及抗污染野生植物240多种。药用植物3700多种，是我国四大药材产区之一。有珍稀植物70种。有野生动物1000多种，其中有14种被列为国家一级保护动物。

二、改革开放以来，贵州农业和农村经济有长足发展，取得了显著成就，但层次低，差距明显

(一)农业在国民经济中举足轻重，是一个典型的农业省份，产业结构调整亟待重大突破

全省1999年末乡村人口占总人口的比重达到82.5%，从业人员中第一产业人员达到72.5%，比全国平均水平高22.4个百分点；国内生产总值中，第一产业所占比重20年下降了12.4个百分点。但仍高达29.3%，比全国平均水平高11.7个百分点；以农产品为原料的规模以上轻工业总产值占全部工业总产值的比重达到21.2%。农业劳动生产率与全国平均水平比较，同农业省份的地位反差明显，1999年平均每个农业劳动力创造的农业总产值2852元，仅为全国平均水平7450元的38.3%。

(二)主要农产品产量成倍增长，基本实现自给但水平较低

1999年全省粮食总产量为1125万吨，比1978

年增长74.8%;肉类总产量117.1万吨,增长8.2倍;油菜籽总产量59.4万吨,增长7.1倍。扭转了主要农产品长期短缺局面,基本实现了粮食、肉类、油脂等城乡居民自给有余的历史性跨越。农民生活水平有明显提高,全省农民人均纯收入1363元,增长11.5倍。但是,这种自给是在城乡居民生活消费水平比较低的条件下实现的。如1999年全省人均占有粮食305公斤,仅为全国平均水平406公斤的75.1%,相差101公斤;人均肉类产量只有32公斤,仅为全国平均水平48公斤的66.7%,相差16公斤。随着人口增加和生活水平的提高,巨大的需求潜力和现有生产力比较,潜在需求矛盾依然突出。

(三)农业生产条件有所改善,但自然资源条件对农业发展的约束强度仍然很深

省委、省政府加大农田基本建设力度,坚持省财政每年支农支出增长10%,并制定规划,采取综合措施,综合利用资源,实行综合投入,对山、水、林、田、路综合冶理,农业生态环境、生产条件有所改善。全省森林覆盖面积、有效灌溉面积、旱涝保收面积逐年有所扩大,农用动力机械、农村用电量逐年有所增加。但因基础差,底子薄,建设成本高,农业生产条件差的面貌没有根本改观。人多地少的矛盾突出,全省人均耕地面积不足全国平均水平的一半,而且土层薄、土质差的中低产田土比重大。全省以山区为主,农业生产没有平原支撑,旱涝保收面积仅占耕地面积的28.8%,而且中低产田土改造难度大,“靠天吃饭”现象依然严重。在“以粮为纲”的年代,毁林开荒种粮造成严重的水土流失,由于岩溶地貌的制约,恢复困难。第二产业增加值占国内生产总值的比重偏小,比全国平均水平49.1%低10多个百分点,对农业的反哺能力弱,加之农民收入水平低,1999年全省农民人均纯收入1363元,仅为全国平均水平的61.7%,相差847元,全省尚有300多万贫困人口未解决温饱,农业投入能力低,生产后劲不足,持续发展能力差。

(四)随着农村社会主义市场经济的发展,农产品商品率虽不断提高,但消费市场对农业发展的约束日益显露

贵州农业生产受自然资源条件约束较深,主要农产品产量长期供不应求,短缺现象严重,自产自食的特征显著,农产品商品率极低。20年来这一现象有了较大改变,1998年全省农产品综合商品率达到41.6%,其中种植业为34%,林业为47.6%,牧业为53.3%,渔业为70.7%。但农业生产受农产品消费市场的约束日益显露。全省农产品综合商品率比全国平均水平低近20个百分点,却和全国一样出现农产品卖难,形成农民增产不增收,一些农产品呈现丰收—价格下跌—减产—价格上升—丰收的恶性循环。主要原因是:长期以来农业生产重数量轻质量,农产品质量不高、品种矛盾突出,呈现“四多四少”,即大路产品多优质产品少、低档产品多高档产品少、普通产品多专用产品少、原始产品多深加工产品少。生产经营分散,没有充分发挥区域优势,农产品成本高,加之交通不便,流通费用高,市场价格竞争能力不强。市场发育不健全,农民适应市场能力低,参予市场竞争能力差。

(五)农业科技推广卓有成效,但进一步推广难度较大

10多年来,全省以推广杂交玉米、杂交水稻良种为龙头,各地大搞科技兴农,大力选育、推广畜禽杂交良种,实现烤烟、油菜、粮食等主要农作物良种化、规范化种植。农业生产科技含量迅速提高,全省农业科技贡献率达到34%,比全国平均水平低5个百分点。但农业科技的进一步推广难度较大,农民文盲率高、农业从业人员文化素质低、农村适龄儿童失学率较高,农业从业人员接受、推广农业科技的能力受到自身素质限制。农技推广队伍规模偏小,总体素质不高,工作条件差、环境艰苦,影响农技推广的进度和质量。交通不便、信息不灵,农民对科技信息、市场信息反应迟缓。

三、农业开发的基本思路

贵州以山地为主,农业开发宜以山为本,发展生态农业,走可持续发展的路子。复杂多样的自然资源、条件造就了丰富的动植物资源优势,因而发展特色农业和绿色产业具有巨大潜力,经过多年探索和实践,已取得了初步成效,积累了一定的经验。抓住西部大开发的历史机遇,利用国家对西部地区采取物资、资金、技术投入倾斜的政策、解放思想、重点推进,提高开发层次和产业化程度。长短结合重点考虑:开发有地方特色的绿色系列食品和手工艺品;利用品质天然优良、丰富的药用植物资源建设中医药材生产基地;加快25度以上坡耕地还林还草步伐,扩大林果业的生产;利用丰富的草山草坡资源的优势,加快畜牧业发展,实现畜牧业大省的目标。

(一)优化农业区域布局,发挥规模效益,全面提高农产品质量

十多年来,贵州在农业区域发展的实践积累了一些有益经验、取得了可喜成绩。通过确定建立商品粮、烤烟、油菜籽、商品畜禽生产基地,集中有限的资金、技术等重点投入、重点扶持,发挥区域优势和规模效益,带动了整个农村经济的发展,是全省实现粮食、肉类等主要农产品由长期短缺向基本自给历史跨越的重要措施。区域布局,就是要引导农民在区域内实行规模连片生产。前几年,不少地方出现镇乡干部盲目强迫农民种植烤烟,发生售烟难,农民意见很大。因此区域布局,确定主导产品必须以市场为导向,分析其市场定位,以市场信息引导农民实现区域种植。实行区域生产发挥区域优势,有利于农业科技的推广,有利于农业科研成果的转化利用,对提高农产品质量有事半功倍的作用。可降低生产成本,提高农产品商品率,实现规模效益。从而带动整个农业生产实现向"两高一优"的转变。

(二)大力发展农产品加工,提高农产品的市场竞争能力

贵州的烟叶、茶叶等部分农产品加工有一定基础,但从总体来看,与全国平均水平仍有一定差距,从发达国家农产品加工产值与农业产值的比例达到3:2的情况看,农产品的加工增值潜力巨大。扶持建立一批农产品加工企业,如畜禽产品加工、竹产品加工、中药材加工和纯天然绿色系列食品加工等。对烤烟、油菜籽、油桐籽、茶叶等农产品的现有加工能力进行技术改造,提高其加工能力和加工农产品的质量。加快农产品加工、保鲜、储运技术和设备的引进、开发,提高农产品加工的技术水平。努力开发新产品,积极发展优质名牌产品,提高农产品加工转化增值能力和市场竞争能力。发展农产品加工可以吸纳部分农村剩余劳动力,减轻就业压力。如发展畜禽产品加工,促进畜牧业的发展,既可发挥贵州草山草坡多、饲料资源丰富的优势;畜禽产品加工业是一个劳动密集型产业,又能发挥贵州人多地少,劳动力资源丰富的优势。

(三)加强农村市场体系建设,促进农业结构调整,帮助农民增产增收

长期以来,受自然资源条件的制约,贵州农村商品经济不发达,流通体制改革滞后,农村市场体系不健全,农产品生产的市场信息传递缓慢,是农产品出现卖难、农民增产不增收的重要原因。因此,加强农村市场体系建设,对带动农民对农业生产结构调整,实现增产增收具有重要意义。加强产地批发市场建设,为农民提供销售农产品并感受、捕捉市场信息的快捷渠道。加快农产品质量标准的制定和修订,并认真贯彻落实,实现优质优价,促进农产品质量的提高。加强农产品市场信息网络建设,帮助农民提高对市场的中长期预测分析能力。组织建立一支农民经纪人队伍,引导和帮助农民和农产品加工企业提高农产品质量,发展优质名牌产品,立足本地、本省市场,积极开拓省外市场,提高市场占有率。

(四)加强农业基础设施建设,改善农业生产条件,提高农业综合生产能力

贵州农业生产条件差,基础设施落后,而且建设成本高、难度大,投入不足。实施西部大开发战略,为加大投资力度,改善农业生态环境、改善农业生产条件提供了历史机遇。虽然水资源丰富,但蓄水保水能力差,因而应加强水利设施建设,坚持蓄引并重、中小型为主、配套建设、综合利用、提高水资源利用率的原则。全省坡耕地多、中低产田土比重大,因地制宜,整治培肥地力、改善耕作条件,提高土地生产能力,降低中低产田比重。加强以林业为重点的生态环境建设,加快35度以上坡耕地还林还草、25度至35度的坡耕地逐步还林还草;坚决实施天然林资源的保护工程;抓好长江、珠江在省内流域防护林体系为重点的林业生态工程,加大封山育林、飞播造林、人工造林力度,加快荒山绿化;大力抓好营造速生丰产林、工业原料林、竹林等商品林木基地建设,增加林产品的有效供给。利用西南出海大通道、国道等交通干道项目的实施,促进乡村公路网、电网、通信网等农村公共设施的建设,改善农村的生产生活条件,推动农村经济社会的全面发展。

(五)加快农村小城镇建设

重点支持、发展建设一批小城镇,对转移农业富余劳动力、带动投资和消费需求增长,拓宽城乡市场,优化国民经济结构既有全局意义,又更具迫切性。小城镇建设要坚持合理布局、科学规划、规模适度、注重实效的原则。做到总体规划、重点推进、加快建设步伐。利用矿产资源优势,加快乡镇企业的发展,推动小城镇建设步伐。小城镇的规划、建设要与农村市场建设、农产品加工企业建设相结合,互相促进,共同发展。

贵州省农调队

西部开发中云南农业发展思路

一、抓住区位优势、资源优势和农业经济大发展的良好局面促进大开发

云南具有独特的区位优势和丰富的资源优势。是中国大西南走向东南亚、南亚的必经之道。全省国土面积 39.4 万平方公里，占全国的 4.1%。1999 年全省总人口 4192 万人，其中乡村人口 3409 万人，农业从业人员 1911 万人，占乡村人口的 56%。

云南具有生物、磷和有色金属、水能、旅游四大资源优势，是我国著名的资源富集区，素有“植物王国”、“动物王国”、“花卉之乡”、“药材王国”、“有色金属王国”等诸多美誉。由于特殊的资源结构，先是大规模地开发了橡胶、茶叶等产品，以后又以烤烟、甘蔗为重点进行开发，培育了烟草、蔗糖、茶叶、橡胶等在全国有影响的产业。近年来，云南又对花卉、药材、香料等生物资源进行第三次大规模开发，目前，已初步形成了以粮食生产为主体，以烟、蔗、茶、胶为骨干，以畜禽、蛋、奶、渔、油、果、茶、花、蚕桑和多种经济林果为补充的新的产业群体。云南将从自已的省情出发，实施生物资源开发创新工程，按照国际化、专业化、规模化的标准创建“中华生物谷”，使之成为一个统领云南生物科研和产业发展的基地。从而达到建设绿色经济强省的目的。

二、调整农村产业结构，强化基础建设，进一步改善农业生产条件和加强生态环境保护与建设是云南在西部大开发中农业开发重点

云南作为西部省区之一，如何抓住国家实施西部大开发战略的历史机遇，加快云南经济发展。省委、省政府经过充分酝酿，深入调查研究，提出了开发行动计划，制订三大目标，一是建成绿色经济强省，二是建成民族文化大省，三是建设中国连接东南亚的国际通道。发挥云南比较优势，发展特色经济，重点实施 5 大工程，建立全国 5 大基地。

（一）抓住重点，着力调整和优化农村经济结构

第一要面向市场搞调整。要坚持以市场为导向，盯着市场看，围着市场转，找准结构调整的“切入点”。发展订单农业，绿色农业，搞好冬季农业开发，扩大价值高的经济作物和绿色食品的种植面积。

第二要依靠资源优势抓调整。要充分发挥云南多气候带、多物种资源的优势，积极推进生物资源开发创新工程，大力发展特色农业和绿色产业，逐步形成以生物资源开发创新为主体的具有区域特色的农业主导产品和支柱产业。在进一步巩固提高烤烟、蔗糖为主的原优势产业的基础上，结合建设绿色经济强省的战略构想，积极推进名牌战略，扶持市场前景好，具有地方特色的优势农产品，把云南建成亚州最大的花卉生产出口基地，把名茶、名果、竹材、竹笋、无公害蔬菜、绿色食品、天然香料、名贵药材、花卉园艺、畜产品、林产品、森林旅游等培育成为新的优势产业群体。

第三要依靠科技促调整。结构调整效果如何，关键要看能否提高农产品科技含量，农业生产方式能否从粗放型转到集约经营型上来，农业的增长是否真正转移到主要依靠科技进步和提高劳动者素质的轨道上来，因此必然依靠科技进步，强化结构调整的“支撑点”。

第四要在推进农业产业化经营中抓调整。农业产业化经营是农业走向市场和实现现代化的主要途径，是推动结构调整的关键环节。我们必须把结构调整和推进产业化经营结合起来，准确把握结构调整的“牵引点”。

第五要依托小城镇建设促调整。实施小城镇发展战略，是使农村各种资源得到更加合理配置，我们必须顺势而谋，把结构调整和小城镇建设结合起来，抓好结构调查的“带动点”。

第六强化服务促调整。要加强组织协调和政策引导，夯实结构调整的“保障点”。

（二）强化基础，进一步改善农业生产条件

1. 千万不能忽视农业基础设施建设。云南省水利化程度仅为47%，低于全国平均水平8.6个百分点，农业物资装备水平不高，机耕、机收、机灌面积分别只占耕地面积的百分之16.5、0.7、9.2，远远低于发达省份，农业基础脆弱，抗风险能力差和靠天吃饭的局面仍未改变。因此，必须抓住国家实施西部大开发战略的历史机遇，进一步做好以下工作：

一要抓好水利为重点的农业基础设施建设。大力开展水利骨干工程和农田水利工程建设，要以提高防汛抗旱能力为中心，在加快江河湖泊治理重大型灌区改造及配套工程建设的同时，重点在山区继续大搞"五小水利工程"。要大搞农田基本建设，改造中低产田，不断提高单产和效益。二要加强农村公共设施建设和提高农业装备水平。要以农村的道路、电网、饮水、通信、广播、电视和农产品市场设施等为重点，大力加强农村公共设施建设，改善农村生产条件和农民生活居住环境。要大力推进农业机械化，发展小型适用的新型农机具，发展高保度化肥和专用复合肥，加快农村电网改造，以适应农业现代化建设发展需求。三要完善农业基础设施建设投入机制。

2. 千万不能忽视粮食生产。在结构调整中不放松粮食生产，积极发展多种经营。解决吃饭问题，始终是一件不能忽视的大事，全省目前还有245万人没有解决温饱，而且灾害频繁。因此，粮食是关系国计民生的战略物资，任何时候都不能掉以轻心，虽然目前有些地方出现了"卖粮难"的现象，但这是阶段性的、结构性的、地区性的过剩，是在整体水平不高，食物结构不合理，加工转化能力低的情况下出现的。

(三)努力加强生态环境保护和建设，实施"山川秀美工程"

保护和改善生态环境，是关系各民族生存和发展的长远大计，是实施农业可持续发展战略的关键，是抗御自然灾害的根本措施，是西部开发能否顺利进行取得成果的有力见证。全省整体生态环境继续恶化的趋势尚未得到根本遏制。农业资源数量和质量下降。自然灾害频繁发生，生活环境质量下降，生态环境形势严峻。全省森林覆盖率由解放初期的50%，降为目前的32%，水土流失面积达14.5万平方公里，占国土面积的38%，流失土壤每年5亿多吨。全省有近30万人由于生态环境恶化，基本丧失生存条件而需要异地搬迁。据1996年农业普查结果，全省有25度以上坡耕地1123.3万亩，涉及1448个乡镇，人口1005.7万人，全省92%的乡镇承担退耕还林(草)的任务。按照"统一规划，突出重点，先易后难，逐步实施的原则，对25度以上坡耕地实施有计划的退耕还林，为全省加强和保护生态环境建设提出了前所未有的总体设想。为此，云南省委省政府按照朱总理的指示精神并结合实际，制定了切实可行的办法，一是要加大退耕还林工作力度。力争用10年左右时间，完成全省900万亩25度以上坡耕地实现退耕还林(草)任务。今年在部分县进行200万亩退耕还林试点工作。二是坚定不移地实施天然林保护工程。在金沙江、澜沧江、珠江等主要河系涉及的14个地州73个县市实施"天然林保护工程"，坚决停止金沙江流域和西双版纳境内的51个县的天然林采伐。坚持封山绿化，大搞群众植树造林活动。三是合理开发农业资源。坚持开发利用资源与保护治理生态环境相结合。坚持经济、生态、社会效益的统一，大力发展生态农业，由以提高经济效益为重点转变到社会、生态与经济效益并重上来；由粗放掠夺式经营转到可持续发展上来。改变过去种植业广种薄收，林业过量采伐，草场超载放牧等破坏资源的传统生产方式。坚持全面规划，综合治理的原则，继续抓好"四荒"出让与开发工作，既要使荒山绿起来，又要使群众富起来。四要完善退耕还林和生态、环境建设的政策措施。退耕还林地区要坚持以粮代赈，以粮换林，对造林和护林要实行承包到户到人的办法，按照谁开发，谁所有、谁受益的原则，鼓励承包经营。加大执法力度，坚决打击偷砍滥伐的违法行为，保证退耕还林和生态环境建设取得成效。五是加大种苗、科技等保障条件的工作力度。1999年，投入2340万元，在39个县(市)新建和改、扩建苗圃地3684亩，新增壮苗出圃7475万株。编制了《退耕还林(草)科技支撑方案》，确保试点示范区造林良种使用率提高到50%以上，一次造林成活率达到85%以上，先进技术和科技成果覆盖率85%以上，采标率90%以上。

云南省统计局农业处

西部大开发中陕西农业发展思路

加快西部地区大开发,是党中央在世界之交做出的具有全局意义的重大战略决策。陕西已经开始实施"山川秀美"、基础设施建设、高新技术、旅游业产业化等项工程,作为古老的产业——陕西农业,将以调整产业结构,发展高效优质农业,提高科技含量为目标,在西部开发中有所作为。

一、自然资源

陕西地貌复杂,既有崎岖的山岳和巨大的高原,又有绵延不断的丘陵和广阔的平原。从北向南依次分为陕北风沙区、黄土高原丘陵沟壑区、渭北黄土高原,关中平原,陕南秦巴山区五个区。地处黄河流域的陕北风沙区,黄土高原丘陵沟壑区、渭北黄土高原三大区是全国水土流失最严重的地区,水土流失面积13.75万平方公里,占全省土地总面积的2/3,年均输沙量9.2亿吨,占全国水土流失总量的1/5。黄土高原的陕北高原;土地平坦肥沃,一望无垠的关中平原;山青水秀、碧绿如茵的陕西盆地形成陕西三个各具特色的农业生产区。全省国土面积20.58万平方公里。1999年末,总人口3618万人,汉族占99.4%。全省分为10个地市107个县区。

陕西南北气候差异显著,由南向北构成了亚热带湿润气候,温暖带中湿润气候,湿带 干旱气候3种不同类型的气候区。年降水600mm左右。

陕西省森林主要分布在秦巴山区及黄龙山、桥山,森林总面积497.5万公顷,森林覆盖率24.1%,林木总蓄积量3.21亿立方米。

二、农业发展的现状

十一届三中全会是农村经济发展的历史转折点,改革有力地推动了农村经济的蓬勃发展,农户经营主体地位的确定和乡镇企业的异军突起,为农村发展注入了巨大的生机和活力。1999年,全省农业总产值453亿元,粮食、油料、烤烟、茶叶、蚕茧、水果、瓜类、生漆、核桃、香菇、猪牛羊肉、禽蛋、奶、蜂、鱼、水产品等20多种产品产量比改革之初有较大幅度增长,部分品种成倍增长。农村经济从自给自足逐步向商品性生产过渡。目前已形成粮食基地38个,棉花基地7个,烤烟基地34个,苹果基地22个,奶山羊基地12个,并成为全国优质苹果和猕猴桃的主要生产基地。

林业生产成效显著,陕西是一个少林省份,改革开放以来,陕西林业认真贯彻"以营林为基础,大力造林,普遍护林,采育结合,永续利用"的方针,自1978年以来,相继有4个国家重点防护林体系建设工程铺开,"三北"防护林工程,涉及渭河以北50个县、市、区,生物多样性保护成效显著,陕西已建、在建森林和野生动植物类型自然保护区9个,总面积21.48万公顷,占陕西总面积的1%。1998年陕西森林面积达到497.5万公顷,森林覆盖率达到24.1%。

畜牧业生产已成为全省农村经济发展的主导产业之一和新的经济增长点。1999年畜牧业总产值99亿元。畜牧业生产经营趋向专业化,相继出现了一批养鸡上万只的大户,养猪上千头的大户和养牛上百头的大户。陕西还根据畜牧业生产的自然区域优势,建立了瘦肉型商品猪基地县23个,笼养鸡基地县15个,奶山羊基地县12个和秸杆养牛基地县10个,禽蛋、奶已列入全国十大产区之一。

三、农业结构的调整

西部大开发,陕西农业的重点是退耕还林(草),封山绿化,恢复生态环境。按照25度以上坡耕地退耕的要求,陕西将有2670多万亩耕地需要退耕,占全省现有耕地面积1/3。这些退耕的土地,主要的用于还林,恢复生态系统;一部分将用于种草,发展畜牧业;还有部分退下来的耕地,用于农业结构调整,发展经济林木,支持陕西的支柱产业——果业,增加农民收入。

在2000年农村工作中,以调整农业和农村经济结构为中心任务,以增加农民收入为核心,大力推进科教兴农和以果业为重点的农业产业化进程，有计划有步骤地实施山川秀美工程，把过去追求产量增长的农业生产，转变为在保持总量平衡的基础上，突出多样，高品质；把过去追求初级农产品生产，转变为更大规模地实现农产品转化增值；把过去过度开垦的陕北、陕南地区，转变为退耕还林草，再造秀美山川，把相对滞后的城镇化建设，转变为以小城镇为载体，集中连片发展乡镇企业，为农业和农村发展提供广阔的市场空间和新的增长动力；把传统的粗放型的生产经营方式，转变为提高劳动者素质，增加科技含量，实现集约型发展的轨道上来。在调整产业结构中，突出质量和效益，要有规模；提高专业化程度，实现集约经营，优化农村产业结构；因地制宜，大力发展特色产业和产品，提高科技含量，提高农业和农村经济的整体素质和效益。

四、农业的开发目标

"九五"到下世纪初，是陕西乃至整个西部地区农业大开发，大发展的重要时期，种植业作为农业的主导产业更是举足轻重，因此，保证粮棉油稳定增长，主要农产品产量登上一个新台阶，适应市场经济的发展，进一步改善农业生产条件，挖掘生产潜力，增加投入依靠科技，提高单产，增加总量，发展名特优产品，发挥区域优势，形成各自的主导产业。关中地区利用农业生产自然条件优越，科技人才多的优势突出发展"两高一优"农业，重点发展粮、棉、油、果品支柱产业和优势产业，开发名优特新产品推行集约经营，提高土地产出率，发展"吨粮田"、"双千田"和旱作农业高产田，建设粮棉油 果等商品基地；陕南山区在粮油实现自给的基础上，重点开发建设桑、茶、果、药、菌等优势产业；陕北在实现粮食自给有余的同时，以烟、果、薯为重点，杂豆、荞麦、红枣、苹果等名特优产品为龙头，进行系列开发，并形成规模。

1997 年 8 月江泽民总书记在一个批示中提出："再造一个山川秀美的西北地区"，1999 年，朱总理提出"退耕还林(草)封山绿化，个体承包以粮代赈"十六字方针，陕西林业建设与国家大环境治理相衔接，以市场为导向，以科技为依据，以重点区域治理为突破口，减少水土流失，实现整个生态环境和谐平衡，建设山川秀美三秦大地。到 2010 年，基本遏制生态环境恶化趋势，控制人为造成的水土流失，新增森林面积 265.8 万公顷，森林覆盖率提高到 41.6%。林木总蓄积量达到 3.9 亿立方米；到 2030 年在遏制住生态环境恶化趋势的基础上，查漏补缺，进一步扩大森林植被覆盖面积，森林覆盖率达到 42.7%，使生态环境开始走上良性循环的轨道。到 2050 年，通过林地的改造，建立起适应国民经济可持续发展的稳定的良性循环系统，实现青山常在，永续利用，建立比较完备的林业生态体系和林业产业体系。充分发挥林业对国民经济可持续发展的支撑作用。

陕西畜牧业将突出抓好肉牛、肉羊和奶畜三大主导产业开发。肉牛开发充分发挥秦川牛的品种资源优势，建立西安、咸阳、渭南三个肉牛开发区，重点抓好 16 个示范县建设，到九五末示范县秦川牛存栏达到 100 万头，年出栏 25 万头，并建设一批牛产品开发龙头企业，形成秦川肉牛产业；肉羊开发，在渭北和陕北积极推广好山羊公羔育肥，结合封山绿化，陕北养羊业改放养为圈养，引进肉羊品种开展杂交改良，以大中城市为依托，开发奶畜，积极发展优质高档奶制品，同时组成奶业集团，进一步拉动我省奶业的发展。

陕西省农调队

西部大开发中甘肃农业发展思路

一、农业资源及生产条件概况

甘肃位于黄土高原、内蒙古高原、青藏高原的交汇地带。省内地形复杂、生态环境多样、地域差异大。全省有14个地(州、市),87个县(市、区)。

甘肃的土地资源丰富,草原、荒地、水域面积辽阔,可开发潜力较大。全省国土面积45.4万平方公里,人均34亩,比全国平均14亩高出一倍多,居第七位。全省耕地面积348.6万公顷占国土面积的7.69%;草原面积1333.3万公顷(不包括荒漠干旱草原),占29.39%;荒地面积1213.3万公顷,占26.74%;沙漠、戈壁面积680万公顷,占14.99%。

甘肃水资源十分贫乏,自产水资源总量306亿立方米,为全国总量的1.3%,平均每公顷耕地水量8985立方米,仅为全国水平的30%。除了水资源在总量上不足外,水量在时空上分配的不平衡,更加剧了水资源紧缺的矛盾。

甘肃是全国药材主要产区之一。中药材品种多、质量好,综合开发潜力较大。现有药材品种9500多种(包括野生),居全国第二位。全省作为药用的动、植物及矿产物中药材约1080种,其中药用植物951种、动物87种、矿物34种、加工类药8种。

甘肃跨度大,日照时间长,昼夜温差大,发展特色农业具有独特的优势。尤其河西走廊是甘肃主要的粮食产区,年日照时数为2600－3000小时,年均气温5－9.3℃,无霜期150－180天,太阳辐射强,年均总辐射量每平方厘米110－160大卡,比同纬度的我国东北、华北地区高,有利于植物进行光合作用,加上祁连山冰雪和石羊河、黑河、疏勒河3大水系自然灌溉,为农业发展提供了得天独厚的条件。

甘肃劳动力资源较丰富,1999年全省总人口为2543万人,其中乡村人口2021万人,乡村劳动力已达919万人,占乡村人口比重为45.59%;劳动力年轻且价格低廉。16－44岁的青壮年劳动力占到近七成。丰富、低廉的劳动力资源具有很强的竞争力;但农村从业人口文化程度较低,小学以下文化程度的劳动力占总劳动力的62%。

甘肃地处西北内陆,地势高,地貌复杂,以丘陵、山区为主,年降雨量仅有约300毫米,且水土流失严重。全省水土流失总面积约12.7万平方公里,省境内每年仅向黄河输沙量就达5.18亿吨。植被稀疏,森林覆盖率仅为9.04%,农业基础设施差,生产条件恶劣,土壤有机质含量不断下降。我省荒漠化土地面积约28.3万公顷,占全省总面积的62.3%,风沙带东西长达1600公里,是全国荒漠化和荒漠化影响最严重的省份之一。

二、农业在本地区经济发展中的分工、定位

在西部大开发中,甘肃农业的定位在国民经济的基础之上,发挥比较优势,发展特色经济。粮食生产能够自给,不应作为全国的商品粮基地,应退耕还林(草),发展成为全国林果业、食草畜牧业、蔬菜、草产业基地;利用甘肃中药材资源和洋芋在全国已有的优势,继续发展成为中药材和洋芋生产加工基地;同时应加强和突出甘肃农业在江、河源头上生态保护“神”的作用,增强在全国的生态地位。全面治理解决甘肃境内的水土流失、荒漠化等生态环境上的问题,建设生态农业,不仅是当地的经济发展和社会进步的迫切需要,也会减轻对黄河、长江中下游地区所造成的一系列生态经济祸患,有益于整个中华民族的生存与发展。

在整个经济结构调整中,农业的分工职责要由提供生活资料和轻工业原料向产业化经营,产品增值,出口创汇上转变;农业要由粗放经营向集约化经营转变;要在“科技兴农”的推动下,由简单的数量向质量效益型转变;要由经济职能向生态职能转变;增强稳定社会的基本职能,增强可持续发展的能力。

三、农业产业结构调整的方向及阶段性任务

(一)调整农产品播种面积,积极采取压劣、压滞、压常规,扩畅、扩专用

1999年,全省播种面积首次突破以秋压夏,但这种突破是由于去年长达半年之久的干旱造成的。鉴于我省大部分地区靠天吃饭,雨季又集中在6、7、8三个月,因此,要抓主天时、地理的特点,积极扩大适宜秋粮生长的产品,并成定式和规模。此外,加快粮经面积的调整比例,争取5年内粮播面积下调10个百分点,比重达到65%左右,经济作物播种面积上调10个百分点,比重达到25%左右。

(二)提高农产品质量是农业结构调整的切入点

在农产品供给充足的条件下,农产品的市场竞争,说到底是质量、特色和品牌的竞争。目前,虽然多数农产品总量过剩,但优质农产品还是供不应求。这说明结构调整在提高质量方面潜力还很大。近几年虽然在调整上下了很大功夫,也有成效,但农产品的品质结构矛盾仍然十分突出。总体上是大路产品多,名优产品少;平销产品多,畅销产品少。这是当前农产品卖难、农业增产不增收等问题的症结所在。因此,调整结构首先要从提高农产品质量入手,对低质农产品要采取转换一批,取缔一批。在提高农产品质量上要按照市场需求大力实施良种工程,使我省主要农产品优质品种植面积和产品的优质品率到2005年均达到30%以上。在实施良种工程上要以良种引进为主,加快优良品种的选育和推广,努力开发高附加值的特色产品,使农产品在市场上具有竞争力。

(三)加快小城镇建设步伐

小城镇能够合理配置农村各种资源,引导农村经济布局和产业结构调整。因此,小城镇建设要立足我省的实际,政府要积极采取行政手段,积极引导,既要注重实际,又不能一哄而上,走出一条政府引导下主要依靠市场机制建设小城镇的路子。同时政府要结合小城镇达标指标进行检查,对条件成熟的乡镇要尽快转化,对个别影响达标的指标要实行边达标边转化,以加快小城镇发展的步伐。

(四)发展农产品加工业是结构调整的关键

对单位面积产量高并形成一定规模的农产品要实行深度和精度加工,以提高初级产品的附加值。据有关资料表明,发达国家餐桌上的食品,80%以上经过了多层加工,而我省却不足20%。这说明食品加工业的发展空间很大。要立足现有加工企业的改造,加快农产品加工技术、设备的引进开发和创新,积极发展多样化、方便化、优质化和系列化列化食品。

(五)加快大农业的调整力度

甘肃要结合西部大开发退耕还林草的机遇,大力发展草产业、畜牧业和林果业,争取2005年使农业、林业、畜牧业、水产业的产值分别占到农业总产值的65%、4.5%、30%、0.5%。同时要把草产业、畜牧业和林果业作为未来甘肃农村经济发展的支柱产业。这些产业既可以改善生态环境,带动加工业的发展,也可以从根本上改进农业内部结构合理化和产业间的良性循环。在发展草产业、畜牧业和林果业上,要以品种的改良,种养方式的改进,科技含量的提高为目标,因地制宜适应市场需求。

四、在西部大开发中甘肃农业的出路

(一)以市场为导向,及时调整和优化农业结构

在市场经济条件下,西部农业要借助西部大开发的东风,把不符合市场消费需求的、没有市场前景的、更新换代慢的品种及其面积坚决果断地退下来,形成适应市场多样化、优质化和专用化需求的新结构模式,通过农业结构的调整来适应市场变化,提高农业效益,增加农民收入,使农业生产走上市场决定结构,结构决定功能,功能决定效益的良性发展轨道。就甘肃而言,农业结构的调整要从以下几个方面着手:一是从甘肃实际出发,既要立足国内市场,又要积极开拓国际市场,积极发展具有甘肃特色的名、优、新、特农产品。二是农业生产结构要适应消费品市场的变化。大力发展营养、安全、卫生、保健、无污染等绿色农产品。三是大力发展具有劳动密集型特点的、生产成本较低但价值高的农产品,如蔬菜、花卉等。

(二)不断提高和完善农业产业化经营

甘肃农业产业化经营近年来发展也比较迅速,如公司加农户的产业化经营模式为全省扶贫攻坚做出了突出贡献,使许多贫困户因此而脱贫。但是,这种产业化经营仅仅是一种初级的产业化经营,还有待于不断完善和提高。这就要求积极推进农业产业化经营,以市场为导向,以资源开发和要素配置为基

础，形成布局区域化、生产专业化、经营一体化、服务社会化相结合的新体制，真正使农业产业化经营结成风险共担、利益共享的共同体，实现贸工农一体化。如：目前在我省开展的退耕还林（草）改善生态环境的工程就要有十分明确的产业化意识。过去种草种树没有坚持下去，一个重要的原因就是没有实现产业化经营，没有经济效益，农民缺乏积极性。因此，在西部在开发中甘肃农业要发展，就要真正实现产业化经营。

（三）努力提高农村劳动力文化素质，拓宽就业门路，适应市场经济的需要

据农业普查资料，1996 年全省农村住户从业人员中不识字或识字很少的占 35.57 %，小学程度的占 34.4 %，初中程度的占 24.1%，高中程度的占 5.3%，中专及以上程度的占 0.66%。从以上资料可以看出，我省农村劳动力的文化素质还是比较低的，面对这种状况，在今后的工作中，应加强对农村劳动力的培训工作，通过培训使他们能够掌握一门或多门技能，从而达到拓宽就业渠道这一目的。另外，还应加强农村基础教育，减少低素质农村劳动力的产生，真正提高农村劳动力的文化素质。

（四）积极推进小城镇建设，解决农业剩余劳动力的转移问题

加速小城镇建设，不仅可以促进农村第二、三产业的发展，提高农村人口城镇化水平，而且可以促进农业的现代化、规模化发展。从而为农村劳动力提供更多的就业机会。据农业普查资料，1996 年全省农业剩余劳动力就要占全省农村劳动力的 38.89%，达 400 余万人。解决剩余劳动力的出路问题，直接关系到农业能否发展的问题。大力发展乡镇企业和积极推进小城镇建设，是解决农村剩余劳动力的有效途径之一。

甘肃省农调队

西部大开发中青海农业发展思路

一、基本概况

青海省位于青藏高原东北部，为长江、黄河和澜沧江的发源地，故有“江河源头”之称。本省地理位置介於东径 89°35′～103°04′，北纬 31°39′～39°19′之间，全省东西长 1200 多公里，南北宽 800 多公里，全省国土面积 72.23 万平方公里，占全国总面积的 1/13。全省辖 1 个地级市、1 个地区、6 个民族自治州；51 个县级行政单位。1999 年末全省总人口 509.8 万人，少数民族人口占全省总人口的 42.8%，全省人口密度每平方公里仅为 7.1 人，乡村人口 334.1 万人，占全省总人口的 65.5%。

全省现有耕地 67.8 万公顷，占总土地面积的 0.81%，在全部耕地中坡耕地 41.8 万公顷，占总耕地的 62%。在坡耕地中 25°以上坡耕地面积 3.3 万公顷，主要分布在黄河流域。全省宜农待开垦土地约 46.7 万公顷。粮食作物主要有小麦、青稞、蚕豆、豌豆、马铃薯、燕麦、荞麦、玉米等；经济作物主要有油菜籽、胡麻、甜菜、蔬菜、果品等。

青海是重要的畜牧业生产基地，有 4034.4 万公顷的牧草地面积，其中可利用草场面积占 80% 以上。

全省现有水资源量 627.5 亿立方米(其中地表水 622 亿立方米立方，地下水 265.9 亿立方米，重复水量 260.5 亿立方米)。水资源总量居全国第 16 位，土地面积均摊水资源量居全国第 26 位，人均水资源量高於全国平均水平。

高原野生动植物资源丰富。全省仅陆栖脊椎动物就有 270 余种，经济兽类 110 种，鸟类 294 种，鱼类 40 余种；野生植物群落中已发现经济植物 1000 余种，药用植物 680 余种，著名中药 50 多种。野生动植物中有许多属国家一、二类重点保护对象。

全省林地面积 217.3 万公顷，占全省土地面积的 3.1%，其中乔木林 29 万公顷，灌木林 175. 5 万公顷。森林几乎全部分布于东径 95°以东江河流域的高山峡谷地段。森林覆盖率仅为 2.6%，其中：乔木林覆盖率仅为 0.4%。

二、农业在本地区经济发展中的分工、定位

在西部大开发中，青海农业的分工应由提供基础生活资料和轻工业原料向农业产业化经营，产品增值，出口创汇上转变；由粗放型索取性开发向集约型保护性开发转变；由追求数量向质量效益型转变；由单纯的经济职能向生态职能转变；增强稳定社会的基本职能和促进农业的可持续发展。

农业的定位就是立足青海特色资源开发市场农业。充分发挥比较优势，发展特色经济。种植业生产方面不应片面追求粮食自给，应根据不同的地理和气候条件，不同的资源和物种特点，以市场为导向，立足于发挥自身优势，按照种植业生产的区域布局，压缩小麦、青稞等种植比例，积极扩大油菜、蔬菜、豆类、马铃薯、药材、花卉等特色产品的开发和基地建设，使之形成集约经营发挥规模效应；草原畜牧业按照“立草为主，调整结构，提高总增，增加商品”的指导方针，一手抓建设，一手抓调整，走建设草原，科学养畜的路子，加快商品基地建设步伐，把优势畜牧业资源开发和市场需求结合起来，发展高原特色的犊牛肉、羔羊肉、绒山羊、牦牛绒、西宁毛和细毛等商品生产，扩大规模、提高效益。农区畜牧业与退耕还林还草有机结合起来，推进“西繁东育”进程，扩大规模化养殖；加强生态环境保护和建设为重点，突出抓好长江源头、黄河源头、环青海湖地区、东部干旱山区、龙羊峡库区和柴达木盆地等 6 个区域的生态环境保护、建设和水土治理工作，大力加强天然林、草原和野生动植物资源保护，加大对退化草地治理恢复的力度，加快防护林体系建设，增强水土保持和水源涵养功能，努力实现青海经济社会可持续发展和黄河、长江中下游地区的安全稳定发展。

三、农业结构调整方向与阶段性任务

（一）以提高农产品品质为中心，加快调整农作物品种结构

1．逐步淘汰不适销的农产品，不断提高产品档次，实现优质高产高效。粮食生产结合退耕还林还草，压缩质次春小麦、青稞种植面积，扩大冬小麦、蚕豆面积，稳定豌豆、马铃薯面积，逐步引进加工专用小麦。到2005年，全省粮食作物种植面积由1999年的437万亩调减到350万亩。在粮食作物内部结构中，春小麦面积由1999年的274万亩调减到190万亩，冬小麦面积扩大到30万亩，使整个小麦面积保持在220万亩左右；青稞面积由107.4万亩调减到30万亩；蚕豆面积由36.7万亩增加到40万亩；马铃薯面积由56.3万亩增加到60万亩以上；豌豆面积由50.4万亩调减到20万亩。到2015年，全省粮食作物播种面积稳定在350万亩。

2．油料生产。青海的油菜含油率高，无污染，是天然绿色食品，具有明显的市场优势。品种结构上巩固提高现有的白菜型小油菜，大力推广发展杂交油菜，油菜生产建设的重点搞好东部农业区浅脑山、海南、海北三大油菜商品生产基地建设，结构调整的目标是到2005年使全省油菜种植面积由1999年的222万亩扩大到300万亩以上，占农作物总播面积的43%左右，同时大力发展杂交油菜生产，提高杂交油菜的种植比重，到2005年，全省杂交油菜面积达到120万亩，到2015，全省杂交油菜面积达到180万亩。

3．蔬菜生产。充分利用青海气候冷凉的特点，在增加精细蔬菜种植的同时，大力发展反季节蔬菜生产，扩大面积，增加品种，提高产量。重点建设西宁、乐都的胡萝卜、西芹、甘蓝等半耐寒类蔬菜生产基地，西宁、湟中、乐都、柴达木盆地的反季节蔬菜生产基地，形成“白色走廊”。到2005年，使全省常年菜田面积增加到22万亩，蔬菜温棚栽培面积扩大到3万亩。组织实施高原特种蔬菜反季节生产产业化项目，建设生产基地10万亩，年产销反季节蔬菜30万吨。

4．饲草饲料生产。东部农业区的脑山地区和青南小块农业区，海拔高，农作物生长的适宜性较差，应坚持种养并举，农牧结合，在退耕还林（草）的同时，积极种植燕麦、箭舌豌豆、苜蓿、甜菜等作物，为发展畜牧养殖业提供饲草饲料。到2005年饲草饲料种植达到10万亩，2015年稳定在10万亩。

5．果品生产。青海省黄河、湟水下游的河谷两岸，水、土、光热条件较好，适宜果品生产。在现有基础上，进一步调整品种结构，大力发展山杏、富士苹果、长把梨、水蜜桃等品种。重点搞好循化、贵德、民和、化隆、尖扎等县的果品生产基地建设，加快老果园更新改造，实行补栽加密、高接换种，建设精品园，提高全省果品品质和产量，更好地适应市场需求，到2005年全省果品种植面积增加到8万亩。

6．中藏药材生产。青海中药材资源丰富，发展前景广阔。结合退耕还林还草的实施，扩大党参、大黄、甘草、黄芪、红芪、贝母、藏茵陈等中药、藏药材的种植面积，力争用5年的时间使东部农业区的浅山地区、荒山荒坡和国营农牧场建成稳定的中药、藏药材生产基地5万亩。

（二）加大草原畜牧业的保护和合理利用草场资源力度，加快发展农区畜牧业

继续坚持“立草为业，调整结构，提高总量，增加商品”的畜牧业发展方针，并把着力点转到种草养畜、优化结构、依靠科技和提高效益上来。彻底改变传统放牧习惯，实行舍饲和放牧相结合，搞好天然草场的管护和合理利用，发展人工种草，提高养畜水平。草原畜牧业要在有效保护和合理利用草场资源的前提下，要面向市场，因地制宜地调整优化畜种结构、质量结构和再生产结构，努力提高母畜和优良畜种比例，压缩非生产畜存栏，加快牲畜周转出栏，提高商品率。农区畜牧业发展同退耕还林还草结合起来，推进“西繁东育”进程，扩大规模化养殖，不断拓宽农村经济的空间。把优势畜牧业资源开发和市场需求结合起来，发展具有青藏高原特色的犊牛肉、羔羊肉、绒山羊、牦牛绒、西宁毛和细毛等商品生产基地，积极开展珍稀野生动物的驯化和人工饲养。

（三）利用水体资源丰富、湖泊水域广阔，无污染的优势，不断改善渔业生态环境，大力发展冷水性大水面增养殖为主的高原特色养殖渔业

（四）大力开展植树造林，加强林业生态建设

林业是生态主体，目前青海森林覆盖率只有2.6%。因此，在西部大开发中坚持以培育森林资源为基础，大力开展植树造林、封山育林和退耕还林，进一步调整和优化林种树种结构，大力提高经济林比重，完善国土绿化格局，依法强化森林资源保护管理，促进森林资源的良性循环，确保生态农业对保护

农业生态环境,提高人们食用农副产品的安全性,促进农业的可持续发展。

四、农业发展的出路

农业是青海的基础产业,也是青海农牧民赖以生存和发展的基础,还关系到西部的生态环境乃到全国的生态环境,过去以满足自身生存需求的刀耕火种、毁林种粮、毁草种粮和强调粮食自给的过份屯垦开发都留下了水土流失、生态恶化的无穷后患。这次西部农业开发决不能再做量的扩张的文章。从根本上来说,只能通过引入市场机制和科技,推进农业结构的战略调整,实现由粗放型索取性开发到集约型保护性开发的跨越转变。

(一)保护自然资源,改善农业生态环境

要真正实现青海农业有一个大的发展,就要突出重点抓好长江源头、黄河源头、环青海湖地区、东部干旱山区、龙羊峡库区和柴达木盆地等6个区域的生态环境保护、建设和水土治理工作,大力加强天然林、草原和野生动植物资源保护,加大退化草场治理恢复的力度,加快防护林体系建设,增强水土保持和水源涵养功能。抓紧实施坡耕地和高海拔地区的退耕还林、还草工作,大力遏制水土流失、草原退化和荒漠化扩大的势头,利用10年时间把占全省总耕地面积53.8%的547万亩坡耕地,实行退耕还林(草),发展林草业,以林草业保生态农业,争取10年初见成效,20年大见成效,到下世纪中叶,基本实现再造一个山川秀美新青海的目标。

(二)大力发展水利建设,改善农业生产条件

青海地处青藏高原,干旱缺水成为青海农牧业生产发展一个关键的制约因素。因此,要抓住国家西部大开发的战略性机遇,突出抓水,为全省生态建设和农业发展提供水源保障。一是加快骨干工程建设步伐,为生态环境重点治理地区提供水源保障,提高生态工程建设的质量与效益。二是搞好原有水利设施的挖潜、改造和配套,保证工程效益的正常发挥。三是以小流域为单元,山水田林路综合治理,科学规划,统筹兼顾,综合利用生物、工程和耕作措施治理水土流失。东部干旱山区通过农田基本建设,确保人均两亩基本农田,其中一亩旱涝保收田,采取打水窖、建涝池等多种形式,大力发展节水补灌。四是大力推广雨水集流和节水灌溉技术,抓好节水灌溉试点,“三水”齐抓、综合利用,大力推行渠道防渗、管理供水、小畦灌溉以及其他田间节水灌溉措施,改善农牧业生产条件与改善生态环境相结合,大幅度提高水资源的利用率。

(三)积极推进农业产业化经营,延长农业发展链条

青海农业企业的发展要紧紧围绕农业结构调整,特色经济发展确定方向,优先从畜牧业、粮油、薯类、中藏药材、水产及果品业启动,并以畜产品加工为突破口,近期重点发展肉及肉制品加工、淀粉及深加工、果蔬加工等系列开发,把农产品加工作为推动农业产业化的重点抓紧抓实。实施名牌带动战略,提高名牌的档次和质量、扩大市场占有率。同时,要使企业和农户结成经济利益共同体,通过合同契约、股份合作制和股份制等多种形式“让农户和企业均得实惠,共同发展”。此外,围绕农业产业链条的延伸,建立健全农业社会化服务体系。在发挥龙头企业服务功能的同时,进一步发挥供销社、信用社和乡镇各站的服务优势,鼓励生产基地的农牧民自办各类服务组织,充分发挥科技示范户、技术协会、运销大户、农机大户的作用,切实搞好农业社会化服务,延长农业发展链条。

(四)积极推进小城镇建设,解决农业剩余劳动力的转移问题

加快小城镇建设,不仅可以促进农村第二、三产业的发展,提高农村人口城镇化水平,而且可以促进农业的现代化、规模化。从而为农牧区劳动力提供更多的就业机会。从国际开发经验看,人口从自然条件恶劣地区向自然条件优越地区集聚,由农村向城镇集聚是一种必然趋势。在西部大开发中,必须跨越东部地区曾走过的先农村工业化,后城镇化的发展历程,实行农村城镇化与工业化同步推进的战略,积极引导农牧民到小城镇经商办工业。政府的职能和任务,就是要帮助超过自然承载力的农村人口离开农业中低效益和对生态起破坏作用的生产领域,转向从事生态农业、农副产品加工业和到小城镇就业。

青海省农调队

西部大开发中宁夏农业发展思路

一、基本概况

宁夏位于中国西北部黄河上中游，地处东经104°17′——107°39′，北纬35°14′——39°23′之间，东西宽50——250公里，南北长约456公路。

宁夏现设有1个地区、3个地级市、2个县级市、15个县、7个市辖区，1999年底全区总人口543.3万人，其中回族人口186.6万人，占全区总人口的34.3%，是全国最大的回族聚居区。

宁夏国土面积5.18万平方公里，其中山地占15.8%、丘陵占38%、台地占17.6%、沙漠占1.8%、平原占26.8%。现有可耕地面积127.5万公顷；园地面积2.73万公顷；草地面积260.02万公顷；林地面积36.29万公顷，林木蓄积量778.09万立方米，森林覆盖率4.85%；淡水面积4.99万公顷，可养殖面积2.30万公顷，境内黄河水面44.60万亩，水力资源蕴藏量202.90万千瓦，可开发194.70万千瓦。资源的特点：

从自然环境和经济发展水平看，宁夏由两大类型区组成，一是黄河干流自南向北穿行于宁夏中北部，流程397公里的引黄灌区，是西北干旱区的一片绿洲。现有自流灌溉面积40万公顷，土地平坦肥沃，沟渠成网，农业综合生产水平在西北干旱、半干旱地区名列前茅，素有“天下黄河富宁夏”的赞誉，这里麦稻高产，瓜果丰盛，自古有“塞上江南”之美称，现已成为国家级“两高一优”农业示范区，是西北地区重要的农产品生产和加工基地。二是土地面积和人口分别占全区的59%和45%的南部山区，自然生态严重失调，是我国的贫困之冠。因受水资源限制，旱作农业很不稳定，占全区75%的耕地面积所提供的粮食产量仅占26.6%。但特殊的地理、资源、气候条件，决定农业有其自身特点，亦有发展林业和畜牧业的传统及优势。引黄灌区和南部山区具有很强的经济互补性。

二、农业结构调整的重点及思路

从宁夏目前主要农产品供求情况看，一些传统的大宗农产品处于相对过剩，价格低迷，以至于农民增产不增收，农业经济效益下降，而真正具有地方特色、同时又具有市场优势的名、优、特、新农产品却不多。面对新形势下农业发展受资源约束、市场约束和环境约束的三重压力，农业发展不能再单纯以追求数量增长为目标，而是要根据市场需求的变化，以增加农民收入为核心，通过农业内部生产结构和品种结构的调整，达到高产、优质和高效。

（一）种植业

粮食生产基本稳定现有粮食作物播种面积，每年保持300万吨的生产水平，重点是提高单产、改善品质，压缩与市场需求不相适应和品质差的品种。重中之重是扩大优质水稻、优质小麦和专用玉米品种的生产，确保能为城市提供优质品种调剂粮，为加工工业提供品质好的原料粮，为畜牧业发展提供优质的饲料粮。引黄灌区要根据市场和加工企业的需求，有针对性地扩大永良15号等优质小麦品种及加工专用小麦生产，在稳定现有水稻种植面积的前提下，大力发展优质稻的生产，并实现区域化种植、专业化、规模化生产。山区要扩大冬麦种植面积，提高单产和品质，压缩春麦面积，淘汰劣质品种的生产。玉米要根据饲料加工工业的需要，重点发展高蛋白优质饲用品种和高淀粉专用品种的生产，积极引进发展高油及鲜食黑玉米、糯玉米、甜玉米等品种生产。马铃薯以产业化生产为龙头，扩大高淀粉马铃薯面积，建立稳产高产的生产基地，积极发展鲜食、早熟、菜用型品种。并以此为契机，推动具有区域特色优势产品深加工的发展。

调整种植结构，实行粮饲分流，建立优质饲草料生产体系，为畜牧业大发展提供优质的饲草料保障。引黄灌区要优化粮食作物——经济作物——饲料作物三元种植结构，在保证粮食安全的前提下，单种、套种、复种高蛋白的饲草饲料和青绿多汁饲用作物。山区要大力发展种草业，扩大紫花苜蓿等优质牧草的种植面积。

发展特色农业，逐步形成规模化、专业化的产业区。蔬菜要以错开上市时间、季节和均衡供应为突破口，扩大适销对路的品种。根据加工需要，引黄灌区盐碱较重的地区应扩大优质油葵、蓖麻生产，山区积极扩大"双低"油菜生产。枸杞、酿酒葡萄、药材、烟草、设施栽培等特色作物，要逐步达到区域化种植、基地化生产、产业化经营，引导农民发展高价值的经济作物，拓宽增收渠道。

（二）畜牧业

畜牧业要作为宁夏农业结构调整的重点来抓，到2005年，畜牧业产值占农业产值的比重由现在的29%提高到45%，成为宁夏强区富民的支柱产业。要突出发展以牛、羊为主的草食型、节粮型畜牧业，逐步提高牛、羊在畜牧业结构中的比重。引黄灌区作为粮食主产区，农作物秸杆和精饲料资源十分丰富，要通过发展农区畜牧业，加快粮食转化增殖，增加农民收入，配合国家级"两高一优"示范区建设，建成宁夏"清真"肉奶产品的主产区。山区要结合区域性生态农业建设，退耕还林还草，增加饲草料种植，开发秸杆饲料，控制放牧业，发展以家庭舍饲为主的畜牧业。

调整优化畜牧业结构，要大力发展能体现宁夏民族区域优势的牛羊业，积极挖掘宁夏传统优质滩羊的优势，由裘皮型向肉用型发展，引进和改良优质细毛羊与绒山羊，提高羊毛和羊绒品质。加速发展养牛业，积极发展银川等城市郊区的奶牛业，并以深加工带动市场开拓。稳定生猪生产，推广二元杂交和三元杂交，发展瘦肉型猪，积极发展禽兔和市场急需的特种养殖业。到2005年，全区牛、羊、猪的饲养量分别达到710万只、95万头（其中奶牛12万头）和350万头，家禽饲养量达到4400万只，禽蛋产量11.5万吨，肉类总产量达到25万吨。

（三）渔业

宁夏水产品主体市场在区外，应充分利用现有水面发展渔业生产，要突出引黄灌区的主体地位，在保持水产品总量稳定增长的基础上，调整品种结构，大力发展多品种、多形式的套、混养，改变多年来池塘主养品种单一和套、混养品种少、品质差、规模小的局面，扩大技术成熟、市场前景好、经济效益高的彭泽鲫、团头鲂、南方大口鲶、黄河鲶、鲈鱼、罗非鱼、沼虾、河蟹等名特新优品种的养殖，形成规模。开发南部山区大水面水库资源和冷水资源，发展大银鱼移植增殖和冷水性鱼类养殖，使全区优质水产品产量有较大增加。到2005年，水产品产量达到6万吨。同时通过合理开发、利用引黄灌区湖泊、滩涂等宜鱼资源，发展河蟹围栏养殖，培育渔业生产新的增长点。

（四）林业

要抓住西部大开发重视生态建设的机遇，继续加强以防护林为骨架的水土保持林、水源涵养林、经济林、用材林、薪炭林、四旁植树组成的防护林体系，建设好六盘山、贺兰山、罗山三个自然保护区，搞好退耕还林还草工作，到2005年，退耕还林还草面积达200万亩，全区有林地面积达到63万公顷，森林覆盖率达到12%以上，使宁夏的生态环境从根本上得到改善。继续抓好引黄灌区的"兴果富民"工程和山区的"两杏一果" 工程，以及"优质名牌枸杞基地"工程和"优质酿酒葡萄基地"建设，到2005年，枸杞基地面积达1.3万公顷，创产值12亿元以上，以贺兰山东麓为主的优质酿酒葡萄生产基地面积达1.3万公顷，创产值10亿元以上。南部山区积极发展口味独特、无污染、无公害，既有地方特色又有市场前景的小杂果。

三、促进农业发展的措施

（一）推进农业市场化

完善农产品市场宏观调控体系，实行优质优价政策，进一步拉开品种、质量差价，实行合理的等级、季节、地区差价，促进生产者按照市场需要加快结构调整的步伐，提高粮食等主要农产品的质量和效益。在发展城乡集贸市场的基础上，重点加快农产品市场建设，培育一批如灵武涝河桥、平罗宝丰清真牛羊肉市场等具有地方特色、覆盖面大、辐射能力强、在西北具有一定知名度的农产品专业市场。大力发展中介组织，建立渔业、养鸡、养猪、运销等各类专业合作社，为农民进入市场提供多层次、全方位服务。建立农业信息发布制度，广泛利用报纸、电视、广播等信息传播媒体，定期发布政策、市场、价格、新品种、新技术和主要农产品供求及市场行情等实用信息，引导农民根据市场调整结构，增强结构调整的主动性和预见性。

(二)推进农业产业化

根据资源优势,围绕优质大米与专用面粉加工、饲料加工、马铃薯加工、油料等特色经济作物加工、优质瓜菜加工与销售、生物制药、优质水产品养殖、清真肉制品与乳制品加工等产业,结合国家级商品粮基地、国家牧区示范工程、旱作节水农业示范县、六盘山肉牛基地等项目建设,进一步带动农产品商品生产基地建设,发展绿色食品生产基地。以市场为导向,大力发展农产品加工业,提高农产品附加值,适应新的消费需求。加快对现有农产品加工企业的技术改造,组建葡萄酒业集团、乳制品产业集团、生物制药集团、清真肉食品企业集团、淀粉产业集团等,提高加工能力和产品档次,扩大市场竞争力。鼓励和支持加工企业到生产区建立分工合理、规模较大、商品率较高的生产基地,与农民签定合同,建立联合经营、风险共担的利益共同体,实行产、加、销一体化经营,加大农产品加工转化力度,努力形成特色突出、区位优势明显、产品科技含量高的产业群。

(三)推进非农产业发展

乡镇企业的发展要适应新的形势,要加快调整产业和产品结构,积极发展高新技术产业和名优特新产品;农产品加工业对全区农业资源优势的发挥,农业产业化体系形成的拉动作用十分明显。但目前宁夏农副产品加工还很薄弱,既影响农产品附加值的提高,又制约着农业规模经营的发展。因此,乡镇企业要结合农业结构调整,适应市场需求变化,重点发展以农产品为原料的加工业、储藏、保鲜和运销业,积极参与农业产业化经营;结合小城镇建设,积极发展商业、饮食、服务和旅游等第三产业;通过体制创新、技术改造,加快产品的升级换代,提高产品质量及市场竞争力,迈上一个新台阶。小城镇的发展对于扩大内需,加速农村剩余劳动力转移,改变城乡二元结构,推进城乡一体化等具有特别重要的意义。小城镇的发展不能一哄而起,要充分考虑现有小城镇的发展水平、区位优势和资源条件,以及今后的发展潜力,有选择、有重点地发展已经形成一定规模、基础较好的小城镇,并予以政策、资金等支持,发展小城镇经济,加快小城镇建设,使其真正成为乡镇企业、龙头企业的载体,投资与消费的主体,第三产业配套发展的集中点,农产品的集散市场。乡镇企业、小城镇的发展不能脱离经济发展需要,要同节约耕地和保护环境相结合。

(四)切实加强生态环境建设

宁夏生态环境十分脆弱,目前全区水土流失面积仍有337万公顷,占全区总面积的73%,每年流入黄河的泥沙约1亿吨左右,林木覆盖率为6.4%,仅为全国平均覆盖率的45.6%,260万公顷草地有97%存在着不同程度的沙化和退化,盐渍化土地面积占全区耕地面积的26%,尤其是银北地区,盐渍化土地面积占耕地面积的2/3。因此,加强生态环境建设是西部大开发战略的根本和切入点。《国家生态建设规划》提出的八个生态环境重点治理区中的黄河上中游地区、“三北”风沙综合防治区和草原区等三个重点治理区覆盖了宁夏全境,国家已将宁夏南部山区8县和灵武、中卫及银川市郊区列为国家生态建设重点县。要抓住这一机遇,按照“退耕还林(草)、封山绿化、个体承包、以粮代赈”的十六字方针,切实搞好生态建设。要因地制宜,分类指导,突出重点,有计划、有步骤的在坡耕地恢复林草植被,采取得力措施保护天然林,加大治理荒山荒坡力度,重点完成人工造林5.3万公顷,封山育林6.7万公顷,退耕还林还草示范试点1.3万公顷,飞播造林2万公顷,农田林网植树2000万株,重点抓好引黄和扬黄灌区为大开放、大开发配套服务的“五路四片”为主的绿色通道工程。要高度重视生态建设与经济效益、社会效益的协调发展,找准生态与经济效益、社会效益的最佳结合点和切入点,大力培育兼有生态、经济双重效益的区域性主导产业,实现生态效益、经济效益、社会效益的统一,走可持续发展的新路子。生态建设要同中药材基地、以苜蓿为主的饲草基地、林果基地、桑蚕基地、酿酒葡萄基地、枸杞基地相结合。生态建设要引入市场机制,采取企业带基地的产业化运作方式,选择实力较强、市场运作经验丰富的企业牵头,面向市场,形成企业、基地、农户联结的产业链,提高生态产业的效益,实现可持续发展,保证农民的生计,切实解决好群众最关心的吃饭、烧柴、增收等实际问题,

(五)依靠科技进步

宁夏的落后从根本上说是人的素质落后,是科技和教育的落后,目前每百个劳动力中,小学以下文化程度仍达51%,南部山区达67%,因此,宁夏农业的发展,根本的出路在于依靠科技进步,依靠科技兴农,依靠劳动者科技文化素质的提高。要在农村普及九年制义务教育,积极发展职业教育,以及各种形式的农业实用科技宣传培训服务工作,全面提高农

村劳动力和农村人口的文化素质、科技水平。要以农业高产、高效、优质为目标，认真抓好种子、种畜和种苗等良种工程建设，重点推广、普及农作物高产栽培技术、农作物病虫害防治技术，扩大实施无公害化农业新技术示范推广，引进农业生物工程高效技术，加强农产品储藏、运输、加工、销售各环节实用技术的推广应用，降低农产品生产成本，提高宁夏农产品参与市场竞争的能力。

宁夏自治区农调队

西部大开发中新疆农业发展思路

进入新世纪,党中央从战略的角度明确提出:从现在起,要把加快西部地区的开发摆到头等重要的位置。要下决心用几十年乃至整个新世纪的艰苦努力,建设一个经济繁荣、社会进步、生活安定、民族团结、山川秀美的西部地区。新疆是一个资源大区,又是一个农业大区,农业、农村经济在国民经济中的地位举足轻重。西部大开发,为新疆农村经济的发展带来了新的历史机遇和挑战。

一、农村经济的基本特征

(一)自然特征

新疆虽然地域辽阔,然而又是典型的荒漠绿洲农业生态区。全区国土面积160多万平方公里,在大漠瀚海上散布着近800个绿洲,这些绿洲被荒漠和河流分割,并依附河流分布。这些绿色的"孤岛"养育着1700多万新疆人,绿洲面积仅占总面积的4.2%,绿洲内蒸发量为降水量的10倍以上。新疆森林覆盖率仅为1.68%,远低于全国13.92%的平均水平,在全国位居倒数第二。新疆每年有10多万亩土地丧身沙海,这比首府乌鲁木齐市区面积还要大。如此恶劣的自然环境,脆弱的生态系统,再加上是世界上离海洋最远的地区之一,交通运输线长,绿洲割据,发展农村经济面临严峻的生态环境恶化的压力。

然而,新疆又有许多发展特色经济的资源优势。极为丰富的光、热资源,为棉花、瓜果等作物的高品质提供了良好的自然基础。拥有5133.3万公顷(1999年详查数)的草原面积,发展草原畜牧业得天独厚,有耕地面积331.1万公顷(1999年,下同),人均2.8亩,远高于全国平均水平,秸杆等副产品及饲料资源十分丰富,发展农区畜牧业潜力巨大。

(二)经济特征

由于历史的原因,以及区位劣势的影响,新疆农村经济三大产业一直呈现着前重后轻的发展格局。即第一产业比重大,第二、三产业规模小,层次低。

1."一白一黑"战略的实施,推动"白色产业"的棉花生产已初步形成规模。

至1999年,新疆棉花已连续数年稳居全国棉花单产,总产量、品质、调出量四项第一。全区棉花产量140.75万吨,占全国总产量的36.75%。棉花总产值108.4亿元,占全区农林牧渔业总产值23.5%,棉花已成为新疆农村经济发展的重中之重。

2.农村二、三产业发展的滞后,已成为新疆农村经济持续发展的"瓶颈"。1999年,新疆乡镇企业总产值(现价)237.67亿元,仅及农林牧渔业总产值(461.15亿元)的一半,是农村经济的一条"短腿"产业。因此,新疆农村经济发展水平差,层次低,经济结构简单,农牧民除了在田地务农,上山放牧外,缺乏新的就业门路和收入来源。

(三)在全国的地位及反差

新疆农村经济是典型的农业经济,虽然地域辽阔,然而由于特殊的自然环境,导致在全国的份额不大。1999年,全区第一产业增加值268亿元,第一产业增加值占全国的比重仅为1.9%。主要农产品占全国的比重除棉花外基本上在1—3%之间。

二、新阶段应以全新的理念引导新疆农村经济的发展

(一)把发挥主观能动作用及思维模式的转变作为西部大开发的处世之本

西部大开发战略的实施给新疆带来了难得的发展机遇,在这一战略的实施过程中,国家将通过实施优惠政策、加快基础设施建设、增加财政转移支付、加大扶贫开发、扩大东西合作和对口支援,为西部地区提供了强有力的政策支持,这无疑对新疆的开发建设起到重要促进作用。但我们绝不能因此而产生依赖情绪,坐等国家支持,因为国家的投资是限制在一些大的项目上,不可能包揽太多,最重要的是要自己动手,把工作立足点放在自身工作基础上,调动方方面面的力量搞好经济建设。

（二）牢固树立以提高质量和效益、确保农民增产增收为追求目标的发展观念

纵观新疆农村经济近年的发展历史，其发展和进步主要得益于农产品尤其是粮、棉数量上的堆积，以及国家对新疆农产品（棉花等）政策上的扶持。进入新千年，主要农产品供应已趋于饱和，并略有节余。并且粮、棉种植比较效益逐年下滑，据住户调查资料，1999 年，新疆棉花亩收益 252 元，较上年减少 39.2%，部分地区棉花收购价已接近成本价格。在这种形势下，遵循以往的思维惯性，认为发展农村经济就是增加粮、棉生产显然是一种惰性思维，是绝对不可行的。正如国务院总理朱镕基指出的：传统产业目前已趋于饱和，如何对传统产业实行更新换代升级是当前经济工作必须解决的问题。换句话说，单纯数量增长型经济发展模式已完成了历史使命，对传统的农村经济、农业生产结构进行战略性调整，以可持续发展为中心，以提高农产品的质量和效益为追求目标，增加有效供给，确保农民增产增收，引入市场机制指导西部大开发，是新疆农村经济稳定健康发展的有效途径。1999 年，新疆农民人均纯收入历史上首次出现负增长，农民增产却减收，客观上提出了战略调整的必要性和紧迫性。

（二）农村经济的发展要体现分类指导、扶优扶强的原则

新疆面积 166 万平方公里，北疆与南疆不一样，东部与西部不一样，各地条件不同，原来的发展基础不同，劳动者的素质也不同，要在短时间内做到均衡发展是不可能的。面对西部大开发的历史机遇，必须要从实际出发，要重点突破，哪个地方条件优越，就千方百计创造条件，把这些地方推到快车道上去，让这些地方能够借助外部的力量更快更好地发展，同时也为其他地方提供一些看得见、摸得着的经验，使其他地方产生紧迫感，以充分发挥各自的优势，加快发展。但是扶优扶强并不是说只有划定首先推出的地方才有事干，也绝不等于其他地方就可以坐等观望、慢慢发展，每个地方都要找准自己的工作重点，发挥优势、扎实推进。

三、农村经济结构战略性调整的基本思路

（一）农村经济三大产业

农村第一产业是国民经济发展的基础，对这一基础要进一步巩固，尤其是新疆这一地域辽阔，交通运输线长的边疆省区，确保主要农产品自给有余至关重要。同时，新疆有发展第一产业的资源优势，是广大农牧民收入的主要来源。依托农村第二、三产业求增值、求发展、求搞活。要针对我区农产品流通渠道不畅，加工能力不足，质量差的劣势，大力倡导农业产业化经营，发展各种以农产品加工增值为依托的“龙”型经济的产业化模式。

（二）推出天山北坡经济发展带

近日，根据各方专家分析论证新疆经济发展条件最好的地带在天山南北两条铁路的沿线，特别是天山北坡，东起乌鲁木齐，西至乌苏，包括了乌鲁木齐、昌吉四县市（米泉、昌吉、呼图壁、玛纳斯）、石河子、沙湾、乌苏、奎屯、农六师、农七师、农八师、乌管局等。这一带的基础比较好，交通通讯便利，人口构成、劳动者素质也比较好。新中国成立以来，特别是改革开放 20 年来，这一带的发展速度比较高。国内生产总值占了全区的 42.38%，其中第一产业增加值占 19.77%，第二产业增值占 48.70%，第三产业增加值占 52.15%，大体上已经成为新疆整个经济构成的核心部分，已经具备了快速发展的基础条件。

（三）农业生产结构

1．改变种植业比重偏大，畜牧业及林果业比重偏小的格局。在新疆农业经济结构中，1999 年，种植业产值占农林牧渔业总产值的 73.9%，牧业产值占 23.7%，林业占 1.6%。畜牧业和林果业作为我区农村经济重要的后备支柱产业，其发展明显不足。我区是全国四大牧区之一，草原面积 7.7 亿亩，如此重“种”轻“牧”，是和新疆的自然资源优势不相适应的。从全国一些省份的情况看，新疆农业生产结构的不足显而易见。东北三省的“玉米带”正在由“粮仓”变成“肉库”。河北省实施畜牧“百点工程”逐步成为名符其实的畜牧业大省，畜牧业向规模化、产业化方向迈出大步，畜牧业在农业总产值中的比重达 1/3 以上。最近，国务院副总理温家宝强调指出“新疆在畜牧业上要做一篇大文章，成为畜牧业大区，使畜牧业在大农业中占有相当大的比重，在全国具有举足轻重的作用”。同时，发展新疆独特的具有优势的林果业，增加农民收入，改善生态环境，营造山川秀美的新疆又是千年大计。新疆发展畜牧业和林果业的潜力很大，如果这二大产业达到农业总产值的 40%左右，其对农村经济的贡献额将是十分巨大的。

2．种植业生产内部。粮棉种植规模稳中有降，

大力发展具有资源优势的瓜果、蕃茄、红花、枸杞及大棚蔬菜等市场前景看好的产业。

从新疆总的粮食作物发展形势看，1999年，全区粮食总产量达799多万吨，除区内消费需760万吨外，年度平衡有余约40万吨，全区人均粮食占有量478公斤，高于全国平均水平。今后，粮食生产要以市场为导向，要形成食用粮、专用粮、饲料粮、特色粮的多元化生产格局。据有关情报反映，今年我区优质专用小麦收购价将比常规小麦品种高10%以上。又如黑龙江省培育发展甜玉米、黑玉米种植，其种植效益可以达到普通玉米的10倍。因此，要生产市场上俏销的粮食来实现稳定增收，

1999年，新疆棉花产量达140.75万吨，根据市场情况，棉花收购价调减到每担370元，当年对农民收入造成巨大冲击。但从棉花生产现状看，收购价格已基本接近成本价，价格下调的空间已极为有限，并且国际国内棉花市场正逐步回暖。截止目前，新疆一级棉已全部售罄，销售价格已回升到每担500元以上。在棉花生产上，坚持“一白”发展战略不动摇外，要注重提高棉花的品质和种植效益，棉花风险区和次风险区的种植面积要坚决减下来，用以发展适宜本地资源优势的其他特色产业。

(四)质量和效益是结构战略性调整的目标

农村经济战略性调整不能简单地理解为这里比例加一些，那里比例减一些。调整的根本目的是要提高整个农村经济发展的质量和效益。实现粮、棉、畜、林果的集约化经营，引入市场机制，以市场为导向，发展优质高效农业，是农村经济发展的必由之路。

新疆自治区农调队

西部大开发中内蒙古农牧业发展思路

一、自治区概况

内蒙古自治区是于1947年5月成立，地处祖国北部边疆，位于东径97°10′～126°09′，北纬37°24′～53°20′，东西蜿蜒2400多公里，南北纵跨1700余公里。全区国土面积118.3万平方公里，占全国的1/10，在全国各省、自治区、直辖市中，仅次于新疆、西藏、居于第三位。

内蒙古自治区是以蒙古族为主体，汉族居多数、多民族共居的少数民族自治区。1999年末，自治区总人口2362万人，其中人口较多又相对聚居的民族蒙古、汉、满、回、达斡尔、朝鲜、鄂温克、鄂伦春等8个民族，少数民族人口占自治区总人口的20.6%。其中蒙古族人口最多，有397.3万人，占自治区总人口的16.8%。

内蒙古自治区现在的行政区划是在推行民族区域自治区过程中，经过多次调整后形成的。自治区现设呼和浩特、包头、乌海、赤峰、通辽5个自治区直辖市和呼伦贝尔、兴安、锡林郭勒、乌兰察布、伊克昭、巴彦淖尔、阿拉善7个盟。自治区首府设在呼和浩特。

二、农牧业的资源优势及发展现状

农牧业是内蒙古最大的资源优势，在三个方面居全国前列，一是人均耕地面积居全国第一，据第一次全区农牧业普查统计数据显示，全区实有耕地面积1.17亿亩，人均5亩左右，是全国人均耕地的3倍多，人均粮食产量居全国第三位，并于1992年实现粮食自给有余，成为我国北方重要的粮食生产基地；二是草场面积居全国之首。我区草场面积达13亿亩，占全国的比重约1/4，可利用草场面积占全国1/3，人均草场面积近60亩。由于内蒙古地域辽阔，降水量自东向西递减，因而形成了自东向西的草甸草原、典型草原、荒漠草原等多种类型草原，多种多样的草场有利于发展不同的家畜品种，由于其独特的草场类型，培育出许多优良畜种。目前，全区羊绒产量占全国的1/3，羊肉产量占全国的1/5，羊毛产量占全国的1/4。三是森林面积居全国首位，全区森林面积占全国1/7，人均森林面积是全国的近7倍，丰富的农牧资源为我区经济发展奠定了强大物质基础。

三、农牧业在全区经济发展中的分工和定位

内蒙古作为农牧业大省(区)，其农牧业在全区国民经济中占有较重要的地位，随着社会经济的不断发展，经济结构的日益多样化，农牧业在经济总量中的比重也在逐步降低，近十年这一比重基本保持在32%左右，1999年农林牧渔业增加值占GDP的比重为27%，比1978年下降近5个百分点。与全国相比，内蒙古农林牧渔业增加值占GDP的比重还是较高的，比全国平均水平高10个百分点。第一产业的从业人员占整个从业人员的比重高达54.6%。但从投资与回报上看，内蒙古农牧业处于低投资、低回报的状态。从1998年的统计资料看，在基本建设投资中，第一产业所占比重为8.6%，进入90年代以后，这一比重在5%左右徘徊，比第二产业的25.8%和第三产业的65.6%都要低得多，且其比重正呈持续下降趋势。在财政支出中，支援农业支出的比重仅占10.3%，农业贷款占各项贷款的比重也仅有4.5%，远远低于19.4%的工业贷款比重和27.8%商业贷款比重。低投入率带来了低回报率。1999年全区农业税占财政收入的比重仅为8.8%，比32.2%的工商税收低得多。究其原因，主要是面对农畜产品市场的变化，内蒙古农牧业生产结构性矛盾日益突出，优质农产品相对不足，一些低质农产品积压严重，农业结构过分单一，不仅影响了农业效

益和农民收入的提高，而且造成了巨大浪费和财政负担的增加。因此要真正成为名副其实的农牧业大省，适应西部大开发及加入 WTO 的要求，就必须依照市场规律调整产业结构，大力发展优质、高效农牧业。

四、农业结构调整的重点

（一）调整结构以改良品种，提高质量为重点，增加专用品种及宜于加工等适销对路产品的生产，全力推进农业科技革命，提高士地利用率、劳动生产率和投入产出率

要在提高粮食单产、稳定总量的前提下，大力发展优质高效的经济作物、林果、饲草饲料作物，逐步形成粮、经、饲作物比较合理的结构.使种植业向多元结构转变。调整结构的主要途径是改善品质，提高质量，优化生产布局。发挥区域优势，走优质高效农业的路子；开发绿色食品，走特色农业的路子；转化粮食秸秆、发展优质牧草，走农牧结合的路子；扶持农产品龙头企业，培育产后流通组织，走农业产业化的路子。

1. 粮食生产要主攻单产，稳定总产，优化结构，改善品质，提高效益，增加收入。逐步把我区具有地区比较优势的水稻、小麦、玉米、大豆、马铃薯及杂粮等农产品建设成优质商品生产基地。

2. 经济作物中要稳步发展油料生产，重点发展巴盟、土默川、赤峰市、通辽市南部的食用、油用葵花和呼盟、兴安盟、哲盟北部、锡盟、乌盟等地的“双低”油菜，逐步减少黄芥以及胡麻种植面积；甜菜要适应加工布局和加工能力的调整，压缩零星分散、低产地区的面积，扩大具有优势地区的规模，并推广一批既高产又高糖的品种；要稳定蔬菜瓜类面积.优化结构，发展设施栽培、反季节蔬菜和无公害蔬菜。抓好早中晚熟品种搭配生产，打好季节差，提高种植效益。苹果梨、西甜瓜、白瓜籽、黑瓜籽、中药材等具有地方优势产品要加快发展速度，逐步形成一乡一品各具特色的经济格局。

3. 扩大饲草料的种植。农区要结合种植结构调整和退耕还林还草，积极推广青储玉米、紫花苜蓿以及其它优质牧草的生产，建设优质技革的加工出口基地，加快发展畜产业、巩固发展牧区革库伦内牧草和饲用玉米的种植生产。

（二）畜牧业：调整优化畜牧业生产结构的重点是合理区域布局，优化畜种结构、品种结构、畜群结构和畜草结构，提高畜牧业整体效益，增加农牧民收入

1. 根据自治区不同区域自然资源特点。东部草甸草原要以发展大畜为主，重点发展奶牛、肉牛、兼养肉羊和细毛羊。中部典型草原，要以发展肉羊、细毛羊为主，兼养肉牛、奶牛。西部半荒漠和荒漠草原区以发展山羊和骆驼为主，兼养细毛羊和少量大畜。在总体布局指导下，实施“牲畜种子’工程，使种公畜实现良种化，重点抓牲畜的品种改良、选育，提高良种和改良种牲畜在畜群中的比重，提高畜群生产力水平.优化畜种和品种结构，形成优势产品和名优特品。

2. 要改变重头数、轻效益，重畜群繁殖扩大、轻出栏周转的经营观念。把堤高经济效益，加快畜群周转，建立高效益畜群结构作为主要目标。积极推广接冬羔和早春羔，开展当年羔和牛羊育肥出栏、提高母畜比重和出栏率，形成提高母畜比重，加速繁殖，扩大出栏，快速周转，增加效益的生产模式。

3. 加强草原建设和饲草料基地建设，合理利用和保护草原，改善生态环境，建立增草增畜，草畜平衡的良性循环生产结构、半农半牧区退耕还牧的耕地，大力开展人工优质牧草种植，农区要充分利用农作物秸杆资源，积极种植优质牧草，开展小规模、大群体的牛羊舍饲圈养，推行过腹还田，全区秸杆利用率力争达到 50% 以上；牧区要加大天然草原的保护、建设和合理利用，积极发展人工草地、草原建设要在目前 3000 万亩的基础上，经三至五年扩大到 3500 万亩以上。通过上述措施，有效地改变生态环境，缓解草畜矛盾，改善畜草结构，建立增草增畜，畜草平衡发展的良性机制。

内蒙古自治区农调队

西部大开发中广西农业发展思路

一、基本概况与资源优势

广西地处祖国南疆，南临北部湾，是祖国大西南地区最快捷的出海通道。全区国土面积为23.67万平方公里，占全国总面积的2.46%，列全国第9位，其中海拔200米以上的山地和丘陵占39.4%，海拔200米以下的台地占6.3%，平地占23.4%，水面占2%，大陆海岸线全长1595.25公里，耕地约占陆地面积的11%，是山多田少的省区。现设9个地级市、5个地区，辖81个县(市)。1999年末，全自治区总人口为4713万人，其中乡村人口为3982.5万人，占总人口的84.5%。广西境内居住12个民族，其中壮族约占全区总人口的1/3。

广西地处亚热带，自然资源非常丰富：

首先，气候适宜，有利于各类农作物生长。全年无霜期一般在270～300天，年日照时数为1400～2000小时，各地年降水量在1100～2800mm之间，且雨热同季，与农作物生长期一致，极有利于农业生产。

其次，动植物资源丰富。广西已发现植物近8000多种，种植业品种系列达700个，是全国最多的省(区)之一；水果有700多个品种，其中香蕉、菠萝、荔枝、龙眼等不少水果饮誉国内外；广西野生植物及其他土特产达1600多种，其中中草药材为1000多种。广西有不少珍禽奇兽，仅灵长、两栖、爬行等动物多达800多种。

再次，水资源和水力资源丰富。全区年平均降水量为3600亿立方米，平均水资源总量为1880亿立方米，占全国水资源量的6.9%，居全国第5位，地下水资源也很丰富，全区有大小地下河600多条，水资源量达400亿立方米以上。

此外，广西的海洋资源也很丰富。在西部省(区)中，广西是唯一的临海省(区)，海岸曲折，港湾多，拥有697个岛屿，浅海(水深在10米以下)滩涂有36万公顷，其中潮间带滩涂达10万公顷，可开发养殖面积6.7万公顷。广西的北部湾是全国著名的大鱼场之一，海水鱼类有500多种，主要经济鱼类达30多种，适于大力发展水产捕捞和养殖。

二、农业发展的现状及其在经济中的地位

改革开放以来，广西农业迅猛发展。1999年，全区粮食总产量达到1575万吨，比1950年增长了2.64倍；油料总产量达到54.7万吨，比1950年增长了6.81倍；甘蔗总产量达到3220.6万吨，比1950年增长了74.34倍；水果总产量达到405.2万吨，比1952年增长了45.2倍；肉类总产量达到262.9万吨，水产品产量达到230.9万吨，分别比1980年和1950年增长5.5倍和128.9倍；农民人均纯收入达到2048元，比1980年增长了10.8倍；第一产业增加值达到580.3亿元，比1978年增长了17.8倍。第一产业增加值占国内生产总值的比重由1980年的45.1%，下降到1999年的29%。

尽管如此，广西农业与全国平均水平相比，仍有很大差距。1999年，全国人均产粮达到了405.5公斤，而广西仅为335.5公斤，比全国低了70公斤；1999年全国农民人均纯收入为2210元，而广西仅为2048元，比全国平均水平低了162元。1999年全国平均每个农业劳动力创造的农业产值为7450元，而广西仅为5269元，比全国低了2181元。可见，开发广西农业，进一步缩短与全国水平的差距，具有重大的意义。

三、西部大开发中农业的出路

广西农业尽管有着得天独厚的优势，但也存在着一些不利因素，主要表现在：①人均耕地少，耕地后备资源缺乏。广西的山地、丘陵面积占陆地总面积的71.23%，其中，又有47.5%为石山地区，限制了耕地的扩展。人均耕地面积低于全国平均水平。

②经济落后，地方财力不足，集体经济薄弱，农民自我积累能力差，农业发展后劲不足，严重地制约农业向集约化、规模化和产业化发展。③农业基础设施薄弱，自然灾害频繁，抗灾能力差。④广西有50个贫困县，扶贫任务艰巨。⑤劳动者文化素质较低，人才缺乏，观念意识相对落后，不能适应现代农业发展的需要等等。

长期以来，这些因素制约着广西农业对自然资源优势的利用，困扰着广西农业的发展，阻碍了农业发展的速度，不断拉大了与东部地区的差距。近来，党中央作出了西部大开发的战略决策，使包括广西在内的西部农业的发展迎来了历史的机遇。

西部农业开发，是一个庞大复杂的系统工程，要取得全面胜利，必须以资源为依托，以科技为先导，以市场为导向，以保持生态平衡，可持续发展为前提，以增加农民收入和财政收入为重点，以实现优质、高产、高效的农业产业化为目标，精心组织，全民参与。

(一)加大调整优化农业生产结构力度

调整农业生产结构要达到三个目标：一是要使农产品总量供求基本平衡，品质适销对路，并在国际市场上具有一定的竞争力；二是要使农业的发展全面转上优质、高产、高效的轨道；三是要使农业形成合理的区域分工和布局，不同地区发展各具特色的专业化生产。通过实现三个目标，使广西农业在现代化道路上迈出新的步伐。

1. 调整农业生产布局。要充分发挥区域比较优势，大力发展优势产业，建成一大批各具区域特色的农业主导产品和支柱产业。

2. 调整产品结构，全面优化农作物品种，增加适销对路产品的生产。

3. 调整优化农产品品质结构，淘汰或调减效益低的品种，改种或增加效益高的品种。

4. 优化农业生产结构。主要是加快发展畜牧水产业，尽快提高畜牧水产业在农业经济中的比重。

(二)搞好农业产品加工增值

发展农产品加工，实现转化增值，对于提高农业综合效益，增加农民收入具有十分重要的意义，也是农业生产结构调整的重要内容。发展农产品加工业，要立足于对现有农产品加工企业的结构调整和技术改造，采用高新技术和先进工艺，提高加工能力和产品档次。要把农产品加工业与农业产业化结合起来，充分发挥龙头企业对农产品加工业的拉动作用。

(三)加强农村市场建设

加强农村市场建设，充分发挥市场对结构调整的带动作用，是搞好农业生产结构调整的重大举措。一要积极兴办专业批发市场；二要大力培育各种形式的中介组织；三是培育生产要素市场，积极开拓外埠市场；四是强化管理和规范市场。

(四)加强以水利为重点的农村基础设施建设和生态环境建设。加强农业基础设施建设，改善农业生态环境，是推进农业生产结构调整的基本保证。要全面实施水利建设计划，加快构建广西水利防洪治旱减灾体系。要大力发展林业，改善生态环境，从根本上防御旱涝灾害。

广西自治区农调队

第二部分

综合篇

一、农业与国民经济

1—1　全国行政区划

（1999 年）

单位:个

	地级区划数	地级市	县级区划数	县级市	各级市个数	市辖区数
全　国	**331**	**236**	**2109**	**427**	**663**	**749**
北　京			5			13
天　津			5			13
河　北	11	11	138	23	34	34
山　西	11	7	100	15	22	19
内蒙古	12	5	84	15	20	17
辽　宁	14	14	44	17	31	56
吉　林	9	8	41	20	28	19
黑龙江	13	12	66	19	31	64
上　海			3			17
江　苏	13	13	64	31	44	44
浙　江	11	10	64	25	35	24
安　徽	16	14	64	8	22	42
福　建	9	9	60	14	23	24
江　西	11	7	85	14	21	14
山　东	17	15	94	33	48	45
河　南	17	15	112	23	38	46
湖　北	12	11	67	25	36	34
湖　南	14	13	88	16	29	34
广　东	21	21	79	33	54	43
广　西	14	9	81	10	19	29
海　南	2	2	17	7	9	3
重　庆			27	4	4	13
四　川	21	14	144	17	31	36
贵　州	9	3	79	10	13	7
云　南	16	3	121	12	15	7
西　藏	7	1	72	1	2	1
陕　西	10	8	88	5	13	19
甘　肃	14	5	76	9	14	10
青　海	8	1	39	2	3	4
宁　夏	4	3	17	2	5	7
新　疆	15	2	85	17	19	11

1—2 各地区耕地面积及占全国的比重

单位:千公顷、%

	耕 地	比 重
全 国	**130039.2**	**100.00**
北 京	343.9	0.26
天 津	485.6	0.37
河 北	6883.3	5.29
山 西	4588.6	3.53
内 蒙 古	8201.0	6.31
辽 宁	4174.8	3.21
吉 林	5578.4	4.29
黑 龙 江	11773.0	9.05
上 海	315.1	0.24
江 苏	5061.7	3.89
浙 江	2125.3	1.63
安 徽	5971.7	4.59
福 建	1434.7	1.10
江 西	2993.4	2.30
山 东	7689.3	5.91
河 南	8110.3	6.24
湖 北	4949.5	3.81
湖 南	3953.0	3.04
广 东	3272.2	2.52
广 西	4407.9	3.39
海 南	762.1	0.59
重 庆		
四 川	9169.1	7.05
贵 州	4903.5	3.77
云 南	6421.6	4.94
西 藏	362.6	0.28
陕 西	5140.5	3.95
甘 肃	5024.7	3.86
青 海	688.0	0.53
宁 夏	1268.8	0.98
新 疆	3985.7	3.06

注:数据来源于国土资源部、国家统计局、全国农业普查办公室“关于土地利用现状调查主要数据成果的公报”,耕地数据为1996年10月31日时点数。

1—3　各地区农业生产经营单位农业用地面积构成

单位：%

	农业用地	耕　地	园　地	林　地	牧草地	渔业养殖面积
全　国	**100.00**	**43.18**	**2.33**	**32.25**	**20.64**	**1.59**
北　京	100.00	72.25	9.80	15.69	0.13	2.13
天　津	100.00	86.01	3.87	1.23	0.15	8.75
河　北	100.00	69.89	2.37	21.59	5.26	0.89
山　西	100.00	69.40	3.91	25.67	0.78	0.25
内蒙古	100.00	36.46	0.20	22.02	40.66	0.67
辽　宁	100.00	55.41	3.91	36.99	0.64	3.05
吉　林	100.00	41.79	0.31	54.09	2.10	1.72
黑龙江	100.00	52.00	0.16	41.67	4.59	1.59
上　海	100.00	85.65	3.83	1.63	0.01	8.88
江　苏	100.00	85.07	3.51	4.18	0.19	7.05
浙　江	100.00	30.34	6.78	58.86	0.01	4.01
安　徽	100.00	62.25	2.45	31.10	0.11	4.10
福　建	100.00	20.41	6.99	70.82	0.03	1.75
江　西	100.00	27.25	2.83	67.05	0.11	2.76
山　东	100.00	83.43	7.73	6.76	0.21	1.88
河　南	100.00	83.72	2.33	12.63	0.11	1.21
湖　北	100.00	52.87	2.56	38.70	0.54	5.32
湖　南	100.00	40.33	2.64	53.41	1.04	2.59
广　东	100.00	27.16	7.70	60.58	0.05	4.51
广　西	100.00	36.92	4.07	54.96	2.81	1.25
海　南	100.00	30.78	5.36	60.56	1.82	1.48
重　庆	100.00	65.83	1.64	29.94	1.30	1.29
四　川	100.00	37.68	1.13	22.83	37.82	0.54
贵　州	100.00	61.33	1.51	35.87	1.18	0.11
云　南	100.00	34.74	2.47	60.61	1.76	0.41
西　藏	100.00	29.05	0.10	8.53	62.32	
陕　西	100.00	45.08	5.29	46.94	2.48	0.21
甘　肃	100.00	39.53	0.76	16.74	42.92	0.05
青　海	100.00	19.56	0.05	13.14	67.23	0.01
宁　夏	100.00	75.10	2.22	11.90	10.18	0.60
新　疆	100.00	11.29	0.39	1.78	86.39	0.15

注：数据来源于国土资源部、国家统计局、全国农业普查办公室"关于土地利用现状调查主要数据成果的公报。"

1—4 西部地区农业与国民经济发展总量指标

	单位	1985年	1990年	1995年	1998年	1999年
年底人口数	**万人**	**29867**	**32467**	**34497**	**35530**	**35846**
从业人员	**万人**			**17965**	**18138.3**	**18139.9**
(按城乡分)						
城镇	万人			3889	3678.3	3604.0
乡村	万人			14076	14460.4	14536.2
(按产业分)						
第一产业	万人			11616	11539.3	11491.8
第二产业	万人			2679	2408.4	2367.3
第三产业	万人			3669	4190.5	4280.8
国内生产总值	**亿元**	**1737.6**	**3746.7**	**10579.3**	**14647.4**	**15354.0**
第一产业	亿元	627.6	1283.7	2934.6	3727.5	3652.4
第二产业	亿元	678.1	1294.9	4297.0	6007.6	6297.0
第三产业	亿元	432.0	1168.2	3347.8	4912.3	5404.6
人均国内生产总值	元	585.1	1167.4	3085.9	4142.5	4302.3
固定资产投资	**亿元**	**489.2**	**780.9**	**3046.5**	**5046.8**	**5421.3**
(按经济类型分)						
国有经济	亿元	342.7	574.1	1978.8	3232.2	3333.6
集体经济	亿元	53.0	55.8	271.7	428.7	518.2
个体经济	亿元	93.6	151.0	504.3	806.1	906.2
其他经济	亿元			291.8	579.8	663.3
地方财政收入合计	**亿元**			**570.6**	**946.2**	**1028.9**
# 农牧业税和耕地占用税	亿元			91.5	57.5	50.8
地方财政支出合计	**亿元**			**1208.1**	**1848.5**	**2166.4**
# 支援农业生产支出	亿元			56.5	67.3	64.3
# 农业综合开发支出	亿元			12.5	21.5	25.3
# 农林水利气象等部门事业费	亿元			57.5	80.6	92.9
社会消费品零售总额	**亿元**			**3687.8**	**5073.6**	**5454.3**
市	亿元			1955.4	2757.7	2977.2
县	亿元			778.3	947.4	1020.4
县以下	亿元			954.1	1368.5	1456.7
国家铁路营业里程	**公里**	**19321**	**19591**	**18619**	**20882**	**21347**
公路里程	**公里**	**374796**	**409308**	**440384**	**489627**	**532650**
邮电局所	**处**	**16854**	**17587**	**20490**	**25851**	
学校数						
普通高等学校	所	236	254	260	249	251
普通中等学校	所	21248	21926	22396	21909	21725
小学	所	283962	259715	220898	203940	199993
卫生机构	**个**	**59016**	**62758**	**57380**	**114914**	**115937**
进出口总额	**亿美元**			**144.2**	**132.8**	**149.5**
出口	亿美元			87.0	81.6	78.0
进口	亿美元			57.2	51.1	71.5
实际利用外商直接投资	亿美元			18.8	23.5	18.4

1—5　西部地区农业与国民经济发展结构指标

单位：%

	1985年	1990年	1995年	1998年	1999年
从业人员			**100.0**	**100.0**	**100.0**
（按城乡分）					
城镇			21.6	20.3	19.9
乡村			78.4	79.7	80.1
（按产业分）					
第一产业			64.7	63.6	63.4
第二产业			14.9	13.3	13.1
第三产业			20.4	23.1	23.6
国内生产总值	**100.0**	**100.0**	**100.0**	**100.0**	**100.0**
（按产业分）					
第一产业	36.1	34.3	27.7	25.4	23.9
第二产业	39.0	34.6	40.6	41.0	41.0
第三产业	24.9	31.2	31.6	33.5	35.1
支出法国内生产总值结构					
（最终消费＝100）					
居民消费			78.9	77.2	76.7
政府消费			21.1	22.8	23.3
（居民消费＝100）					
农村居民			56.9	55.1	54.2
城镇居民			43.1	44.9	45.8
（资本形成总额＝100）					
固定资本形成总额			75.4	83.2	88.7
存货增加			24.6	16.8	11.3
固定资产投资	**100.0**	**100.0**	**100.0**	**100.0**	**100.0**
（按经济类型分）					
国有经济	70.0	73.5	65.0	64.0	61.5
集体经济	10.8	7.1	8.9	8.5	9.6
个体经济	19.1	19.3	16.6	16.0	16.7
其他经济			9.6	11.5	12.2
农业税占财政收入的比重			**16.0**	**6.1**	**4.9**
支援农业支出占财政支出的比重			**10.5**	**9.2**	**8.4**
社会消费品零售总额			**100.0**	**100.0**	**100.0**
市			53.0	54.4	54.6
县			21.1	18.7	18.7
县以下			25.9	27.0	26.7
进出口			**100.0**	**100.0**	**100.0**
出口			60.3	61.5	52.2
进口			39.7	38.5	47.8

第二部分

综合篇

二、农村基本情况与农业生产条件

2—1　西部地区农村基层组织和农村劳动力

	单位	1985年	1990年	1995年	1998年	1999年
一、农村基层组织						
乡镇个数	个	36330	23472	18804	18414	18145
乡个数	个	33913	20678	13814	12680	12294
镇个数	个	2417	2794	4990	5734	5851
村民委员会个数	个	302796	216788	217093	216640	215332
二、乡村户数和人口						
乡村户数	万户	5374.6	6329.0	6711.2	6912.8	6959.2
乡村人口数	万人	25059.6	26707.2	27434.7	27756.8	27828.1
三、乡村劳动力	万人	11205.0	12928.2	14075.7	14460.4	14536.2
(一)按性别分组						
1.男劳动力	万人	5952.7	6738.7	7442.4	7661.1	7700.3
2.女劳动力	万人	5250.3	6189.5	6633.6	6799.3	6835.9
(二)按行业分组						
1.农林牧渔业劳动力	万人	10073.2	11372.8	11397.4	11338.3	11295.7
2.工业劳动力	万人	349.3	414.4	538.1	520.6	534.0
3.建筑业劳动力	万人	202.7	287.5	468.4	539.3	573.8
4.交通运输、仓储及邮电通信业	万人	77.7	119.0	191.2	225.9	237.0
5.批发零售贸易、餐饮业劳动力	万人	94.7	146.6	244.3	311.9	339.9
6.其他非农行业劳动力	万人	407.4	587.9	1236.9	1524.6	1555.7
		占全国的比重(%)				
一、农村基层组织						
乡镇个数	%	39.9	42.0	39.9	40.5	40.6
乡个数	%	40.8	46.5	46.3	48.0	48.1
镇个数	%	30.4	24.5	28.9	30.1	30.5
村民委员会个数	%	32.2	29.2	29.3	29.3	29.2
二、乡村户数和人口						
乡村户数	%	28.2	28.5	28.8	29.2	29.2
乡村人口数	%	29.7	29.8	29.9	30.2	30.2
三、乡村劳动力	%	30.2	30.8	31.3	31.1	31.0
(一)按性别分组						
1. 男劳动力	%	29.5	29.9	31.0	31.0	30.8
2. 女劳动力	%	31.0	31.8	31.6	31.3	31.2
(二)按行业分组						
1.农林牧渔业劳动力	%	33.2	34.1	35.2	34.8	34.3
2.工业劳动力	%	12.7	12.8	13.6	13.3	13.5
3.建筑业劳动力	%	17.9	18.9	21.3	22.5	22.7
4.交通运输、仓储及邮电通信业	%	17.9	18.7	19.5	20.8	21.2
5.批发零售贸易、餐饮业劳动力	%	20.5	21.1	20.9	21.3	21.5
6.其他非农行业劳动力	%	20.9	22.7	28.2	30.9	32.4

2—2 西部地区农业机械化程度

（农业机械拥有量）

	单　位	1985年	1990年	1995年	1998年	1999年
农用机械总动力合计	**万千瓦**	**4118.6**	**5906.2**	**7534.3**	**9255.2**	**10106.9**
一、耕作机械						
大中型农用拖拉机	万混合台	20.1	20.3	16.3	17.3	19.1
	万千瓦	692.8	727.2	630.3	654.8	700.7
小型农用拖拉机	万台	80.6	152.3	192.8	221.0	233.4
	万千瓦	734.8	1469.4	1913.2	2263.8	2415.0
大中型机引农具	万部	23.5	20.0	22.6	27.5	29.0
小型机引农具	万部	51.7	108.9	165.2	228.8	238.2
二、农用排灌机械						
柴油机	万台	30.3	38.6	48.3	65.3	77.3
	万千瓦	272.1	306.6	345.6	445.7	513.9
电动机	万台	36.2	44.6	54.7	72.5	84.5
	万千瓦	523.1	580.6	632.8	701.9	733.4
农用水泵	万台	62.6	78.0	97.9	121.0	139.5
喷灌机械	万套	3.3	2.4	2.8	4.1	
三、收获机械						
联合收割机	万台	0.7	0.8	1.2	1.9	2.2
	万千瓦	34.6	38.0	53.8	80.1	89.8
机动收割机	万台	0.8	0.2	0.1	0.3	0.4
	万千瓦		4.0	1.7	2.1	2.1
机动脱粒机	万台	28.5	34.7	56.9	84.4	101.5
四、植保机械						
喷雾机	万部	5.6	8.4	11.4	15.5	
	万千瓦	8.4	12.9	19.2	28.0	
五、畜牧机械						
牧草收割机	台	10643	16000	20728	26776	
剪毛机	把		7158	6227	4715	
六、林业机械						
挖坑机	部	218	138	163	176	
植树机	部	665	592	526	290	
七、农产品加工机械动力	**万千瓦**		**1275.8**	**1363.5**		
八、运输机械						
农用载重汽车	万辆	9.7	14.3	19.2	22.0	22.8
	万千瓦	679.0	1102.2	1573.0	1815.5	1889.8
农用运输车	万辆		5.3	13.9	24.9	30.3

2—2 续表　　　　（占全国的比重）　　　　单位：%

	1985 年	1990 年	1995 年	1998 年	1999 年
农用机械总动力合计	**19.7**	**20.6**	**20.9**	**20.5**	**20.6**
一、耕作机械					
大中型农用拖拉机	23.6	24.9	24.2	23.9	24.3
	25.3	26.5	26.2	25.3	25.3
小型农用拖拉机	21.1	21.8	22.3	19.7	19.4
	21.8	23.9	24.4	22.6	21.9
大中型机引农具	20.8	20.5	22.8	22.8	21.9
小型机引农具	16.1	16.8	17.2	15.8	14.7
二、农用排灌机械					
柴油机	10.6	9.4	9.8	11.2	12.0
	10.6	9.2	9.0	9.9	10.4
电动机	11.3	10.4	10.7	10.9	12.1
	16.6	15.5	15.7	14.8	15.1
农用水泵	12.1	10.8	10.8	10.4	11.0
喷灌机械	12.3	6.0	4.8	4.6	
三、收获机械					
联合收割机	20.0	19.4	15.5	10.3	9.9
	21.2	19.9	22.2	17.1	15.7
机动收割机	9.3	13.5	4.4	7.6	9.3
		40.8	6.7	5.7	5.2
机动脱粒机	8.3	7.0	9.4	11.1	12.2
四、植保机械					
喷雾机	18.3	18.8	9.8	10.0	
	15.0	17.2	12.5	12.5	
五、畜牧机械					
牧草收割机	85.2	84.2	86.5	91.8	
剪毛机		97.9	94.2	89.7	
六、林业机械					
挖坑机	53.3	29.2	22.3	13.3	
植树机	51.0	32.0	28.6	29.9	
七、农产品加工机械动力	29.4	29.4			
八、运输机械					
农用载重汽车	22.5	22.9	24.1	24.5	24.4
	22.1	23.9	25.8	26.8	27.5
农用运输车		22.8	12.6	23.2	11.6

2—3 西部地区农村电力和农田水利建设情况及占全国的比重

	单 位	1985年	1990年	1995年	1998年	1999年
一、乡村办水电站	**个**	**4815**	**4897**	**15320**	**12089**	**11045**
装机容量	万千瓦	80.5	102.5	161.7	185.0	177.1
发电量	亿千瓦			48.4	61.0	61.9
二、农村用电量	**亿千瓦小时**	**84.9**	**145.7**	**237.6**	**294.7**	**308.0**
三、农田水利建设情况						
有效灌溉面积	千公顷	11685.9	12685.9	13639.3	14503.8	14824.5
旱涝保收面积	千公顷		8865.1	9371.5	9933.2	10072.3
机电排灌面积	千公顷	2753.5	3558.1	4503.6	4985.1	5227.9
				占全国的比重(%)		
一、乡村办水电站	%	**39.9**	**40.4**	**37.6**	**36.4**	**34.9**
装机容量	%	31.0	33.0	31.1	29.1	27.0
发电量	%			36.1	33.4	33.4
二、农村用电量	%	**16.7**	**17.3**	**14.4**	**14.4**	**14.2**
三、农田水利建设情况	%					
有效灌溉面积	%	26.5	26.8	27.7	27.7	27.9
旱涝保收面积	%		26.4	25.9	26.1	26.1
机电排灌面积	%	11.2	13.1	14.0	14.4	14.7

2—4　西部地区农用化肥、农膜、柴油和农药使用量及占全国的比重

	单　位	1985 年	1990 年	1995 年	1998 年	1999 年
一、化肥施用量(按折纯法计算)	**万吨**	**368.7**	**570.8**	**825.4**	**986.6**	**983.4**
氮肥	万吨	262.1	371.1	472.4	550.9	539.0
磷肥	万吨	63.8	105.5	161.2	183.5	176.7
钾肥	万吨	12.7	28.8	54.3	73.0	74.4
复合肥	万吨	30.1	65.4	137.8	179.3	193.4
二、农用塑料薄膜使用量	**吨**			**219243**	**358720**	**375940**
# 地膜使用量	吨			167323	288761	292663
地膜覆盖面积	千公顷			2573.7	4733.0	4824.4
三、农用柴油使用量	**万吨**			**253.2**	**256.7**	**265.9**
四、农药使用量	**万吨**			**15.4**	**18.9**	**20.1**
				占全国的比重(%)		
一、化肥施用量	%	**20.8**	**22.0**	**23.0**	**24.1**	**23.8**
氮肥	%	21.8	22.7	23.4	24.7	24.7
磷肥	%	20.5	22.8	25.5	26.9	25.3
钾肥	%	15.8	19.5	20.2	21.1	20.3
复合肥	%	16.8	19.1	20.5	21.8	22.0
二、农用塑料薄膜使用量	%			**23.9**	**29.7**	**29.9**
# 地膜使用量	%			35.6	42.9	42.2
地膜覆盖面积	%			39.6	47.2	47.7
三、农用柴油使用量	%			**23.3**	**19.5**	**19.6**
四、农药使用量	%			**14.2**	**15.3**	**15.2**

2—5 西部地区自然灾害面积及占全国的比重

单位:千公顷、%

	1985 年	1990 年	1995 年	1998 年	1999 年
一、受灾面积	**12230.7**	**11692.0**	**14531.0**	**13043.0**	**17504.5**
旱灾	7054.0	7209.3	8552.0	5541.0	10869.0
水灾	2525.3	2174.0	3182.0	5431.0	2871.5
风雹灾	2108.0	1560.7	1487.0	1474.0	1321.0
霜冻灾	543.3	748.0	964.0	597.0	2437.0
二、成灾面积	**6722.7**	**5484.0**	**7680.0**	**7481.0**	**9213.7**
旱灾	3638.0	3350.7	4573.0	2381.0	5864.0
水灾	1572.7	1080.0	1793.0	7481.0	1534.1
风雹灾	1289.3	652.0	755.0	1163.0	734.0
霜冻灾	222.7		496.0	354.0	1077.0
三、成灾面积占受灾面积的比重(%)	**55.0**	**46.9**	**52.9**	**57.4**	**52.6**
			占全国的比重(%)		
一、受灾面积	**27.6**	**30.4**	**31.7**	**26.0**	**35.0**
旱灾	30.7	39.7	36.5	38.9	36.0
水灾	17.8	18.4	25.0	24.4	31.8
风雹灾	33.8	24.6	33.2	31.1	36.8
霜冻灾	57.3	34.9	27.0	6.9	36.8
二、成灾面积	**29.6**	**30.8**	**34.5**	**29.7**	**34.5**
旱灾	36.2	42.9	44.0	47.1	35.3
水灾	17.6	19.3	23.5	29.7	30.3
风雹灾	38.5	19.1	36.4	37.1	36.0
霜冻灾	65.4		27.7	11.4	40.0

第二部分

综 合 篇

三、农业生产与成果

3—1　西部地区主要农作物播种面积及构成

（播种面积）　　单位：千公顷

	1985 年	1990 年	1995 年	1998 年	1999 年
农作物总播种面积	**40326.9**	**43507.7**	**45890.4**	**48934.6**	**49540.6**
一、粮食作物	**31621.9**	**33668.5**	**33920.3**	**35950.5**	**35891.3**
（一）谷　物			26225.8	27398.4	27032.9
# 稻　谷	7756.7	7823.5	7467.6	7484.9	7430.3
小　麦	8595.7	9302.8	9019.6	9326.6	8834.5
玉　米	5630.5	6458.5	6678.5	7919.1	8185.6
谷　子	754.5	603.5	400.1	412.5	414.8
高　粱	380.8	318.2	292.6	249.2	288.0
（二）豆　类			3407.1	3754.1	3771.8
# 大　豆	1088.6	1333.0	1593.2	1935.2	1922.0
杂　豆			1813.9	1818.9	1849.7
（三）薯　类	3260.9	3743.9	4287.6	4798.1	5086.6
# 马铃薯	1592.4	1847.9	2181.3	2589.1	2843.9
二、油料作物	**3458.9**	**3300.3**	**3687.7**	**3645.8**	**4059.9**
# 花　生	441.7	415.1	496.3	534.0	576.9
油菜籽	1716.3	1820.0	2132.3	2089.8	2262.1
芝　麻	72.1	39.9	38.6	44.6	47.5
胡麻籽	497.6	500.4	443.6	399.8	379.7
向日葵籽	466.8	312.5	404.1	445.2	609.6
三、棉花	**487.3**	**682.8**	**981.1**	**1217.4**	**1156.7**
四、麻类	**197.9**	**102.1**	**85.0**	**60.7**	**53.9**
# 黄红麻	160.4	56.9	34.4	20.4	15.0
五、糖料	**517.3**	**693.9**	**932.0**	**1213.5**	**1056.0**
1. 甘　蔗	365.0	492.6	673.5	942.3	887.5
2. 甜　菜	152.3	201.3	258.8	271.0	168.5
六、烟叶	**559.1**	**761.7**	**942.8**	**760.3**	**790.7**
# 烤　烟	443.9	631.1	856.6	664.4	703.6
七、药材	**90.7**	**59.4**	**119.2**	**126.8**	**165.8**
八、蔬菜、瓜类	**1306.2**	**1766.7**	**2538.1**	**3107.4**	**3440.4**
九、其他农作物	**1647.2**	**2039.4**	**2684.5**	**2852.2**	**2925.9**

3—1 续表 1　　（构成：以农作物总播种面积为 100）　　单位：%

	1985 年	1990 年	1995 年	1998 年	1999 年
农作物总播种面积	**100.00**	**100.00**	**100.00**	**100.00**	**100.00**
一、粮食作物	**78.4**	**77.4**	**73.9**	**73.5**	**72.4**
（一）谷　物			57.1	56.0	54.6
# 稻　谷	19.2	18.0	16.3	15.3	15.0
小　麦	21.3	21.4	19.7	19.1	17.8
玉　米	14.0	14.8	14.6	16.2	16.5
谷　子	1.9	1.4	0.9	0.8	0.8
高　粱	0.9	0.7	0.6	0.5	0.6
（二）豆　类			7.4	7.7	7.6
# 大　豆	2.7	3.1	3.5	4.0	3.9
杂　豆			4.0	3.7	3.7
（三）薯　类	8.1	8.6	9.3	9.8	10.3
# 马铃薯	3.9	4.2	4.8	5.3	5.7
二、油料作物	**8.6**	**7.6**	**8.0**	**7.5**	**8.2**
# 花　生	1.1	1.0	1.1	1.1	1.2
油菜籽	4.3	4.2	4.6	4.3	4.6
芝　麻	0.2	0.1	0.1	0.1	0.1
胡麻籽	1.2	1.2	1.0	0.8	0.8
向日葵籽	1.2	0.7	0.9	0.9	1.2
三、棉花	**1.2**	**1.6**	**2.1**	**2.5**	**2.3**
四、麻类	**0.5**	**0.2**	**0.2**	**0.1**	**0.1**
# 黄红麻	0.4	0.1	0.1	0.0	0.0
五、糖料	**1.3**	**1.6**	**2.0**	**2.5**	**2.1**
1. 甘　蔗	0.9	1.1	1.5	1.9	1.8
2. 甜　菜	0.4	0.5	0.6	0.6	0.3
六、烟叶	**1.4**	**1.8**	**2.1**	**1.6**	**1.6**
# 烤　烟	1.1	1.5	1.9	1.4	1.4
七、药材	**0.2**	**0.1**	**0.3**	**0.3**	**0.3**
八、蔬菜、瓜类	**3.2**	**4.1**	**5.5**	**6.4**	**6.9**
九、其他农作物	**4.1**	**4.7**	**5.8**	**5.8**	**5.9**

3—1 续表 2　（占全国的比重）　单位：%

	1985 年	1990 年	1995 年	1998 年	1999 年
农作物总播种面积	**28.1**	**29.3**	**30.6**	**31.4**	**31.7**
一、粮食作物	**29.1**	**29.7**	**30.8**	**31.6**	**31.7**
(一)谷　物			29.4	29.7	29.5
# 稻　谷	24.2	23.7	24.3	24.0	23.8
小　麦	29.4	30.2	31.3	31.3	30.6
玉　米	31.8	30.2	29.3	31.4	31.6
谷　子	22.7	26.5	26.3	29.2	31.2
高　粱	19.7	20.6	24.1	25.7	29.4
(二)豆　类			30.3	32.2	33.7
# 大　豆	14.1	17.6	19.6	22.8	24.1
杂　豆			58.4	57.4	57.3
(三)薯　类	38.0	41.0	45.0	48.0	49.1
# 马铃薯	64.3	64.5	63.5	63.7	64.4
二、油料作物	**29.3**	**30.3**	**28.1**	**28.2**	**29.2**
# 花　生	13.3	14.3	13.0	13.2	13.5
油菜籽	38.2	33.1	30.9	32.0	32.8
芝　麻	6.9	6.0	6.0	7.1	6.8
胡麻籽	62.9	71.2	71.4	69.9	68.8
向日葵籽	31.7	43.8	49.7	50.1	53.9
三、棉花	**9.5**	**12.2**	**18.1**	**27.3**	**31.0**
四、麻类	**16.1**	**20.6**	**22.6**	**27.0**	**26.3**
# 黄红麻	16.2	19.0	23.5	22.0	23.2
五、糖料	**33.9**	**41.3**	**51.2**	**61.2**	**64.2**
1. 甘　蔗	37.8	48.8	59.8	67.2	68.1
2. 甜　菜	27.2	30.0	37.2	46.5	49.4
六、烟叶	**42.6**	**47.8**	**64.1**	**55.9**	**57.6**
# 烤　烟	41.2	47.0	65.5	55.4	57.8
七、药材	**35.0**	**38.8**	**42.8**	**34.1**	**34.4**
八、蔬菜、瓜类	**23.0**	**25.0**	**23.9**	**22.4**	**22.8**
九、其他农作物	**24.5**	**31.8**	**39.9**	**42.6**	**43.3**

3—2 西部地区主要农作物产量及占全国的比重

（农作物产量） 单位：万吨

	1985年	1990年	1995年	1998年	1999年
一、粮食作物	**9356.0**	**11168.3**	**11729.9**	**13714.0**	**13375.9**
（一）谷　物			10135.3	11834.4	11479.5
# 稻　谷	3890.1	4506.9	4498.0	4751.4	4783.2
小　麦	2052.5	2512.2	2463.0	2854.3	2516.0
玉　米	1755.9	2372.9	2589.8	3653.9	3661.3
谷　子	110.3	87.3	38.1	74.8	51.6
高　粱	103.2	99.3	82.7	91.7	88.0
（二）豆　类			437.4	522.5	489.8
# 大　豆	126.0	166.6	187.2	254.5	242.8
杂　豆			250.2	268.0	247.0
（三）薯　类	806.3	854.4	1157.3	1357.2	1406.6
# 马铃薯	337.9	370.2	560.9	668.3	680.3
二、油料作物	**404.3**	**433.3**	**508.6**	**547.0**	**598.5**
# 花　生	66.3	64.0	84.8	100.1	112.4
油菜籽	204.8	239.6	296.4	298.6	314.3
芝　麻	3.3	2.1	2.4	4.0	3.8
胡麻籽	36.5	41.3	28.1	38.0	33.8
向日葵籽	73.9	67.0	83.9	89.8	116.6
三、棉花	**35.1**	**67.1**	**117.1**	**159.2**	**149.8**
四、麻类	**56.2**	**17.0**	**12.9**	**9.3**	**9.4**
# 黄红麻	53.1	10.9	5.7	3.7	2.8
五、糖料	**1603.6**	**3013.1**	**4528.1**	**6343.4**	**5551.8**
1. 甘　蔗	1743.9	2423.7	3818.4	5403.9	4972.9
2. 甜　菜	404.0	589.4	709.7	939.5	578.8
六、烟叶	**96.5**	**117.7**	**143.3**	**126.2**	**136.0**
# 烤　烟	81.4	99.9	131.5	111.4	121.4
七、茶叶	**10.7**	**13.8**	**16.5**	**18.8**	**18.6**
八、水果	**267.3**	**462.9**	**1070.3**	**1411.6**	**1602.6**

3－2 续表　　(占全国的比重)　　单位：%

	1985 年	1990 年	1995 年	1998 年	1999 年
一、粮食作物	**24.7**	**25.0**	**25.1**	**26.8**	**26.3**
(一)谷　物			24.4	25.9	25.3
# 稻　谷	23.1	23.8	24.3	23.9	24.1
小　麦	23.9	25.6	24.1	26.0	22.1
玉　米	27.5	24.5	23.1	27.5	28.6
谷　子	18.5	19.1	12.6	24.0	22.3
高　粱	18.4	17.5	17.4	22.4	27.2
(二)豆　类			24.5	26.1	25.9
# 大　豆	12.0	15.1	13.9	16.8	17.0
杂　豆			57.2	55.2	52.6
(三)薯　类	31.0	31.1	35.5	37.7	38.6
# 马铃薯	63.2	57.1	61.3	59.4	60.6
二、油料作物	**25.6**	**26.9**	**22.6**	**23.6**	**23.0**
# 花　生	10.0	10.1	8.3	8.4	8.9
油菜籽	36.5	34.4	30.3	36.0	31.0
芝　麻	4.8	4.6	4.1	6.1	5.2
胡麻籽	68.2	77.2	77.3	72.7	83.7
向日葵籽	42.7	50.0	66.1	61.3	66.1
三、棉花	**8.5**	**14.9**	**24.6**	**35.4**	**39.1**
四、麻类	**12.6**	**15.5**	**14.4**	**18.7**	**20.0**
# 黄红麻	12.9	15.0	15.3	14.7	17.0
五、糖料	**33.5**	**41.8**	**57.0**	**64.8**	**66.6**
1. 甘　蔗	33.8	42.1	58.4	64.8	66.6
2. 甜　菜	45.3	40.6	50.7	64.9	67.0
六、烟叶	**39.8**	**44.8**	**61.9**	**53.4**	**55.1**
# 烤　烟	39.2	44.2	63.5	53.3	55.6
七、茶叶	**24.8**	**25.5**	**28.1**	**28.2**	**27.5**
八、水果	**23.0**	**24.7**	**25.4**	**25.9**	**25.7**

3—3 西部地区主要农作物单位面积产量

（总量） 单位：公斤/公顷

	1985 年	1990 年	1995 年	1998 年	1999 年
一、粮食作物	**2958.7**	**3317.1**	**3458.1**	**3814.7**	**3726.8**
(一)谷 物			3864.6	4319.4	4246.5
# 稻 谷	5015.1	5760.7	6023.4	6348.0	6437.5
小 麦	2387.8	2700.5	2730.7	3060.4	2847.9
玉 米	3118.5	3674.1	3877.8	4614.0	4472.9
谷 子	1461.8	1446.5	952.3	1813.3	1244.7
高 粱	2710.1	3120.7	2826.4	3679.8	3056.0
(二)豆 类			1283.8	1391.8	1298.5
# 大 豆	1157.4	1249.8	1175.0	1315.1	1263.3
杂 豆			1379.3	1473.4	1335.1
(三)薯 类	2472.7	2282.1	2699.2	2828.6	2765.4
# 马铃薯	2122.0	2003.4	2571.4	2581.2	2392.1
二、油料作物	**1168.8**	**1313.0**	**1379.1**	**1500.4**	**1474.1**
# 花 生	1502.0	1543.1	1709.2	1875.0	1949.2
油菜籽	1193.2	1316.4	1389.9	1428.8	1389.3
芝 麻	460.7	538.0	615.4	901.8	806.0
胡麻籽	733.0	825.0	634.1	950.9	889.6
向日葵籽	1582.8	2142.7	2076.9	2016.2	1912.2
三、棉花	**720.9**	**982.6**	**1193.5**	**1308.0**	**1294.9**
四、麻类	**2838.8**	**1669.7**	**1520.1**	**1525.3**	**1752.8**
# 黄红麻	3311.2	1916.5	1654.3	1792.6	1867.9
五、糖料	**31001.5**	**43425.3**	**48584.8**	**52273.3**	**52574.1**
1. 甘 蔗	47778.7	49202.2	56695.1	57347.6	56031.9
2. 甜 菜	26535.6	29286.2	27422.1	34667.7	34358.3
六、烟叶	**1725.2**	**1544.7**	**1520.0**	**1660.0**	**1719.9**
# 烤 烟	1832.6	1583.4	1535.1	1676.4	1725.8

3—3 续表　　(相当于全国平均水平的%)

	1985年	1990年	1995年	1998年	1999年
一、粮食作物	**84.9**	**84.3**	**81.6**	**84.7**	**83.0**
(一)谷　物			82.9	87.2	85.9
# 稻　谷	95.4	100.6	100.0	99.7	101.5
小　麦	81.3	84.5	77.1	83.0	72.2
玉　米	86.5	81.2	78.9	87.6	90.5
谷　子	81.2	72.0	48.0	82.0	71.4
高　粱	93.6	85.0	72.2	87.3	92.3
(二)豆　类			80.7	81.2	76.7
# 大　豆	85.1	85.9	70.7	73.8	70.6
杂　豆			98.0	96.2	91.8
(三)薯　类	81.4	75.9	78.7	78.5	78.7
# 马铃薯	98.3	88.5	96.6	93.2	94.2
二、油料作物	**87.4**	**88.7**	**80.3**	**83.8**	**78.8**
# 花　生	74.8	70.4	63.6	63.7	65.8
油菜籽	95.6	104.1	98.2	112.3	94.6
芝　麻	70.1	76.7	67.8	86.6	75.6
胡麻籽	108.4	108.4	108.2	104.0	121.6
向日葵籽	134.7	114.0	133.0	122.4	122.5
三、棉　花	**89.4**	**121.8**	**135.7**	**129.6**	**126.0**
四、麻　类	**78.5**	**75.4**	**63.8**	**69.1**	**76.2**
# 黄红麻	79.7	79.2	65.3	67.0	73.6
五、糖　料	**98.9**	**101.1**	**111.4**	**105.9**	**103.7**
1. 甘　蔗	89.4	86.1	97.5	96.3	97.7
2. 甜　菜	166.8	135.2	136.3	139.8	135.6
六、烟　叶	**93.4**	**93.6**	**96.6**	**95.6**	**95.7**
# 烤　烟	95.1	94.1	96.9	96.4	96.1

3—4　西部地区营林、主要林产品生产及占全国的比重

（绝对量）　　单位：千公顷、吨

	1985 年	1990 年	1995 年	1998 年	1999 年
一、营林情况					
（一）当年造林面积	3898.5	2144.9	2183.7	2439.7	2571.8
按造林方式分：					
1. 当年人工造林面积	3233.3	1761.5	1894.0	2074.8	2146.7
2. 当面飞机播种面积	665.1	383.4	289.7	365.0	425.2
按用途分：					
1. 用材林	2424.3	1262.0	785.9	699.0	609.2
2. 经济林	372.9	278.3	710.1	706.0	720.5
3. 防护林	857.9	500.5	623.8	925.8	1166.9
4. 薪炭林	180.8	88.5	60.1	103.1	70.2
5. 特种用材林		15.7	4.1	5.9	5.4
（二）迹地更新面积	131.7	160.5	173.4	221.5	419.7
（三）零星（四旁）植树（万株）	478803	155269	124739	115371	107561
（四）育苗面积	129.9	55.1	49.8	51.2	62.6
（五）幼林抚育作业面积	3229.6	3634.1	3953.7	3432.1	3227.8
（六）成林抚育面积	786.5	1173.2	2281.6	1917.1	3021.7
二、主要林产品产量					
1. 生漆	1494	2076	2332	3602	4284
2. 油桐籽	244275	248892	294051	273895	285231
3. 油茶籽	97564	73923	103202	127569	126577
4. 乌桕籽	22980	16729	14959	12204	9649
5. 五倍籽	2422	3989	7977	7912	5530
6. 棕　片	23637	21170	30428	42518	29772
7. 松　脂	129966	184434	286008	265165	284327
8. 竹笋片	6241	9402	19771	31053	33864
9. 核　桃	70212	94811	139110	151625	151992
10. 板　栗	10380	16919	38062	60688	62769
11. 紫　胶（原胶）	3572	798	2031	1518	1228
三、村及村以下竹木采伐					
1. 木材（万立方米）	919.2	1155.4	1244.5	1034.1	869.8
2. 竹材（万根）	3663.6	35230.9	34864.0	43303.5	56684.9

3－4 续表　　(占全国的比重)　　单位：%

	1985 年	1990 年	1995 年	1998 年	1999 年
一、营林情况					
(一)当年造林面积	46.8	41.2	44.0	50.7	52.5
按造林方式分：					
1. 当年人工造林面积	46.5	40.5	43.0	50.8	50.2
2. 当面飞机播种面积	47.9	44.8	51.5	50.3	68.1
按用途分：					
1. 用材林	45.8	40.0	43.1	47.9	43.0
2. 经济林	47.0	43.2	40.8	50.6	51.3
3. 防护林	58.3	48.6	50.2	52.2	59.9
4. 薪炭林	30.2	26.0	41.7	61.7	60.9
5. 特种用材林		41.6	24.7	33.5	38.0
(二)迹地更新面积	20.6	23.9	23.8	27.5	40.2
(三)零星(四旁)植树	65.6	46.0	38.2	35.0	36.0
(四)育苗面积	28.3	25.8	24.1	25.1	28.4
(五)幼林抚育作业面积	28.5	27.9	25.0	27.8	28.0
(六)成林抚育面积	29.8	28.7	34.8	27.0	35.6
二、主要林产品产量					
1. 生漆	68.9	77.4	78.4	78.7	80.6
2. 油桐籽	64.5	71.0	72.6	62.4	63.6
3. 油茶籽	15.8	14.1	16.6	17.6	16.0
4. 乌桕籽	32.3	32.2	38.5	29.8	27.3
5. 五倍籽	71.1	69.0	79.1	59.5	61.4
6. 棕片	65.6	53.1	57.5	57.1	48.8
7. 松脂	37.8	42.4	52.2	48.8	49.8
8. 竹笋片	13.4	11.3	11.3	12.7	10.9
9. 核桃	57.6	63.4	60.3	57.2	55.4
10. 板栗	12.5	14.7	15.4	12.9	11.7
11. 紫胶(原胶)	88.5	56.2	58.3	83.6	67.1
三、村及村以下竹木采伐					
1. 木材	29.0	28.2	27.0	27.2	24.7
2. 竹材	15.6	53.6	32.2	33.6	49.2

3—5 西部地区畜牧业生产量及占全国的比重

（畜牧业产品产量）

	单 位	1996 年	1997 年	1998 年	1999 年
一、牲畜出栏量					
（一）大牲畜出栏					
1. 牛	万头	730.9	973.5	1039.5	1071.1
2. 马	万头	44.4	60.0	65.5	67.6
3. 驴	万头	45.2	57.4	56.8	65.6
4. 骡	万头	8.7	13.1	13.1	14.4
5. 骆驼	万头	4.4	4.8	6.1	6.7
（二）猪	万头	13035.4	14711.3	15275.9	15591.1
（三）羊	万只	5516.1	6332.5	6750.5	7228.5
（四）家禽	万只		100992	108924	120781
（五）兔	万只		5625.0	6019.5	6845.0
二、肉类总产量	万吨	1314.5	1468.2	1568.0	1652.5
# 猪牛羊肉产量	万吨	1143.3	1308.2	1385.1	1446.0
1. 猪肉产量	万吨	970.7	1100.0	1159.6	1205.4
2. 牛肉产量	万吨	88.3	109.9	117.0	123.0
3. 羊肉产量	万吨	84.3	98.4	108.5	117.7
禽肉产量	万吨		150.9	163.0	183.3
兔肉产量	万吨		6.0	7.8	9.2
三、其他畜产品产量					
1. 奶类产量	万吨		264.2	299.7	320.1
# 牛奶产量	万吨		228.6	263.4	281.0
2. 山羊毛产量	吨		10092	11416	11718
3. 绵羊毛产量	吨		169730	181407	182044
# 细羊毛	吨		77972	76078	74101
半细羊毛	吨		23831	34314	35706
4. 羊绒产量	吨		6225	6935	6984
5. 蜂蜜产量	万吨		4.5	4.7	5.0
6. 禽蛋产量	万吨		221.6	227.6	244.4

3－5 续表　　(占全国的比重)　　单位:%

	1996 年	1997 年	1998 年	1999 年
一、牲畜出栏量				
(一)大牲畜出栏				
1. 牛	29.0	29.6	29.0	28.4
2. 马	60.7	47.1	52.0	49.6
3. 驴	42.8	30.4	30.2	33.8
4. 骡	29.9	22.4	17.8	24.2
5. 骆驼	100.0	100.0	100.0	100.0
(二)猪	32.3	31.6	30.4	30.0
(三)羊	43.3	39.7	39.1	38.4
(四)家禽		15.8	15.9	16.3
(五)兔		26.8	27.7	31.0
二、肉类总产量	29.3	27.9	27.4	27.8
# 猪牛羊肉产量	31.7	30.8	30.1	30.4
1. 猪肉产量	31.4	30.6	29.9	30.1
2. 牛肉产量	25.8	24.9	24.4	24.3
3. 羊肉产量	48.9	46.2	46.2	46.8
禽肉产量		15.4	15.4	16.4
兔肉产量		21.4	25.1	29.7
三、其他畜产品产量				
1. 奶类产量		38.8	40.2	39.7
# 牛奶产量		38.0	39.7	39.2
2. 山羊毛产量		39.0	36.3	36.8
3. 绵羊毛产量		66.5	65.4	64.3
# 细羊毛		67.2	65.7	64.9
半细羊毛		42.8	49.9	48.4
4. 羊绒产量		72.2	70.8	68.6
5. 蜂蜜产量		21.2	22.8	21.9
6. 禽蛋产量		11.7	11.3	11.5

3—6 西部地区牲畜年末存栏量及占全国的比重

	单位	1996年	1997年	1998年	1999年
一、大牲畜头数	**万头**		**6814.4**	**6847.8**	**6967.4**
1. 牛	万头	4904.9	5489.9	5521.1	5655.8
(1)黄牛	万头	3216.7	3716.9	3729.4	3680.9
(2)水牛	万头	1087.0	1161.2	1177.2	1195.6
2. 马	万头	596.5	595.1	590.4	589.0
3. 驴	万头	450.8	450.7	455.8	448.2
4. 骡	万头	239.0	237.5	240.5	241.5
5. 骆驼	万头	34.9	35.0	33.5	33.0
二、猪	**万头**	**13800.2**	**14788.5**	**15013.4**	**15232.6**
三、羊	**万只**	**14289.5**	**14797.0**	**15242.6**	**15465.2**
1. 山羊	万只	5347.5	5692.9	5744.1	5803.2
2. 绵羊	万只	8942.2	9104.1	9498.6	9662.0
四、家禽	**万只**		**50701.6**	**66569.6**	**71992.0**
		占全国的比重(%)			
一、大牲畜头数	%		**46.9**	**46.3**	**46.4**
1. 牛	%	46.2	45.1	44.4	44.5
(1)黄牛	%	43.7	42.0	40.0	39.0
(2)水牛	%	51.9	51.5	51.9	52.9
2. 马	%	70.6	66.8	65.7	66.1
3. 驴	%	49.6	47.3	47.7	47.9
4. 骡	%	51.5	49.4	50.8	51.7
5. 骆驼	%	99.7	100.0	100.0	100.0
二、猪	%	**39.2**	**36.9**	**35.5**	**35.4**
三、羊	%	**62.7**	**57.9**	**56.7**	**55.4**
1. 山羊	%	45.2	42.2	40.5	39.2
2. 绵羊	%	81.7	75.3	74.6	73.7
四、家禽	%		**19.8**	**15.8**	**15.8**

3—7　西部地区渔业生产量及占全国的比重

（渔业生产）

	单　位	1985年	1990年	1995年	1998年	1999年
一、水产品总产量	**吨**	**398288**	**716131**	**1730062**	**3171556**	**3407380**
按海水、内陆分						
1. 海水产量	吨	121885	202672	645706	1461470	1554260
2. 内陆产量	吨	276403	513459	1084356	1710086	1853120
按生产性质分						
1. 捕捞产量	吨	183998	283759	632198	1087743	1095889
2. 养殖产量	吨	214290	432372	1097864	2083813	2311491
按品种分						
1. 鱼类	吨	377154	673010	1459932	2234940	2404292
2. 虾蟹类	吨	17383	30234	81959	162204	173481
3. 贝类	吨	3715	12286	178552	735705	779263
4. 藻类	吨	36	7	110	0	0
5. 其他类	吨		594	9509	38707	50344
二、水产养殖面积	**千公顷**	**575.3**	**602.2**	**723.9**	**811.7**	**820.1**
1. 海水养殖面积	千公顷	1.9	5.4	41.0	55.6	58.6
(1)浅海养殖	千公顷			16.4	25.5	14.9
(2)港湾养殖	千公顷			4.0	3.3	3.9
(3)滩涂养殖	千公顷			20.6	26.9	39.8
2. 内陆养殖面积	千公顷	573.4	596.8	682.9	756.2	761.5
(1)池塘养殖	千公顷			226.2	263.4	261.3
(2)湖泊养殖	千公顷			88.4	104.0	106.3
(3)河沟养殖	千公顷			21.9	28.1	28.6
(4)水库养殖	千公顷			340.2	352.7	357.3
(5)其他养殖	千公顷			6.2	7.8	8.1
3. 稻田养殖	千公顷			561.7	638.3	583.8

注：1996年以后水产品产量采用新口径计算，即：海蛰按三矾后、海藻按干品计算。

3—7 续表

（占全国的比重）

单位：%

	1985 年	1990 年	1995 年	1998 年	1999 年
一、水产品总产量	**5.6**	**5.8**	**7.0**	**8.1**	**8.3**
按海水、内陆分					
1. 海水产量	2.9	2.9	4.6	6.2	6.3
2. 内陆产量	9.7	9.8	10.1	11.0	11.2
按生产性质分					
1. 捕捞产量	4.6	4.6	5.6	6.3	6.4
2. 养殖产量	6.9	7.1	8.1	9.6	9.6
按品种分					
1. 鱼类	6.8	7.3	8.3	9.0	9.3
2. 虾蟹类	2.3	2.6	3.9	5.1	5.0
3. 贝类	0.7	0.8	4.3	8.0	7.8
4. 藻类	0.0	0.0	0.0	0.0	0.0
5. 其他类		0.6	2.4	4.5	6.5
二、水产养殖面积	**14.7**	**14.1**	**13.4**	**13.4**	**13.1**
1. 海水养殖面积	0.7	1.3	5.7	5.5	5.4
(1)浅海养殖			12.4	13.0	5.7
(2)港湾养殖			2.5	1.7	1.9
(3)滩涂养殖			4.9	4.3	6.3
2. 内陆养殖面积	15.8	15.6	14.6	14.9	14.7
(1)池塘养殖			12.2	12.8	12.2
(2)湖泊养殖			10.7	11.8	11.7
(3)河沟养殖			6.3	10.2	7.7
(4)水库养殖			22.4	21.0	22.3
(5)其他养殖			5.0	4.9	5.1
3. 稻田养殖			54.6	56.4	49.3

注：1996 年以后水产品产量采用新口径计算，即：海蛰按三矾后、海藻按干品计算。

3—8　西部地区按人口平均的主要农产品产量

（人均产量）　　单位：公斤/人

	1985年	1990年	1995年	1998年	1999年
一、粮食作物	**315.0**	**348.0**	**342.1**	**387.9**	**374.8**
（一）谷　物			295.6	334.7	321.7
# 稻　谷	131.0	140.4	131.2	134.4	134.0
小　麦	69.1	78.3	71.8	80.7	70.5
玉　米	59.1	73.9	75.5	103.3	102.6
谷　子	3.7	2.7	1.1	2.1	1.4
高　粱	3.5	3.1	2.4	2.6	2.5
（二）豆　类			12.8	14.8	13.7
# 大　豆	4.2	5.2	5.5	7.2	6.8
杂　豆			7.3	7.6	6.9
（三）薯　类	27.2	26.6	33.8	38.4	39.4
# 马铃薯	11.4	11.5	16.4	18.9	19.1
二、油料作物	**13.6**	**13.5**	**14.8**	**15.5**	**16.8**
# 花　生	2.2	2.0	2.5	2.8	3.2
油菜籽	6.9	7.5	8.6	8.4	8.8
芝　麻	0.1	0.1	0.1	0.1	0.1
胡麻籽	1.2	1.3	0.8	1.1	0.9
向日葵籽	2.5	2.1	2.4	2.5	3.3
三、棉　花	**1.2**	**2.1**	**3.4**	**4.5**	**4.2**
四、麻　类	**1.9**	**0.5**	**0.4**	**0.3**	**0.3**
# 黄红麻	1.8	0.3	0.2	0.1	0.1
五、糖　料	**54.0**	**93.9**	**132.1**	**179.4**	**155.6**
1. 甘　蔗	58.7	75.5	111.4	152.8	139.3
2. 甜　菜	13.6	18.4	20.7	26.6	16.2
六、水　果	**9.0**	**14.4**	**31.2**	**39.9**	**44.9**
七、烟　叶	**3.2**	**3.7**	**4.2**	**3.6**	**3.8**
# 烤　烟	2.7	3.1	3.8	3.1	3.4

3－8续表

（相当于全国平均水平的％）

	1985年	1990年	1995年	1998年	1999年
一、粮食作物	**86.4**	**87.9**	**88.3**	**94.0**	**92.4**
（一）谷　物			85.6	91.1	89.0
# 稻　谷	80.8	83.6	85.3	84.0	84.6
小　麦	83.8	89.9	84.7	91.4	77.6
玉　米	96.3	86.1	81.3	96.5	100.4
谷　子	64.6	67.0	44.4	84.2	78.2
高　梁	64.4	61.5	61.1	78.8	95.4
（二）豆　类			86.0	91.8	90.8
# 大　豆	42.0	53.2	48.7	59.0	59.9
杂　豆			201.1	194.0	184.8
（三）薯　类	108.5	109.4	124.7	132.3	135.7
# 马铃薯	221.2	200.6	215.6	208.7	213.0
二、油料作物	**89.7**	**94.4**	**79.4**	**83.1**	**80.8**
# 花　生	34.9	35.3	29.1	29.6	31.2
油菜籽	127.9	121.0	106.5	126.4	109.0
芝　麻	16.8	16.1	14.3	21.5	18.1
胡麻籽	238.7	271.1	271.6	255.4	294.0
向日葵籽	149.4	175.7	232.4	215.2	232.0
三、棉　花	**29.7**	**52.3**	**86.3**	**124.3**	**137.4**
四、麻　类	**44.2**	**54.6**	**50.6**	**65.7**	**70.4**
# 黄红麻	45.2	52.7	53.9	51.8	59.9
五、糖　料	**117.5**	**146.7**	**200.4**	**227.6**	**234.0**
1. 甘　蔗	118.5	147.8	205.1	227.5	233.8
2. 甜　菜	158.7	142.6	178.4	228.2	235.4
六、水　果	**80.4**	**86.7**	**89.1**	**90.9**	**90.2**
七、烟　叶	**139.3**	**157.4**	**217.7**	**187.6**	**193.4**
# 烤　烟	137.3	155.4	223.0	187.4	195.2

3—9　西部地区按人口平均的畜产品、水产品产量

	单位	1996年	1997年	1998年	1999年
一、猪牛羊肉产量	**公斤/人**	**33.0**	**37.3**	**39.2**	**40.5**
猪　肉	公斤/人	28.0	31.4	32.8	33.8
牛　肉	公斤/人	2.5	3.1	3.3	3.4
羊　肉	公斤/人	2.4	2.8	3.1	3.3
二、奶类产量	**公斤/人**		**7.5**	**8.5**	**9.0**
# 牛奶产量	公斤/人		6.5	7.4	7.9
三、禽蛋产量	**公斤/人**		**6.3**	**6.4**	**6.8**
四、水产品产量	**公斤/人**	**7.4**	**8.0**	**9.0**	**9.5**
鱼　类	公斤/人	4.9	5.7	6.3	6.7
虾蟹类	公斤/人	0.3	0.4	0.5	0.5
		相当于全国水平的(%)			
一、猪牛羊肉产量	%	**111.3**	**108.0**	**105.8**	**106.7**
猪　肉	%	110.3	107.3	104.9	105.7
牛　肉	%	90.6	87.5	85.6	85.5
羊　肉	%	171.7	162.2	162.4	164.5
二、奶类产量	%		**136.1**	**141.2**	**139.4**
# 牛奶产量	%		133.5	139.6	137.5
三、禽蛋产量	%		**41.0**	**39.6**	**40.2**
四、水产品产量	%	**27.3**	**27.2**	**28.5**	**29.0**
鱼　类	%	29.9	30.7	31.6	32.8
虾蟹类	%	15.3	19.3	17.9	17.5

注:1997年四川省、重庆所用人口数为1997年底人口数

3—10　西部地区农林牧渔业总产值、构成及占全国的比重

（按当年价计算）

	1985 年	1990 年	1995 年	1998 年	1999 年
一、绝对数（亿元）					
农林牧渔业合计	**875.13**	**1887.53**	**5237.46**	**5745.9**	**5630.4**
1. 农业	595.20	1226.82	3396.48	3634.5	3507.7
2. 林业	56.88	92.96	195.45	221.1	211.3
3. 牧业	215.57	542.69	1517.71	1725.4	1739.4
4. 渔业	7.48	25.06	127.82	164.9	172.0
二、构成（%）					
农林牧渔业合计	**100.00**	**100.00**	**100.00**	**100.00**	**100.00**
（以农林牧渔业合计为 100）					
1. 农业	68.02	65.00	64.85	63.25	62.31
2. 林业	6.50	4.92	3.73	3.85	3.75
3. 牧业	24.63	28.75	28.98	30.03	30.89
4. 渔业	0.85	1.33	2.44	2.87	3.05
三、西部占全国的比重（%）					
农林牧渔业合计	**24.17**	**24.63**	**23.43**	**23.37**	**23.00**
1. 农业	23.73	24.75	25.09	25.52	24.87
2. 林业	30.15	28.15	25.12	24.80	24.94
3. 牧业	27.05	27.63	25.23	24.56	24.86
4. 渔业	5.93	6.10	6.33	6.79	6.80

注：1985 年、1990 年农业产值为农作物种植业产值与副业产值之和。

3—11　西部地区农林牧渔业中间消耗、构成及占全国的比重

（按当年价格计算）

	1995年	1996年	1997年	1998年	1999年
一、绝对数（亿元）					
农林牧渔业合计	**1728.38**	**1999.22**	**2131.94**	**2088.7**	**2050.6**
1. 农业	937.20	1087.70	1166.98	1174.0	1135.9
2. 林业	44.19	48.20	49.28	52.5	57.1
3. 牧业	716.43	825.49	871.68	814.3	807.2
4. 渔业	30.56	37.84	44.00	47.9	50.4
二、构成（%）					
农林牧渔业合计	**100.00**	**100.00**	**100.00**	**100.00**	**100.00**
（以农林牧渔业合计为100）					
1. 农业	54.22	54.41	54.74	56.21	55.40
2. 林业	2.56	2.41	2.31	2.52	2.78
3. 牧业	41.45	41.29	40.89	38.98	39.37
4. 渔业	1.77	1.89	2.06	2.29	2.45
三、西部占全国的比重（%）					
农林牧渔业合计	**20.70**	**20.86**	**21.06**	**20.92**	**20.38**
1. 农业	22.03	22.47	22.97	22.70	21.89
2. 林业	23.07	22.67	21.46	21.94	22.32
3. 牧业	22.22	22.09	22.40	22.54	22.38
4. 渔业	4.50	4.76	4.78	4.98	4.99

3—12　西部地区农林牧渔业增加值、构成及占全国的比重

(按当年价格计算)

	1995 年	1996 年	1997 年	1998 年	1999 年
一、绝对数(亿元)					
农林牧渔业合计	**2962.17**	**3238.23**	**3453.76**	**3646.8**	**3589.7**
1. 农业	1953.57	2308.78	2389.16	2460.3	2371.8
2. 林业	133.21	147.25	149.17	158.7	163.8
3. 牧业	800.05	692.22	810.55	911.1	932.4
4. 渔业	75.34	89.98	104.88	116.7	121.7
二、构成(%)					
农林牧渔业合计	**100.00**	**100.00**	**100.00**	**100.00**	**100.00**
(以农林牧渔业合计为 100)					
1. 农业	65.95	71.30	69.18	67.46	66.07
2. 林业	4.50	4.55	4.32	4.35	4.57
3. 牧业	27.01	21.37	23.46	24.98	25.97
4. 渔业	2.54	2.78	3.04	3.21	3.39
三、西部占全国的比重(%)					
农林牧渔业合计	**24.70**	**24.99**	**25.13**	**25.05**	**24.83**
1. 农业	25.60	26.60	27.35	27.13	26.60
2. 林业	25.67	26.04	25.36	25.94	26.00
3. 牧业	28.36	27.42	26.40	26.69	27.50
4. 渔业	7.36	7.35	7.71	7.99	8.01

第二部分

综合篇

四、农村居民收入与消费

4—1　西部地区农村居民基本情况

	单　位	1985年	1990年	1995年	1998年	1999年
调查户常住人口	人/户	5.41	5.10	4.80	4.57	4.52
# 劳动力人数	人/户	3.03	3.02	2.99	2.86	2.84
劳动力负担人口	%	1.79	1.69	1.61	1.60	1.59
职工人数	人/户	0.06	0.04	0.04	0.06	0.05
乡村企业从业人数	人/户	0.10	0.02	0.03	0.04	0.03
外出劳动人数	人/户		0.03	0.15	0.18	0.21
劳动力文化状况：						
文盲或半文盲	人/百劳动力	35.93	28.62	20.21	16.21	15.59
小学程度人数	人/百劳动力	36.11	39.65	39.43	38.10	37.65
初中程度人数	人/百劳动力	22.76	26.34	33.20	37.52	38.32
高中程度人数	人/百劳动力	4.93	5.00	6.47	7.13	7.27
中专程度人数	人/百劳动力	0.24	0.32	0.59	0.86	0.96
大专及以上人数	人/百劳动力	0.03	0.07	0.10	0.18	0.21
年内新建房屋面积	平方米/人	0.81	0.57	0.67	0.72	0.97
# 生活用房面积	平方米/人		0.47	0.55	0.60	0.58
年内新建房屋价值	元/平方米	26.32	57.39	158.57	170.18	128.62
年末住房面积	平方米/人	13.14	15.37	18.29	19.61	20.66
# 砖木结构面积	平方米/人	3.09	4.29	6.12	6.81	6.67
年末住房价值	元/平方米	18.15	25.32	57.13	95.91	102.15
经营耕地面积	亩/人	2.31	2.42	2.54	2.41	2.38
# 承包耕地面积	亩/人	2.01	2.04	2.20	2.17	2.15
经营山地面积	亩/人	0.59	0.49	0.62	0.63	0.75
# 承包山地面积	亩/人	0.34	0.28	0.46	0.47	0.48
# 植树造林面积	亩/人	0.07	0.05	0.05	0.05	0.22
农产品出售量：粮食	公斤/人	73.36	107.81	107.13	131.95	141.69
棉　花	公斤/人	1.16	2.18	4.63	8.09	6.80
油　料	公斤/人	15.91	16.44	11.94	15.48	16.55
糖　料	公斤/人	66.20	101.27	105.75	156.60	188.47
烟　叶	公斤/人	3.35	3.54	4.09	3.92	4.01
蔬　菜	公斤/人	47.23	58.16	61.38	84.56	83.17
水　果	公斤/人	5.86	11.22	21.22	33.57	38.92
猪　肉	公斤/人	13.27	15.20		20.14	23.42
牛羊肉	公斤/人	1.87	1.71		5.20	6.26
牛羊奶	公斤/人	0.70	0.66	3.20	4.97	2.48
家　禽	公斤/人	0.70	1.13	0.98	1.92	2.48
禽　蛋	公斤/人	1.39	1.40	1.64	1.74	2.30
水产品	公斤/人	0.35	0.47	3.13	1.09	2.30

注：1990年以前水产品量是指鱼虾产品量，下同。

4—2 西部地区农村居民收入及构成

单位:元/人

	1985 年	1990 年	1995 年	1998 年	1999 年
一、总收入	**442.04**	**810.91**	**1789.26**	**2418.86**	**2396.95**
(一)基本收入	421.34	779.48	1703.54	2310.51	2287.93
①劳动者报酬收入	38.45	70.50	149.37	280.81	332.89
②家庭经营收入	382.89	708.99	1554.18	2029.70	1955.04
(二)转移性和财产性收入	20.70	31.43	85.72	108.36	109.02
二、纯收入	**316.17**	**552.70**	**1116.78**	**1588.48**	**1729.71**
(一)基本收入	295.48	528.00	1038.92	1496.20	1632.35
①劳动者报酬收入	38.45	70.50	149.37	269.98	332.89
②家庭经营纯收入	257.03	457.50	889.55	1226.22	1299.46
(二)转移性和财产性收入	20.69	24.70	77.87	92.28	97.36
三、现金收入	**313.18**	**567.43**	**1350.90**	**1887.59**	**1887.62**
(一)基本收入	231.96	393.74	1040.91	1421.27	1456.29
①劳动者报酬收入	38.38	66.89	149.12	280.47	332.54
②家庭经营收入	193.58	326.85	891.79	1140.79	1123.75
(二)转移性和财产性收入	31.84	47.66	106.60	163.02	153.46
(三)储蓄借贷收入	49.38	126.03	203.39	376.89	277.88
			构成(%)		
一、总收入(%)	**100.0**	**100.0**	**100.0**	**100.0**	**100.0**
(一)基本收入	95.3	96.1	95.2	95.5	95.5
①劳动者报酬收入	8.7	8.7	8.3	11.6	13.9
②家庭经营收入	86.6	87.4	86.9	83.9	81.6
(二)转移性和财产性收入	4.7	3.9	4.8	4.5	4.5
二、纯收入(%)	**100.0**	**100.0**	**100.0**	**100.0**	**100.0**
(一)基本收入	93.5	95.5	93.03	94.2	94.4
①劳动者报酬收入	12.2	12.8	13.4	17.0	19.2
②家庭经营收入	81.3	82.8	79.7	77.2	75.1
(二)转移性和财产性收入	6.5	4.5	7.0	5.8	5.6
三、现金收入(%)	**100.0**	**100.0**	**100.0**	**100.0**	**100.0**
(一)基本收入	74.1	69.4	77.1	75.3	77.2
①劳动者报酬收入	12.3	11.8	11.0	14.9	17.6
②家庭经营收入	61.8	57.6	66.0	60.4	59.5
(二)转移性和财产性收入	10.2	8.4	7.9	8.6	8.1
(三)储蓄借贷收入	15.8	22.2	15.1	20.0	14.7

4—3　西部地区农村居民支出及构成

单位:元/人

	1985年	1990年	1995年	1998年	1999年
一、总支出	**399.74**	**742.32**	**1745.51**	**2116.92**	**2044.08**
(一)家庭经营费用支出	103.39	210.39	564.32	654.18	606.40
(二)购置生产性固定资产支出	15.90	20.58	62.60	60.93	62.53
(三)税费支出	11.25	23.01	59.01	87.14	82.41
(四)生活消费支出	262.45	475.17	1022.45	1277.95	1255.80
(五)其他非借贷性支出	6.75	13.17	36.63	36.71	36.93
二、现金支出	**280.91**	**530.84**	**1289.93**	**1738.05**	**1732.28**
(一)家庭经营费用现金支出	59.55	126.81	385.96	468.27	434.56
(二)购买生产性固定资产支出	16.02	20.50	62.60	60.93	62.53
(三)税费支出	10.30	20.74	52.52	79.39	76.14
(四)生活消费现金支出	139.64	263.12	586.90	794.09	798.51
(五)其他非借贷性支出	15.52	30.68	56.46	83.49	90.51
(六)储蓄借贷支出	39.88	68.99	145.50	251.88	270.03
			构成(%)		
一、总支出(%)	**100.0**	**100.0**	**100.0**	**100.0**	**100.0**
(一)家庭经营费用支出	25.9	28.3	32.3	30.9	29.7
(二)购置生产性固定资产支出	4.0	2.8	3.6	2.9	3.1
(三)税费支出	2.8	3.1	3.4	4.1	4.0
(四)生活消费支出	65.7	64.0	58.6	60.4	61.4
(五)其他非借贷性支出	1.7	1.8	2.1	1.7	1.8
二、现金支出(%)	**100.0**	**100.0**	**100.0**	**100.0**	**100.0**
(一)家庭经营费用现金支出	21.2	23.9	29.9	26.9	25.1
(二)购买生产性固定资产支出	5.7	3.9	4.9	3.5	3.6
(三)税费支出	3.7	3.9	4.1	4.6	4.4
(四)生活消费现金支出	49.7	49.6	45.5	45.7	46.1
(五)其他非借贷性支出	5.5	5.8	4.4	4.8	5.2
(六)储蓄借贷支出	14.2	13.0	11.3	14.5	15.6

4—4 西部地区农村居民生活消费支出及构成

单位:元/人

	1985 年	1990 年	1995 年	1998 年	1999 年
生活消费支出	**262.46**	**475.17**	**1022.95**	**1277.95**	**1255.80**
1. 食品支出	165.76	300.41	649.35	745.40	727.95
# 主食	79.35	131.73	279.36	299.07	277.68
副食	66.04	124.16	263.47	312.11	309.04
2. 衣着支出	26.72	37.64	67.75	77.14	73.14
3. 居住支出	37.18	68.18	120.81	167.49	159.08
# 住房	21.16	40.8	67.99	95.47	88.81
燃料	15.86	23.86	37.48	46.09	42.45
4. 家庭设备、用品及服务支出	11.30	21.38	48.19	57.79	56.50
5. 医疗保健支出	6.30	14.07	32.36	54.79	54.47
6. 交通和通讯支出	3.82	6.53	20.47	37.11	38.36
7. 文教娱乐用品及服务支出	8.39	23.73	70.25	116.40	123.45
8. 其他商品及服务支出	2.99	3.24	13.78	21.83	22.85
			构成(%)		
生活消费支出	**100.0**	**100.0**	**100.0**	**100.0**	**100.0**
1. 食品支出	63.2	63.2	63.5	58.3	58.0
# 主食	30.2	27.7	27.3	23.4	22.1
副食	25.2	26.1	25.8	24.4	24.6
2. 衣着支出	10.2	7.9	6.6	6.0	5.8
3. 居住支出	14.2	14.3	11.8	13.1	12.7
# 住房	8.1	8.6	6.6	7.5	7.1
燃料	6.0	5.0	3.7	3.6	3.4
4. 家庭设备、用品及服务支出	4.3	4.5	4.7	4.5	4.5
5. 医疗保健支出	2.4	3.0	3.2	4.3	4.3
6. 交通和通讯支出	1.5	1.4	2.0	2.9	3.1
7. 文教娱乐用品及服务支出	3.2	5.0	6.9	9.1	9.8
8. 其他商品及服务支出	1.1	0.7	1.3	1.7	1.8

4—5　西部地区农村居民生活消费现金支出及构成

单位：元/人

	1985年	1990年	1995年	1998年	1999年
生活消费现金支出	**139.64**	**263.12**	**586.90**	**794.09**	**798.51**
1. 食品支出	56.32	106.24	239.67	292.65	297.46
# 主食	11.14	15.22	43.16	41.48	41.64
副食	27.06	51.95	113.30	132.00	129.94
2. 衣着支出	26.26	37.63	67.10	75.94	72.79
3. 居住支出	24.42	50.52	95.24	137.66	132.73
# 住房	20.38	40.25	67.69	95.06	88.49
燃料	3.87	6.77	12.21	16.67	16.41
4. 家庭设备、用品及服务支出	11.23	21.21	48.03	57.70	56.40
5. 医疗保健支出	6.30	14.06	32.36	54.79	54.47
6. 交通和通讯支出	3.80	6.52	20.47	37.11	38.36
7. 文教娱乐用品及服务支出	8.36	23.70	70.25	116.40	123.45
8. 其他商品及服务支出	2.95	3.22	13.78	21.83	22.85
			构成(%)		
生活消费现金支出	**100.0**	**100.0**	**100.0**	**100.0**	**100.0**
1. 食品支出	40.3	40.4	40.8	36.9	37.3
# 主食	8.0	5.8	7.4	5.2	5.2
副食	19.4	19.7	19.3	16.6	16.3
2. 衣着支出	18.8	14.3	11.4	9.6	9.1
3. 居住支出	17.5	19.2	16.2	17.3	16.6
# 住房	14.6	15.3	11.5	12.0	11.1
燃料	2.8	2.6	2.1	2.1	2.1
4. 家庭设备、用品及服务支出	8.0	8.1	8.2	7.3	7.1
5. 医疗保健支出	4.5	5.3	5.5	6.9	6.8
6. 交通和通讯支出	2.7	2.5	3.5	4.7	4.8
7. 文教娱乐用品及服务支出	6.0	9.0	12.0	14.7	15.5
8. 其他商品及服务支出	2.1	1.2	2.3	2.7	2.9

4—6 西部地区农村居民主要食品消费量及其与全国对比

单位:公斤/人

	1985年	1990年	1995年	1998年	1999年
粮 食	241.88	247.69	48.28	244.68	240.07
蔬 菜	120.21	122.77	103.01	98.22	97.99
食用油	3.57	4.55	5.09	5.46	5.50
# 植物油	1.74	2.49	3.25	3.74	3.69
水 果	3.76	5.98	9.62	16.01	14.99
猪 肉	11.66	12.32	12.40	14.05	15.33
牛羊肉	1.34	1.51	1.27	2.23	2.19
牛羊奶	2.16	3.11	1.55	2.18	2.27
家 禽	1.01	0.96	1.25	1.59	1.78
禽 蛋	1.22	1.42	1.58	1.85	1.88
水产品	0.34	0.39	0.69	0.90	1.04
卷烟(盒)	16.93	20.99	20.94	20.36	20.22
食 糖	1.11	1.11	1.06	1.18	1.29
酒	4.00	6.27	4.18	4.34	4.53
			相当于全国平均水平(%)		
粮 食	93.7	94.5	99.7	98.3	97.0
蔬 菜	91.7	91.6	96.2	93.4	90.0
食用油	88.4	88.0	87.7	90.8	89.1
# 植物油	66.9	70.3	76.5	83.5	80.4
水 果	110.9	101.5	73.9	82.4	81.7
猪 肉	113.0	116.9	117.2	120.9	120.7
牛羊肉	206.2	188.8	180.6	181.7	186.5
牛羊奶	288.0	288.0	241.4	234.2	236.6
家 禽	73.8	58.9	68.2	69.1	71.7
禽 蛋	59.8	76.1	49.1	45.9	43.9
水产品	20.9	18.3	20.5	24.7	27.2
烟 叶	72.0	75.0	85.1	86.3	87.5
食 糖	76.6	74.0	82.6	84.4	87.9
酒	91.5	102.1	64.0	61.8	65.0

4—7　西部地区农村居民耐用消费品拥有量及其与全国对比

（平均每百户）

	1985年	1990年	1995年	1998年	1999年
自行车（辆）	49.97	79.81	131.71	95.41	93.59
缝纫机（架）	32.13	43.73	59.24	54.33	57.83
手表（只）	104.00	159.17	162.54	149.24	144.28
电风扇（台）	2.25	12.87	39.15	52.50	56.88
洗衣机（台）	0.62	5.10	9.50	14.16	14.65
电冰箱（台）		0.08	0.92	2.53	3.25
摩托车（辆）	0.59	0.57	2.18	7.25	8.60
大衣柜（台）	36.40	58.76	73.60	75.26	75.39
沙发（个）	9.10	25.67	51.19	69.06	69.76
收音机（台）	37.57	33.64	21.13	22.44	18.64
黑白电视机（台）	5.52	26.91	54.98	58.00	57.51
彩色电视机（台）	0.36	2.72	10.55	22.90	26.96
收录机（台）	3.38	15.83	27.21	33.17	32.51
照相机（架）		0.41	0.64	1.15	1.41
			相当于全国平均水平（%）		
自行车	62.0	67.4	88.5	69.6	68.4
缝纫机	74.4	79.2	90.1	82.5	86.2
手　表	82.3	92.4	96.1	96.6	94.4
电风扇	23.3	31.1	44.0	47.0	49.0
洗衣机	32.6	55.9	56.2	62.1	60.2
电冰箱	0.0	6.6	17.9	27.3	30.5
摩托车	89.4	64.0	44.4	53.6	52.1
大衣柜	68.2		75.2	88.1	87.2
沙　发	69.6		78.3	83.7	82.8
收音机	69.3	74.5	68.0	79.6	69.1
黑白电视机	50.5	67.7	86.2	91.2	92.2
彩色电视机	45.0	57.6	62.4	70.2	70.5
收录机	78.1	88.8	96.3	102.5	101.6
照相机		58.6	44.9	51.9	52.7

第二部分

综合篇

五、农村社区环境与基础设施建设

5—1　西部地区农村(乡镇)社区环境与基础设施建设情况

	单　位	1996年		1999年	
		西部地区	占全国的比重%	西部地区	占全国的比重%
1. 基本情况					
通电的村	个	192681	26.8	188061	28.0
通邮的村	个	162699	24.1	160532	25.2
通公路的村	个	171830	26.3	163292	27.0
通自来水的村	个	19739	15.2	75180	25.7
2. 基础设施					
汽车站	个	1574	14.6	3409	21.9
供水站	个	7462	30.0	10234	36.4
发电站	个	8032	37.3		
广播站	个	14113	38.1		
电视差转台	个	10690	47.8	10218	45.1
3. 市场建设					
集贸市场个数	个	17025	32.0	18086	26.4
综合市场	个	13815	35.2	15488	28.5
专业市场	个	3210	22.8	2598	18.2
4. 文教卫生和福利事业					
学校总数	个	106217	46.1	207674	34.1
文化站、图书馆	个	13558	33.1	15436	31.6
体育场馆	个	1388	38.9	1784	24.7
医院、卫生院	个	20861	40.6	46360	22.1
敬老院、福利院	个	7666	27.3	8465	26.5

注:1996数据来源于全国第一次农业普查;1999年数据为乡镇社会经济基本情况调查数。

5—2 西部地区农村有社区环境建设的乡镇

单位:个

	1996年		1999年	
	西部地区	占全国的比重%	西部地区	占全国的比重%
1. 基础设施				
汽车站	1450	16.2	3012	23.0
供水站	5775	40.4	7510	41.5
发电站	4347	44.4		
2. 市场建设				
集贸市场个数	10566	37.2	12744	32.5
综合市场	10202	39.3	11096	35.4
专业市场	1498	22.0	1648	20.9
3. 文教卫生和福利事业				
文化站、图书馆	12939	32.6	11712	35.4
影剧院	4456	31.5		
学校总数	30145	38.7	17457	40.9
敬老院、福利院	7058	26.9	7438	27.0
医院、卫生院	16844	40.2	17194	40.8
体育场馆	967	38.0	913	23.0
广播站	13029	36.8		
电视差转台	7808	44.8	10218	45.1

注:1996数据来源于全国第一次农业普查;1999年数据为乡镇社会经济基本情况调查数。

5—3　西部地区农村小城镇(建制镇)情况

	单位	1996年	平均每个建制镇	1999年	平均每个建制镇
一、建制镇镇区情况					
1.镇区基本情况					
建制镇个数	个	4539		5207	
镇区总户数	户	4357870	960.1	5069839	963.7
镇区总人数	人	15870860	3496.6	18124430	3480.8
其中:非农业人口	人	7784285	1715.0	9127848	1753.0
镇区企业个数	个	96321	21.2	383948	72.7
二、建制镇社区情况					
1.建制镇市场建设					
集贸市场个数	个	8194	1.8	9028	1.7
综合市场	个	5932	1.3	7154	1.4
专业市场	个	2262	0.5	1874	0.4
2.建制镇社区环境基础建设					
汽车站	个	1016	0.2	2078	0.4
供水站	个	3747	0.8	4624	0.9
发电站	个	2752	0.6		
广播站	个	4954	1.1		
电视差转台	个	3616	0.8	4486	0.9
3.文教卫生和福利事业					
文化站、图书馆	个	4728	1.0	5757	1.1
体育场馆	个	644	0.1	780	0.1
医院、卫生院	个	7410	1.6	20854	4.0
敬老院、福利院	个	3113	0.7	3795	0.7

注:1996年数据来源于全国第一次农业普查;1999年数据为乡镇社会经济基本情况调查数。

第二部分

综合篇

六、区域农村经济

6—1　西部地区贫困县基本情况

指　　标	单　位	1995年	1998年	1999年
县个数	个	361	361	361
年末总人口	万人	10998	11278	11378
行政区域土地面积	万平方公里			189.5
耕地面积	千公顷			13354.0
林地面积	千公顷			41668.2
草地面积	千公顷			61886.5
其中:第一产业增加值	亿元		995.8	986.8
农业增加值	亿元		652.4	630.8
林业增加值	亿元		57.5	61.9
牧业增加值	亿元		273.6	280.6
渔业增加值	亿元		12.3	13.5
农作物总播种面积	千公顷	16902.0	17985.2	18244.9
粮食作物播种面积	千公顷	13131.6	13972.3	13997.7
粮食总产量	万吨	3318.9	4286.9	4098.0
棉花播种面积	千公顷	159.0	163.0	152.8
棉花产量	万吨	15.2	17.9	15.2
油料播种面积	千公顷	1181.1	1233.5	1360.1
油料产量	万吨	111.1	141.4	146.8
糖料播种面积	千公顷	195.8	310.9	298.1
糖料产量	万吨	779.0	1325.7	1200.9
猪肉产量	万吨	277.4	344.2	366.4
牛肉产量	万吨		40.1	44.6
羊肉产量	万吨		37.5	42.2
禽肉产量	万吨		27.3	31.6
牛、羊奶产量	万吨	36.3	43.5	73.7
羊毛产量	万吨	5.5	6.5	6.6
水产品产量	万吨	11.9	21.5	22.5
专任教师总数	万人	87.7	84.8	86.4
在校学生总数	万人	1716.1	1921.7	1974.4
医院、卫生院数	所	11725	9796	9918
医院、卫生院床位数	床	137760	156242	160880
医院、卫生院技术人员数	万人		19.4	20.1
地方财政收入	亿元	75.5	116.3	123.5
财政支出	亿元	182.2	299.7	332.5
年末各项存款余额	亿元		1555.7	1768.3
农村居民人均纯收入	元	684	1191	1242

6－2　西部地区贫困县社会经济指标占全部贫困县的比重

单位：%

指　　标	1995年	1998年	1999年
县个数	61.5	61.5	61.5
年末总人口	51.0	51.2	51.3
行政区域土地面积			77.5
耕地面积			55.2
林地面积			64.9
草地面积			95.4
其中：第一产业增加值		45.1	46.0
农业增加值		46.5	47.2
林业增加值		40.8	41.2
牧业增加值		46.7	48.6
渔业增加值		15.4	16.9
农作物总播种面积	52.1	52.9	53.2
粮食作物播种面积	53.2	54.0	54.1
粮食总产量	43.5	46.8	46.4
棉花播种面积	24.0	31.1	35.2
棉花产量	30.2	38.0	39.1
油料播种面积	39.2	40.9	41.8
油料产量	30.1	35.5	34.9
糖料播种面积	64.7	78.3	86.1
糖料产量	79.5	87.9	90.6
猪肉产量	46.6	47.7	49.2
牛肉产量		38.2	41.4
羊肉产量		59.7	61.4
禽肉产量		30.3	31.7
牛、羊奶产量	53.9	63.4	72.4
羊毛产量	73.5	71.9	72.6
水产品产量	12.5	14.2	14.2
专任教师总数	48.6	48.6	48.4
在校学生总数	50.1	49.6	50.5
医院、卫生院数	64.0	59.8	60.2
医院、卫生院床位数	48.2	49.6	50.1
医院、卫生院技术人员数		49.1	48.9
地方财政收入	46.8	45.6	46.1
财政支出	53.8	54.1	53.7
年末各项存款余额		45.2	45.5
农村居民人均纯收入	78.9	84.5	87.0

6—3　西部地区牧区、半牧区县基本情况

指　　标	单　位	1995年	1998年	1999年
县个数	个	228	228	228
年末总人口	万人	2768	2820	2877
行政区域土地面积	万平方公里			378.8
耕地面积	千公顷			7630.1
林地面积	千公顷			30270.3
草地面积	千公顷			217197.4
其中:第一产业增加值	亿元		435.1	431.8
农业增加值	亿元		262.4	256.7
林业增加值	亿元		14.3	16.9
牧业增加值	亿元		155.2	154.2
渔业增加值	亿元		3.2	4.1
农作物总播种面积	千公顷	5643.6	6580.6	6962.6
粮食作物播种面积	千公顷	4404.7	5188.4	5156.8
粮食总产量	万吨	1212.8	1745.4	1664.2
棉花播种面积	千公顷	83.2	129.4	186.7
棉花产量	万吨	11.2	20.2	25.2
油料播种面积	千公顷	599.7	614.7	859.5
油料产量	万吨	66.9	91.0	121.7
糖料播种面积	千公顷	97.2	96.5	72.9
糖料产量	万吨	259.4	312.1	269.1
猪肉产量	万吨	56.2	79.9	88.7
牛肉产量	万吨		42.9	43.8
羊肉产量	万吨		49.2	54.6
禽肉产量	万吨		5.7	6.6
牛、羊奶产量	万吨	102.9	121.6	126.3
羊毛产量	万吨	9.7	11.1	11.7
水产品产量	万吨	4.0	5.0	6.0
专任教师总数	万人	28.8	29.9	29.0
在校学生总数	万人	410.6	452.1	445.5
医院、卫生院数	所	5832	4977	7048
医院、卫生院床位数	床	54115	64552	67585
医院、卫生院技术人员数	万人		8.2	9.0
地方财政收入	万元	33.2	52.8	58.5
财政支出	万元	81.3	128.2	137.1
年末各项存款余额	万元		685.7	767.7
农村居民人均纯收入	元	971	1578	1651

6—4 西部地区牧区、半牧区县社会经济指标占全部牧区、半牧区县的比重

单位：%

指　　标	1995 年	1998 年	1999 年
县个数	85.7	85.7	85.7
年末总人口	63.5	64.6	65.0
行政区域土地面积			95.7
耕地面积			61.0
林地面积			89.1
草地面积			98.5
其中：第一产业增加值		63.0	63.1
农业增加值		59.6	60.4
林业增加值		74.2	73.1
牧业增加值		70.8	69.1
渔业增加值		26.4	31.6
农作物总播种面积	54.7	58.9	60.2
粮食作物播种面积	52.8	57.3	57.0
粮食总产量	43.0	47.5	47.1
棉花播种面积	89.2	90.1	97.7
棉花产量	94.1	94.3	98.9
油料播种面积	65.7	66.5	70.5
油料产量	64.1	73.8	74.4
糖料播种面积	41.7	52.5	69.4
糖料产量	57.1	72.7	86.2
猪肉产量	49.1	55.2	56.4
牛肉产量		71.1	72.5
羊肉产量		89.5	89.6
禽肉产量		29.5	31.5
牛、羊奶产量	56.6	64.2	64.1
羊毛产量	79.8	80.3	80.6
水产品产量	21.1	20.5	19.5
专任教师总数	62.1	65.0	63.8
在校学生总数	62.7	64.4	64.1
医院、卫生院数	85.1	83.0	86.6
医院、卫生院床位数	64.5	67.8	68.8
医院、卫生院技术人员数		56.6	66.3
地方财政收入	69.1	71.8	73.6
财政支出	72.2	71.6	72.4
年末各项存款余额		68.4	68.1
农村居民人均纯收入	84.4	93.5	95.8

6—5　西部地区民族县基本情况

指　　标	单　位	1995年	1998年	1999年
县个数	个	596	596	596
年末总人口	万人	13648	13820	14212
行政区域土地面积	万平方公里			587.9
耕地面积	千公顷			18826.8
林地面积	千公顷			78610.1
草地面积	千公顷			263227.6
其中:第一产业增加值	亿元		1901.6	1820.5
农业增加值	亿元		1251.6	1195.1
林业增加值	亿元		92.0	97.0
牧业增加值	亿元		479.4	448.0
渔业增加值	亿元		80.0	80.4
农作物总播种面积	千公顷	20590.6	22621.5	23711.5
粮食作物播种面积	千公顷	14718.9	15998.3	16065.0
粮食总产量	万吨	5022.4	6152.0	6114.0
棉花播种面积	千公顷	483.5	647.6	976.1
棉花产量	万吨	61.4	93.0	137.3
油料播种面积	千公顷	1654.5	1681.1	2031.4
油料产量	万吨	210.5	242.6	295.2
糖料播种面积	千公顷	792.0	1030.2	931.4
糖料产量	万吨	3940.6	5507.5	4983.8
猪肉产量	万吨	378.0	497.4	475.4
牛肉产量	万吨		88.0	90.0
羊肉产量	万吨		83.9	95.1
禽肉产量	万吨		87.0	75.3
牛、羊奶产量	万吨	171.4	210.3	253.0
羊毛产量	万吨	14.0	16.5	17.5
水产品产量	万吨	119.6	234.5	247.9
专任教师总数	万人	126.6	118.2	120.5
在校学生总数	万人	2244.1	2435.3	2468.1
医院、卫生院数	所	13923	14447	14714
医院、卫生院床位数	床	245898	271368	298096
医院、卫生院技术人员数	万人		32.7	37.1
地方财政收入	亿元	177.5	276.2	315.5
财政支出	亿元	331.9	505.4	579.3
年末各项存款余额	亿元		4198.5	5149.9
农村居民人均纯收入	元	1075	1687	1725

6—6 西部地区民族县社会经济指标占全部民族县的比重

单位:%

指 标	1995 年	1998 年	1999 年
县个数	90.6	90.6	90.6
年末总人口	87.0	87.2	87.4
行政区域土地面积			96.7
耕地面积			90.1
林地面积			86.2
草地面积			99.6
其中:第一产业增加值		87.6	86.9
农业增加值		88.5	87.8
林业增加值		78.4	77.3
牧业增加值		87.3	86.6
渔业增加值		88.3	87.0
农作物总播种面积	87.5	88.1	88.5
粮食作物播种面积	87.0	87.5	87.7
粮食总产量	86.1	85.7	86.4
棉花播种面积	97.4	99.0	99.5
棉花产量	98.7	99.3	99.8
油料播种面积	86.7	87.2	88.9
油料产量	86.3	87.2	89.1
糖料播种面积	95.7	97.6	97.4
糖料产量	97.5	98.6	98.1
猪肉产量	84.7	85.1	83.7
牛肉产量		82.0	81.1
羊肉产量		94.8	95.5
禽肉产量		89.1	86.9
牛、羊奶产量	94.5	95.7	95.9
羊毛产量	96.1	96.2	96.5
水产品产量	89.0	92.2	91.9
专任教师总数	85.9	86.1	85.6
在校学生总数	87.1	87.4	87.8
医院、卫生院数	88.8	88.2	89.0
医院、卫生院床位数	85.1	85.4	86.6
医院、卫生院技术人员数		84.6	86.5
地方财政收入	86.4	89.3	90.0
财政支出	86.9	86.9	87.2
年末各项存款余额		87.8	88.9
农村居民人均纯收入	100.0	99.9	99.8

6—7　西部地区陆地边境县基本情况

指　　标	单　位	1995年	1998年	1999年
县个数	个	106	106	106
年末总人口	万人	1365	1379	1413
行政区域土地面积	万平方公里			179.0
耕地面积	千公顷			2909.4
林地面积	千公顷			16966.0
草地面积	千公顷			87788.5
其中:第一产业增加值	亿元		203.9	202.6
农业增加值	亿元		124.9	121.8
林业增加值	亿元		17.0	18.6
牧业增加值	亿元		58.4	58.5
渔业增加值	亿元		3.7	3.8
农作物总播种面积	千公顷	2415.3	2706.4	3011.8
粮食作物播种面积	千公顷	1740.1	1882.8	1937.7
粮食总产量	万吨	526.1	645.7	691.7
棉花播种面积	千公顷	66.5	85.4	127.5
棉花产量	万吨	6.9	11.2	15.5
油料播种面积	千公顷	211.8	220.5	360.0
油料产量	万吨	25.3	30.7	56.2
糖料播种面积	千公顷	155.1	231.2	228.1
糖料产量	万吨	776.8	1209.9	1150.6
猪肉产量	万吨	18.8	24.9	28.1
牛肉产量	万吨		13.3	14.7
羊肉产量	万吨		22.1	25.6
禽肉产量	万吨		3.9	4.3
牛、羊奶产量	万吨	34.4	41.2	47.0
羊毛产量	万吨	3.6	4.3	5.0
水产品产量	万吨	4.1	6.6	6.8
专任教师总数	万人	13.4	13.4	13.6
在校学生总数	万人	223.1	241.4	240.2
医院、卫生院数	所	2062	1540	3500
医院、卫生院床位数	床	30034	33255	37234
医院、卫生院技术人员数	万人		3.6	4.2
地方财政收入	亿元	16.6	25.8	27.4
财政支出	亿元	43.9	68.3	72.3
年末各项存款余额	亿元		387.5	426.4
农村居民人均纯收入	元	850	1275	1293

6－8 西部地区陆地边境县社会经济指标占全部陆地边境县的比重

单位：%

指　标	1995年	1998年	1999年
县个数	76.3	76.3	76.3
年末总人口	61.1	61.8	63.4
行政区域土地面积			89.4
耕地面积			57.6
林地面积			54.7
草地面积			99.8
其中：第一产业增加值		61.7	60.6
农业增加值		57.5	55.8
林业增加值		69.7	68.4
牧业增加值		77.4	78.3
渔业增加值		27.3	26.2
农作物总播种面积	56.4	56.7	59.2
粮食作物播种面积	50.9	49.9	50.7
粮食总产量	49.5	43.8	43.5
棉花播种面积	100.0	100.0	100.0
棉花产量	100.0	100.0	100.0
油料播种面积	88.0	84.9	85.2
油料产量	82.2	87.8	89.0
糖料播种面积	82.5	92.2	95.4
糖料产量	92.9	97.5	98.4
猪肉产量	52.2	59.7	61.3
牛肉产量		73.2	73.3
羊肉产量		97.5	97.5
禽肉产量		55.6	56.2
牛、羊奶产量	68.7	71.6	75.3
羊毛产量	96.6	97.0	97.2
水产品产量	24.0	22.2	21.8
专任教师总数	57.7	57.0	62.3
在校学生总数	64.4	67.4	67.7
医院、卫生院数	73.4	68.6	84.1
医院、卫生院床位数	51.5	53.9	57.7
医院、卫生院技术人员数		54.2	57.5
地方财政收入	49.7	56.1	56.3
财政支出	62.1	64.5	62.7
年末各项存款余额		44.5	44.3
农村居民人均纯收入	76.8	81.0	81.0

6—9　西部地区粮棉生产大县基本情况

指　　标	单　位	1995年	1998年	1999年
县个数	个	117	117	117
年末总人口	万人	8148	8080	8089
行政区域土地面积	万平方公里			56.3
耕地面积	千公顷			8086.1
林地面积	千公顷			13426.5
草地面积	千公顷			9772.1
其中:第一产业增加值	亿元		1078.8	1052.1
农业增加值	亿元		784.3	753.2
林业增加值	亿元		24.5	26.3
牧业增加值	亿元		232.2	230.8
渔业增加值	亿元		39.7	41.7
农作物总播种面积	千公顷	11130.4	11677.2	12063.7
粮食作物播种面积	千公顷	8326.3	8768.5	8762.7
粮食总产量	万吨	3885.9	4273.6	4249.5
棉花播种面积	千公顷	441.3	480.9	632.7
棉花产量	万吨	50.7	63.4	85.7
油料播种面积	千公顷	865.0	830.7	944.5
油料产量	万吨	160.9	160.4	182.0
糖料播种面积	千公顷	233.2	244.8	203.7
糖料产量	万吨	1092.4	1241.7	1026.1
猪肉产量	万吨	328.4	358.8	359.7
牛肉产量	万吨		20.5	21.5
羊肉产量	万吨		18.0	21.9
禽肉产量	万吨		65.8	67.5
牛、羊奶产量	万吨	39.2	55.6	58.2
羊毛产量	万吨	2.3	2.8	3.1
水产品产量	万吨	50.9	97.3	103.0
专任教师总数	万人	66.0	61.1	60.3
在校学生总数	万人	1255.4	1369.3	1367.7
医院、卫生院数	所	6409	6195	5818
医院、卫生院床位数	床	131920	134777	133457
医院、卫生院技术人员数	万人		17.0	16.7
地方财政收入	亿元	73.8	119.0	126.0
财政支出	亿元	114.5	169.4	189.1
年末各项存款余额	亿元		2040.0	2364.6
农村居民人均纯收入	元	1249	1934	2014

6—10 西部地区粮棉生产大县社会经济指标占全部粮棉生产大县的比重

单位:%

指　　标	1995 年	1998 年	1999 年
县个数	18.3	18.3	18.3
年末总人口	17.3	17.0	16.9
行政区域土地面积			33.8
耕地面积			17.5
林地面积			33.1
草地面积			75.2
其中:第一产业增加值		14.1	14.0
农业增加值		15.2	15.2
林业增加值		12.0	12.4
牧业增加值		13.3	14.0
渔业增加值		6.0	6.1
农作物总播种面积	15.5	16.0	16.3
粮食作物播种面积	15.9	16.5	16.5
粮食总产量	14.3	14.6	14.3
棉花播种面积	11.5	15.6	23.2
棉花产量	14.1	19.7	27.8
油料播种面积	12.8	12.6	13.2
油料产量	12.0	12.4	11.7
糖料播种面积	32.6	39.1	40.3
糖料产量	41.4	45.9	45.1
猪肉产量	18.2	16.0	18.3
牛肉产量		7.6	7.8
羊肉产量		18.3	20.5
禽肉产量		11.0	10.7
牛、羊奶产量	16.2	21.9	21.4
羊毛产量	24.7	30.6	32.2
水产品产量	5.4	6.8	6.8
专任教师总数	16.7	15.8	15.4
在校学生总数	16.4	16.1	16.2
医院、卫生院数	24.5	26.0	24.9
医院、卫生院床位数	18.0	16.9	16.7
医院、卫生院技术人员数		15.7	15.5
地方财政收入	13.3	13.8	13.5
财政支出	14.8	13.9	13.7
年末各项存款余额		12.3	12.7
农村居民人均纯收入	73.7	78.1	79.4

6—11　西部地区黄土高原区基本情况

指　　标	单　位	1995 年	1998 年	1999 年
县个数	个	124	124	124
年末总人口	万人	4502	4694	4672
行政区域土地面积	万平方公里			26.7
耕地面积	千公顷			5848.0
林地面积	千公顷			4815.9
草地面积	千公顷			6529.7
其中:第一产业增加值	亿元		347.5	327.8
农业增加值	亿元		267.0	253.3
林业增加值	亿元		8.2	10.3
牧业增加值	亿元		70.5	62.5
渔业增加值	亿元		1.8	1.8
农作物总播种面积	千公顷	6400.5	6542.6	6584.7
粮食作物播种面积	千公顷	5190.7	5418.6	5377.4
粮食总产量	万吨	1125.5	1603.7	1416.9
棉花播种面积	千公顷	72.4	34.8	27.1
棉花产量	万吨	4.0	2.3	1.9
油料播种面积	千公顷	508.4	504.0	583.7
油料产量	万吨	46.9	58.0	62.2
糖料播种面积	千公顷	6.8	8.4	15.9
糖料产量	万吨	9.1	21.0	11.6
猪肉产量	万吨	61.8	61.4	61.1
牛肉产量	万吨		11.1	11.3
羊肉产量	万吨		8.1	9.0
禽肉产量	万吨		7.2	7.1
牛、羊奶产量	万吨	38.6	61.3	62.9
羊毛产量	万吨	1.4	1.3	1.4
水产品产量	万吨	3.1	4.2	4.4
专任教师总数	万人	38.9	43.7	44.7
在校学生总数	万人	715.6	908.9	938.7
医院、卫生院数	所	3602	3512	3889
医院、卫生院床位数	床	85366	115222	125144
医院、卫生院技术人员数	万人		11.5	14.7
地方财政收入	亿元	60.9	98.5	108.3
财政支出	亿元	76.5	149.9	166.7
年末各项存款余额	亿元		2410.4	2784.8
农村居民人均纯收入	元	864	1303	1461

6—12 西部地区黄土高原县社会经济指标占全部黄土高原县的比重

单位:%

指　　标	1995年	1998年	1999年
县个数	53.4	53.4	53.4
年末总人口	53.8	54.2	53.9
行政区域土地面积			63.1
耕地面积			59.7
林地面积			54.3
草地面积			90.8
其中:第一产业增加值		54.4	56.2
农业增加值		56.0	58.9
林业增加值		36.4	41.8
牧业增加值		51.8	50.2
渔业增加值		45.4	43.6
农作物总播种面积	60.4	59.8	60.3
粮食作物播种面积	59.6	59.2	59.4
粮食总产量	50.1	52.8	55.3
棉花播种面积	32.8	30.6	29.1
棉花产量	28.2	25.9	26.6
油料播种面积	66.7	66.5	68.9
油料产量	64.0	62.6	68.5
糖料播种面积	77.7	67.4	90.7
糖料产量	61.5	60.6	69.8
猪肉产量	49.7	49.8	48.4
牛肉产量		42.1	42.4
羊肉产量		60.9	61.8
禽肉产量		52.2	49.2
牛、羊奶产量	70.4	78.6	78.6
羊毛产量	70.6	64.8	62.6
水产品产量	44.8	46.2	45.0
专任教师总数	53.1	54.5	54.8
在校学生总数	54.9	56.8	57.9
医院、卫生院数	53.6	53.8	56.6
医院、卫生院床位数	48.6	47.7	50.5
医院、卫生院技术人员数		46.0	54.3
地方财政收入	57.8	55.5	57.1
财政支出	53.2	57.1	58.6
年末各项存款余额		61.1	63.5
农村居民人均纯收入	86.0	79.1	84.9

6—13　西部地区平原县基本情况

指　　标	单　位	1995年	1998年	1999年
县个数	个	208	208	208
年末总人口	万人	7403	7509	7831
行政区域土地面积	万平方公里			192.1
耕地面积	千公顷			8791.0
林地面积	千公顷			10750.6
草地面积	千公顷			56382.9
其中:第一产业增加值	亿元		1024.0	1009.7
农业增加值	亿元		747.7	730.4
林业增加值	亿元		21.5	25.5
牧业增加值	亿元		206.5	206.8
渔业增加值	亿元		48.3	47.0
农作物总播种面积	千公顷	9296.0	9841.0	10806.1
粮食作物播种面积	千公顷	6560.6	6947.8	7041.4
粮食总产量	万吨	3039.1	3554.3	3586.0
棉花播种面积	千公顷	545.9	682.1	991.0
棉花产量	万吨	65.4	96.6	139.2
油料播种面积	千公顷	870.5	750.1	1007.1
油料产量	万吨	169.5	158.0	199.5
糖料播种面积	千公顷	254.3	268.5	229.9
糖料产量	万吨	1100.7	1325.4	1133.4
猪肉产量	万吨	174.9	203.9	211.2
牛肉产量	万吨		32.1	34.0
羊肉产量	万吨		41.2	48.9
禽肉产量	万吨		54.6	58.4
牛、羊奶产量	万吨	102.5	148.0	163.8
羊毛产量	万吨	6.4	7.8	8.6
水产品产量	万吨	91.6	177.4	190.0
专任教师总数	万人	66.9	74.7	75.5
在校学生总数	万人	1151.1	1381.6	1439.2
医院、卫生院数	所	5502	8097	7983
医院、卫生院床位数	床	190998	221140	248885
医院、卫生院技术人员数	万人		24.2	29.2
地方财政收入	亿元	118.3	216.3	263.9
财政支出	亿元	173.4	287.7	349.0
年末各项存款余额	亿元		5094.2	6623.8
农村居民人均纯收入	元	1297	1996	2104

6—14 西部地区平原县社会经济指标占全部平原县的比重

单位:%

指　标	1995 年	1998 年	1999 年
县个数	26.1	26.1	26.1
年末总人口	15.1	15.0	15.5
行政区域土地面积			69.0
耕地面积			19.9
林地面积			50.1
草地面积			93.6
其中:第一产业增加值		14.6	14.4
农业增加值		15.8	15.7
林业增加值		14.9	16.6
牧业增加值		13.4	13.8
渔业增加值		6.9	6.4
农作物总播种面积	14.4	15.0	16.1
粮食作物播种面积	14.1	14.6	14.8
粮食总产量	13.1	14.3	13.9
棉花播种面积	12.5	19.9	30.5
棉花产量	16.7	26.1	36.8
油料播种面积	15.7	14.2	17.1
油料产量	15.5	15.1	15.6
糖料播种面积	34.7	38.4	41.4
糖料产量	34.8	37.6	39.4
猪肉产量	12.3	11.3	13.3
牛肉产量		12.8	13.2
羊肉产量		33.5	36.0
禽肉产量		10.3	10.4
牛、羊奶产量	28.3	36.4	37.5
羊毛产量	48.3	53.0	54.0
水产品产量	8.5	11.3	11.3
专任教师总数	16.6	17.3	17.1
在校学生总数	15.1	15.3	15.8
医院、卫生院数	18.0	28.7	28.4
医院、卫生院床位数	19.4	18.6	20.4
医院、卫生院技术人员数		16.2	19.0
地方财政收入	12.6	14.1	15.1
财政支出	14.5	14.5	14.9
年末各项存款余额		14.0	15.3
农村居民人均纯收入	72.3	75.5	77.1

6—15 西部地区丘陵县基本情况

指　标	单　位	1995年	1998年	1999年
县个数	个	246	246	246
年末总人口	万人	12903	13211	13287
行政区域土地面积	万平方公里			148.1
耕地面积	千公顷			12364.5
林地面积	千公顷			27745.3
草地面积	千公顷			61433.0
其中:第一产业增加值	亿元		1589.6	1519.1
农业增加值	亿元		1054.7	997.5
林业增加值	亿元		55.6	56.0
牧业增加值	亿元		426.7	409.0
渔业增加值	亿元		53.8	56.6
农作物总播种面积	千公顷	17034.2	18628.3	18559.2
粮食作物播种面积	千公顷	12970.4	14130.2	13978.8
粮食总产量	万吨	4908.6	5770.6	5591.5
棉花播种面积	千公顷	147.9	144.0	115.2
棉花产量	万吨	12.3	12.4	10.4
油料播种面积	千公顷	1298.7	1372.4	1453.7
油料产量	万吨	167.0	197.7	200.9
糖料播种面积	千公顷	389.6	497.7	431.2
糖料产量	万吨	1909.6	2673.9	2363.3
猪肉产量	万吨	532.2	621.1	596.4
牛肉产量	万吨		32.7	32.6
羊肉产量	万吨		31.8	36.0
禽肉产量	万吨		108.7	106.7
牛、羊奶产量	万吨	51.9	64.7	91.0
羊毛产量	万吨	5.0	5.9	5.9
水产品产量	万吨	61.0	100.4	104.4
专任教师总数	万人	103.6	100.3	100.6
在校学生总数	万人	1883.6	2176.0	2166.2
医院、卫生院数	所	11848	11999	11239
医院、卫生院床位数	床	223230	262015	258181
医院、卫生院技术人员数	万人		33.5	33.4
地方财政收入	亿元	150.5	233.5	257.0
财政支出	亿元	208.8	344.1	397.3
年末各项存款余额	亿元		4330.7	5033.0
农村居民人均纯收入	元	1198	1912	1976

6—16 西部地区丘陵县社会经济指标占全部丘陵县的比重

单位:%

指 标	1995年	1998年	1999年
县个数	39.4	39.4	39.4
年末总人口	35.2	35.4	35.3
行政区域土地面积			66.4
耕地面积			39.1
林地面积			52.5
草地面积			97.1
其中:第一产业增加值		31.2	31.2
农业增加值		33.5	34.0
林业增加值		34.5	33.8
牧业增加值		34.9	35.6
渔业增加值		8.2	9.1
农作物总播种面积	36.9	38.5	38.4
粮食作物播种面积	37.4	38.9	39.0
粮食总产量	31.4	32.1	32.7
棉花播种面积	19.7	23.5	25.2
棉花产量	18.7	23.1	25.4
油料播种面积	31.2	33.0	32.5
油料产量	23.9	27.6	25.8
糖料播种面积	57.2	68.2	71.1
糖料产量	69.5	78.7	79.2
猪肉产量	40.6	41.3	41.0
牛肉产量		26.5	25.8
羊肉产量		57.5	59.9
禽肉产量		29.7	28.3
牛、羊奶产量	30.7	35.8	43.0
羊毛产量	66.4	71.1	70.5
水产品产量	5.5	5.9	6.0
专任教师总数	33.8	32.2	31.8
在校学生总数	33.6	33.7	33.9
医院、卫生院数	46.3	48.7	46.2
医院、卫生院床位数	32.8	31.5	30.9
医院、卫生院技术人员数		32.0	31.3
地方财政收入	26.4	26.9	26.6
财政支出	28.1	28.9	29.1
年末各项存款余额		25.0	25.3
农村居民人均纯收入	76.4	81.2	81.7

6—17　西部地区山区县基本情况

指　　标	单　位	1995年	1998年	1999年
县个数	个	518	518	518
年末总人口	万人	13159	13402	13485
行政区域土地面积	万平方公里			343.1
耕地面积	千公顷			12027.8
林地面积	千公顷			69251.5
草地面积	千公顷			154276.7
其中:第一产业增加值	亿元		1258.1	1242.8
农业增加值	亿元		800.3	790.0
林业增加值	亿元		83.5	87.4
牧业增加值	亿元		355.5	345.2
渔业增加值	亿元		18.8	20.2
农作物总播种面积	千公顷	18669.3	19326.6	19596.3
粮食作物播种面积	千公顷	14025.2	14473.0	14479.5
粮食总产量	万吨	4048.2	4764.2	4712.0
棉花播种面积	千公顷	20.2	24.2	16.5
棉花产量	万吨	1.2	1.6	1.0
油料播种面积	千公顷	1395.1	1413.5	1569.7
油料产量	万吨	152.2	173.1	190.1
糖料播种面积	千公顷	255.8	394.2	399.7
糖料产量	万吨	1426.8	2123.0	2028.4
猪肉产量	万吨	388.3	465.8	488.0
牛肉产量	万吨		58.2	61.5
羊肉产量	万吨		35.7	38.8
禽肉产量	万吨		36.9	39.5
牛、羊奶产量	万吨	70.9	79.7	81.5
羊毛产量	万吨	4.3	4.6	4.8
水产品产量	万吨	17.8	29.0	31.9
专任教师总数	万人	100.6	99.4	101.7
在校学生总数	万人	1995.4	2206.5	2248.1
医院、卫生院数	所	16603	13599	14200
医院、卫生院床位数	床	200623	225989	231320
医院、卫生院技术人员数	万人		27.2	28.3
地方财政收入	亿元	130.9	178.3	185.1
财政支出	亿元	264.6	403.4	453.3
年末各项存款余额	亿元		2747.5	3010.6
农村居民人均纯收入	元	756	1282	1341

6—18　西部地区山区县社会经济指标占全部山区县的比重

单位:%

指　标	1995年	1998年	1999年
县个数	55.5	55.5	55.5
年末总人口	42.8	42.9	42.9
行政区域土地面积			75.7
耕地面积			51.6
林地面积			49.4
草地面积			98.8
其中:第一产业增加值		33.6	33.8
农业增加值		35.0	35.5
林业增加值		25.2	25.2
牧业增加值		39.0	40.0
渔业增加值		7.8	8.3
农作物总播种面积	48.5	48.7	49.0
粮食作物播种面积	49.3	49.9	50.2
粮食总产量	38.9	40.4	41.4
棉花播种面积	11.7	17.4	16.2
棉花产量	9.3	14.5	11.9
油料播种面积	42.1	42.9	45.1
油料产量	31.6	33.3	36.2
糖料播种面积	69.5	79.5	84.0
糖料产量	75.2	82.0	84.6
猪肉产量	39.4	42.5	43.9
牛肉产量		47.8	48.5
羊肉产量		57.5	58.3
禽肉产量		19.9	20.5
牛、羊奶产量	60.6	65.3	63.8
羊毛产量	72.6	69.8	71.0
水产品产量	4.5	5.0	5.2
专任教师总数	38.6	38.1	38.4
在校学生总数	41.2	41.0	41.8
医院、卫生院数	56.2	53.3	52.3
医院、卫生院床位数	38.9	39.0	39.0
医院、卫生院技术人员数		37.8	38.4
地方财政收入	34.0	33.8	33.1
财政支出	41.1	40.6	40.5
年末各项存款余额		30.4	30.0
农村居民人均纯收入	64.6	69.6	70.5

第三部分

地 区 篇

一、农业与国民经济

1—1　分地区从业人员按产业分的就业状况

（1999年）

单位：万人、%

	从业人员	第一产业	第二产业	第三产业
全　国	70586.0	35364.0	16235.0	18987.0
东部沿海10省市	23263.3	10014.8	6391.2	6857.3
西部12省区市	18139.9	11491.8	2367.3	4280.8
内蒙古	1017.0	555.4	172.5	289.1
广　西	2481.5	1622.4	256.5	602.6
重　庆	1639.4	958.9	249.3	431.2
四　川	4482.3	2747.1	633.8	1101.4
贵　州	1975.9	1432.9	185.2	357.9
云　南	2273.4	1677.1	211.9	384.4
西　藏	122.2	92.7	6.0	23.5
陕　西	1780.9	1016.4	304.0	460.5
甘　肃	1185.6	698.2	169.3	318.2
青　海	241.2	146.9	33.7	60.6
宁　夏	270.8	158.5	46.4	65.9
新　疆	669.6	385.2	98.9	185.6
		构成(%)		
全　国	100.0	50.1	23.0	26.9
东部沿海10省市	100.0	43.0	27.5	29.5
西部12省区市	100.0	63.4	13.1	23.6
内蒙古	100.0	54.6	17.0	28.4
广　西	100.0	65.4	10.3	24.3
重　庆	100.0	58.5	15.2	26.3
四　川	100.0	61.3	14.1	24.6
贵　州	100.0	72.5	9.4	18.1
云　南	100.0	73.8	9.3	16.9
西　藏	100.0	75.9	4.9	19.2
陕　西	100.0	57.1	17.1	25.9
甘　肃	100.0	58.9	14.3	26.8
青　海	100.0	60.9	14.0	25.1
宁　夏	100.0	58.5	17.1	24.3
新　疆	100.0	57.5	14.8	27.7

1—2 分地区从业人员按城乡分的就业状况

(1999 年)

单位:万人、%

	从业人员	城 镇	乡 村
全 国	70586.0	21014.0	49572.0
东部沿海10省市	23263.3	6780.0	16483.0
西部12省区市	18139.9	3604.0	14536.2
内蒙古	1017.0	396.0	621.0
广 西	2481.5	401.2	2080.3
重 庆	1639.4	296.5	1343.0
四 川	4482.3	684.1	3798.2
贵 州	1975.9	247.7	1728.2
云 南	2273.4	362.2	1911.3
西 藏	122.2	21.3	100.9
陕 西	1780.9	455.0	1326.0
甘 肃	1185.6	266.4	919.4
青 海	241.2	67.9	173.3
宁 夏	270.8	78.8	192.1
新 疆	669.6	326.9	342.7
		构成(%)	
全 国	100.0	29.8	70.2
东部沿海10省市	100.0	29.1	70.9
西部12省区市	100.0	19.9	80.1
内蒙古	100.0	38.9	61.1
广 西	100.0	16.2	83.8
重 庆	100.0	18.1	81.9
四 川	100.0	15.3	84.7
贵 州	100.0	12.5	87.5
云 南	100.0	15.9	84.1
西 藏	100.0	17.4	82.6
陕 西	100.0	25.5	74.5
甘 肃	100.0	22.5	77.5
青 海	100.0	28.2	71.8
宁 夏	100.0	29.1	70.9
新 疆	100.0	48.8	51.2

1—3　分地区按产业分的国内生产总值

（1999 年）

	国内生产总值（亿元）	第一产业	第二产业	第三产业	人均国内生产总值（元）
全　国	81910.9	14457.2	40417.9	27035.9	6534
东部沿海10省市	49139.7	6071.9	24051.2	19016.6	10807
西部12省区市	15354.0	3652.4	6297.0	5404.6	4302
内蒙古	1268.2	342.9	515.5	409.8	5389
广　西	1953.3	554.5	695.8	703.0	4161
重　庆	1479.7	284.3	604.4	591.0	4824
四　川	3711.6	941.0	1556.7	1213.9	4356
贵　州	911.9	267.6	348.6	295.7	2475
云　南	1855.7	412.2	825.1	618.5	4452
西　藏	105.6	34.2	24.0	47.4	4158
陕　西	1487.6	267.5	641.9	578.2	4124
甘　肃	932.0	191.2	423.8	317.0	3682
青　海	238.4	40.5	97.9	100.0	4707
宁　夏	241.5	48.0	102.7	90.8	4468
新　疆	1168.6	268.5	460.7	439.3	6638
			构成（%）		
全　国	100.0	17.6	49.3	33.0	
东部沿海10省市	100.0	12.4	48.9	38.7	
西部12省区市	100.0	23.8	41.0	35.2	
内蒙古	100.0	27.0	40.6	32.3	
广　西	100.0	28.4	35.6	36.0	
重　庆	100.0	19.2	40.8	39.9	
四　川	100.0	25.4	41.9	32.7	
贵　州	100.0	29.3	38.2	32.4	
云　南	100.0	22.2	44.5	33.3	
西　藏	100.0	32.4	22.7	44.9	
陕　西	100.0	18.0	43.1	38.9	
甘　肃	100.0	20.5	45.5	34.0	
青　海	100.0	17.0	41.1	41.9	
宁　夏	100.0	19.9	42.5	37.6	
新　疆	100.0	23.0	39.4	37.6	

1—4 分地区最终消费及结构

（1999年）

单位：亿元

	最终消费	居民消费			政府消费
			农村居民	城镇居民	
全　国	49684.6	39398.6	18093.7	21304.9	10286.0
东部沿海10省市	23551.3	17637.4	7905.5	9732.0	5913.9
西部12省区市	9782.3	7499.6	4061.6	3438.1	2282.7
内蒙古	724.5	540.2	232.4	307.8	184.4
广　西	1342.9	978.8	566.4	412.5	364.1
重　庆	924.1	716.4	329.8	386.6	207.8
四　川	2247.2	1827.0	1103.4	723.6	420.2
贵　州	725.8	568.1	342.2	225.9	157.7
云　南	1256.5	975.3	668.7	306.6	281.2
西　藏	59.2	42.3	21.4	20.9	16.9
陕　西	903.8	683.5	337.7	345.8	220.3
甘　肃	547.8	419.2	195.8	223.4	128.6
青　海	151.5	109.9	43.6	66.4	41.5
宁　夏	154.0	108.7	50.1	58.7	45.3
新　疆	745.2	530.4	170.2	360.1	214.8

1—4续表

	最终消费＝100		居民消费＝100	
	居民消费	政府消费	农村居民	城镇居民
全　国	79.3	20.7	45.9	54.1
东部沿海10省市	74.9	25.1	44.8	55.2
西部12省区市	76.7	23.3	54.2	45.8
内蒙古	74.6	25.4	43.0	57.0
广　西	72.9	27.1	57.9	42.1
重　庆	77.5	22.5	46.0	54.0
四　川	81.3	18.7	60.4	39.6
贵　州	78.3	21.7	60.2	39.8
云　南	77.6	22.4	68.6	31.4
西　藏	71.5	28.5	50.6	49.4
甘　肃	75.6	24.4	49.4	50.6
青　海	76.5	23.5	46.7	53.3
宁　夏	72.6	27.4	39.6	60.4
新　疆	70.6	29.4	46.1	53.9

1—5　分地区按经济类型分的全社会固定资产投资

(1999年)

单位:亿元

	合　计	国有经济	集体经济	个体经济	其他经济
全　国	29854.7	15947.8	4338.6	4195.7	5372.7
东部沿海10省市	17135.5	8036.1	3164.2	2060.2	3874.9
西部12省区市	5421.3	3333.6	518.2	906.2	663.3
内蒙古	348.2	215.5	25.6	64.8	42.3
广　西	578.8	300.1	44.3	170.2	64.1
重　庆	525.3	263.4	70.9	93.3	97.7
四　川	1224.4	652.6	169.3	209.1	193.3
贵　州	311.9	199.0	23.0	67.8	22.2
云　南	664.0	439.0	68.0	90.8	66.1
西　藏	53.6	51.0	0.6	1.8	0.1
陕　西	587.8	377.6	42.0	89.4	78.9
甘　肃	355.5	246.7	25.7	39.9	43.2
青　海	117.1	91.5	7.0	8.8	9.8
宁　夏	128.1	78.5	12.8	17.6	19.1
新　疆	526.7	418.6	28.9	52.7	26.5
			构成(%)		
全　国	100.0	53.4	14.5	14.1	18.0
东部沿海10省市	100.0	46.9	18.5	12.0	22.6
西部12省区市	100.0	61.5	9.6	16.7	12.2
内蒙古	100.0	61.9	7.4	18.6	12.1
广　西	100.0	51.9	7.7	29.4	11.1
重　庆	100.0	50.2	13.5	17.8	18.6
四　川	100.0	53.3	13.8	17.1	15.8
贵　州	100.0	63.8	7.4	21.7	7.1
云　南	100.0	66.1	10.2	13.7	10.0
西　藏	100.0	95.3	1.1	3.3	0.2
陕　西	100.0	64.2	7.1	15.2	13.4
甘　肃	100.0	69.4	7.2	11.2	12.1
青　海	100.0	78.1	6.0	7.5	8.4
宁　夏	100.0	61.3	10.0	13.8	14.9
新　疆	100.0	79.5	5.5	10.0	5.0

1—6 分地区地方财政收入决算情况

(1999年)

单位:万元

	财政收入合计	# 农业税收入	占财政收入的比重%
全　国	55948652	1602763	2.9
东部沿海10省市	32854690	483202	1.5
西部12省区市	10289426	507573	4.9
内蒙古	865714	79491	9.2
广　西	1335647	52755	3.9
重　庆	767341	42799	5.6
四　川	2114756	135222	6.4
贵　州	742618	41295	5.6
云　南	1726690	43864	2.5
西　藏	45731		0.0
陕　西	1064033	43240	4.1
甘　肃	583657	25591	4.4
青　海	141736	4091	2.9
宁　夏	188393	9153	4.9
新　疆	713110	30072	4.2

1—7 分地区地方财政支出决算情况

(1999年)

单位:万元

	财政支出合　计	#支援农业生产支出	#农业综合开发支出	#农林水利气象等部门事业费	支援农业支出占财政支出的比重%
全　国	89911780	2134268	906161	3047694	6.8
东部沿海10省市	44787128	995139	379649	1204041	5.8
西部12省区市	21663587	643365	252918	929090	8.4
内蒙古	1997964	60257	27495	131096	11.0
广　西	2249775	75743	23443	75791	7.8
重　庆	1502365	20497	23230	35564	5.3
四　川	3634981	80785	56362	149722	7.9
贵　州	1707166	49356	17295	69235	8.0
云　南	3780468	170307	27294	168257	9.7
西　藏	532544	14218	6741	17847	7.3
陕　西	2065173	73192	21865	85366	8.7
甘　肃	1477826	37438	11806	70785	8.1
青　海	557191	12667	7392	23157	7.8
宁　夏	495346	18140	8344	26940	10.8
新　疆	1662788	30765	21651	75330	7.7

1—8　分地区按销售单位所在地分的社会消费品零售总额

(1999年)

单位:亿元

	社会消费品零售总额	市	县	县以下	构成(%) 市	县	县以下
全　国	31134.7	19091.6	3892.5	8150.6	61.3	12.5	26.2
东部沿海10省市	18398.2	11998.0	1541.8	4858.4	65.2	8.4	26.4
西部12省区市	5454.3	2977.2	1020.4	1456.7	54.6	18.7	26.7
内蒙古	437.4	261.3	104.5	71.6	59.7	23.9	16.4
广　西	791.3	381.4	157.9	252.0	48.2	20.0	31.8
重　庆	596.3	331.6	82.0	182.7	55.6	13.8	30.6
四　川	1382.6	654.0	239.2	489.4	47.3	17.3	35.4
贵　州	313.8	176.8	62.8	74.2	56.3	20.0	23.6
云　南	539.0	283.4	129.7	125.9	52.6	24.1	23.4
西　藏							
陕　西	557.0	363.4	96.0	97.6	65.2	17.2	17.5
甘　肃	331.6	212.0	53.2	66.4	63.9	16.0	20.0
青　海	75.2	45.7	18.3	11.2	60.8	24.3	14.9
宁　夏	82.7	53.6	15.3	13.8	64.8	18.5	16.7
新　疆	347.4	214.0	61.5	71.9	61.6	17.7	20.7

1—9　分地区进出口商品总额及构成

(1999年)

单位:亿美元

	进出口	出　口	进　口	构成(%) 出　口	进　口
全　国	3606.5	1949.3	1657.2	54.0	46.0
东部沿海10省市	3247.5	1755.9	1491.6	54.1	45.9
西部12省区市	149.5	78.0	71.5	52.2	47.8
内蒙古	12.7	6.9	5.8	54.3	45.7
广　西	18.7	12.2	6.5	65.2	34.8
重　庆	13.2	5.3	7.9	40.2	59.8
四　川	27.3	11.6	15.7	42.5	57.5
贵　州	6.6	4.0	2.6	60.6	39.4
云　南	17.2	9.2	8.0	53.5	46.5
西　藏	1.6	0.8	0.8	50.0	50.0
陕　西	20.8	10.2	10.6	49.0	51.0
甘　肃	5.6	3.8	1.8	67.9	32.1
青　海	1.9	1.2	0.7	63.2	36.8
宁　夏	4.0	2.8	1.2	70.0	30.0
新　疆	19.9	10.0	9.9	50.3	49.7

1—10 分地区交通运输、邮电、文教卫生发展情况

(1999 年)

单位:公里

	国家铁路营业里程	公路里程	学校数(所)		卫生机构(个)
			普通中学	小学	
全国	57922.5	1351691	77213	582291	310996
东部沿海10省市	14671.0	410756	26828	163199	114194
西部12省区市	21346.8	532650	21725	199993	115937
内蒙古	5011.5	63824	1710	10849	7537
广西	2012.8	51378	3012	16155	13319
重庆	591.4	28086	1552	15223	9625
四川	2289.6	89318	4375	45133	32633
贵州	1653.5	33973	1896	18508	9703
云南	1872.5	102405	2225	22705	11875
西藏		22475	97	820	1254
陕西	1940.7	43212	2586	34336	10563
甘肃	2322.8	36212	1667	22560	8976
青海	1091.8	18268	448	3448	2406
宁夏	711.7	10015	432	3460	1438
新疆	1848.5	33484	1725	6796	6608

1—11 分地区民族自治地方人口

(1999 年底)

单位:万人

	总人口	# 少数民族人口	少数民族人口占自治地方总人口比重%
全国	16682.6	7591.4	45.5
内蒙古	2361.9	487.3	20.6
广西	4713.0	1789.2	38.0
重庆	289.5	163.2	56.4
四川	594.7	323.9	54.5
贵州	1475.1	833.6	56.5
云南	2050.6	1109.4	54.1
西藏	256.0	240.7	94.0
甘肃	308.9	170.8	55.3
青海	303.2	178.1	58.7
宁夏	543.3	186.6	34.3
新疆	1775.0	1087.8	61.3

第三部分

地 区 篇

二、农村基本情况与农业生产条件

2—1　分地区农村基本情况

（1999年）

	乡镇个数（个）	1. 乡个数（个）	2. 镇个数（个）	村民委员会（个）	乡村户数（万户）	乡村人口（万人）
全　国	44741	25557	19184	737429	23811	92216
东部沿海10省市	12997	5359	7638	280463	8983	33011
西部12省区市	18145	12294	5851	215332	6959	27828
内蒙古	1496	1189	307	13925	344	1378
广　西	1360	642	718	14837	894	3983
重　庆	1465	828	637	20630	711	2443
四　川	5039	3337	1702	55044	1960	6941
贵　州	1464	779	685	25748	719	3061
云　南	1565	1149	416	13428	817	3409
西　藏	720	623	97	6406	37	215
陕　西	1963	1105	858	31477	687	2756
甘　肃	1536	1342	194	17818	444	2021
青　海	430	390	40	4056	68	334
宁　夏	299	238	61	2607	81	381
新　疆	808	672	136	9356	196	906

2—2　分地区农村劳动力及构成

（1999年，按性别分）

单位：万人

	乡村劳动力			构成%		
		男劳动力	女劳动力	合　计	男劳动力	女劳动力
全　国	46897	24996	21901	100.0	53.3	46.7
东部沿海10省市	16483	8753	7730	100.0	53.1	46.9
西部12省区市	14536	7700	6836	100.0	53.0	47.0
内蒙古	621	353	267	100.0	56.9	43.1
广　西	2080	1094	987	100.0	52.6	47.4
重　庆	1343	718	625	100.0	53.4	46.6
四　川	3798	2000	1798	100.0	52.6	47.4
贵　州	1728	908	821	100.0	52.5	47.5
云　南	1911	990	921	100.0	51.8	48.2
西　藏	101	51	50	100.0	50.6	49.4
陕　西	1326	726	600	100.0	54.8	45.2
甘　肃	919	483	436	100.0	52.6	47.4
青　海	173	89	85	100.0	51.1	48.9
宁　夏	192	102	90	100.0	53.0	47.0
新　疆	343	188	155	100.0	54.8	45.2

2－2 续表 （1999年，按产业分） 单位：万人

	农林牧渔业	工 业	建筑业	交通运输仓储及邮电通讯业	批发零售贸易和餐饮业	其他行业
全 国	32911.8	3953.0	2531.9	1115.8	1584.6	4799.3
东部沿海10省市	9889.4	2396.8	1189.2	531.4	743.2	1733.1
西部12省区市	11295.7	534.0	573.8	237.0	339.9	1555.7
内蒙古	525.6	16.4	19.4	10.3	13.2	36.2
广 西	1603.4	61.3	79.0	31.8	47.0	257.9
重 庆	955.1	57.7	71.8	17.9	30.8	209.8
四 川	2735.1	169.5	193.7	51.3	101.8	546.8
贵 州	1427.4	62.3	29.9	17.6	28.8	162.1
云 南	1654.9	51.3	49.0	35.2	34.1	86.8
西 藏	91.8	1.3	1.6	1.7	1.4	3.2
陕 西	1008.9	63.7	71.9	34.4	43.8	103.3
甘 肃	689.8	30.2	40.0	18.7	19.3	121.5
青 海	144.0	6.1	4.4	4.5	3.6	10.6
宁 夏	152.8	6.7	9.1	7.1	6.2	10.2
新 疆	307.0	7.5	4.3	6.7	10.0	7.3
	占乡村实有劳动力的比重(%)					
全 国	70.2	8.4	5.4	2.4	3.4	10.2
东部沿海10省市	60.0	14.5	7.2	3.2	4.5	10.5
西部12省区市	77.7	3.7	3.9	1.6	2.3	10.7
内蒙古	84.6	2.6	3.1	1.7	2.1	5.8
广 西	77.1	2.9	3.8	1.5	2.3	12.4
重 庆	71.1	4.3	5.3	1.3	2.3	15.6
四 川	72.0	4.5	5.1	1.4	2.7	14.4
贵 州	82.6	3.6	1.7	1.0	1.7	9.4
云 南	86.6	2.7	2.6	1.8	1.8	4.5
西 藏	90.9	1.3	1.5	1.7	1.4	3.1
陕 西	76.1	4.8	5.4	2.6	3.3	7.8
甘 肃	75.0	3.3	4.4	2.0	2.1	13.2
青 海	83.1	3.5	2.6	2.6	2.1	6.1
宁 夏	79.6	3.5	4.7	3.7	3.2	5.3
新 疆	89.6	2.2	1.2	2.0	2.9	2.1

2—3　分地区农村居民劳动力情况

（1999年）

单位：人/户

	常住人口	#劳动力人数	劳动力负担系数	职工人数	乡村企业从业人数	外出劳动人数
全　国	4.25	2.77	1.53	0.07	0.12	0.24
东部沿海10省市	4.04	2.73	1.48	0.12	0.27	0.26
西部12省区市	4.52	2.84	1.59	0.05	0.03	0.21
内蒙古	4.12	2.69	1.53	0.03	0.00	0.09
广　西	4.87	3.02	1.61	0.04	0.01	0.32
重　庆	3.71	2.62	1.42	0.04	0.04	0.34
四　川	3.92	2.68	1.46	0.02	0.06	0.38
贵　州	4.50	2.78	1.62	0.03	0.01	0.21
云　南	4.59	2.96	1.55	0.03	0.02	0.05
西　藏	6.84	4.26	1.60	0.83	0.01	0.03
陕　西	4.41	2.65	1.66	0.06	0.04	0.20
甘　肃	4.86	2.93	1.66	0.04	0.05	0.22
青　海	5.70	3.38	1.69	0.03	0.01	0.04
宁　夏	4.76	2.83	1.68	0.04	0.05	0.22
新　疆	5.35	2.89	1.85	0.03	0.00	0.03

2—4　分地区农村居民劳动力文化程度

（1999年）

平均每百个劳动力中　　单位：人

	文盲或半文盲	小学程度人数	初中程度人数	高中程度人数	中专程度人数	大专及以上人数
全　国	8.96	33.65	46.06	9.38	1.57	0.40
东部沿海10省市	5.34	30.54	49.84	11.27	2.36	0.65
西部12省区市	15.59	37.65	38.32	7.27	0.96	0.21
内蒙古	9.13	34.04	44.87	10.30	1.21	0.45
广　西	5.98	36.60	46.00	9.79	1.44	0.20
重　庆	6.72	45.56	42.00	4.81	0.81	0.10
四　川	9.27	40.78	43.34	5.67	0.80	0.13
贵　州	22.43	37.50	34.49	4.57	0.97	0.05
云　南	19.91	44.05	30.71	4.54	0.73	0.06
西　藏	61.73	34.51	3.62	0.10	0.05	
陕　西	10.56	26.71	47.88	13.28	1.02	0.54
甘　肃	24.79	30.95	33.51	9.69	0.85	0.21
青　海	32.23	37.56	24.68	4.99	0.44	0.10
宁　夏	20.12	29.59	39.76	10.12	0.35	0.06
新　疆	10.36	46.42	35.00	6.11	1.66	0.44

2—5 分地区土地利用面积及人均占有情况

单位：千公顷

	耕 地	林 地	牧草地	水 域	未利用土地
全 国	130039.2	227608.7	266064.8	42308.8	245087.9
东部沿海10省市	31785.9	35980.0	1253.3	10688.2	10270.3
西部12省区市	49573.4	118613.2	260281.3	19113.7	216114.9
内蒙古	8201.0	19987.2	68024.9	1690.4	15057.9
广 西	4407.9	11443.3	806.7	798.2	5158.3
重 庆		2974.8	237.6	265.8	1515.9
四 川	9169.1	19043.9	13751.0	1116.0	5769.7
贵 州	4903.5	7547.0	1696.5	194.7	2698.8
云 南	6421.6	21792.7	791.8	604.5	7298.2
西 藏	362.6	12661.2	64466.7	5606.7	37049.2
陕 西	5140.5	9398.9	3179.6	399.1	1170.4
甘 肃	5024.7	4660.7	12912.6	501.0	16114.4
青 海	688.0	2436.4	40343.6	3158.8	24841.1
宁 夏	1268.8	266.2	2467.9	148.0	821.0
新 疆	3985.7	6400.9	51602.4	4630.5	98620.0
			人均占有土地面积(亩/人)		
全 国	1.6	2.8	3.3	0.5	3.0
东部沿海10省市	1.1	1.2	…	0.4	0.3
西部12省区市	2.1	5.1	11.3	0.8	9.3
内蒙古	5.4	13.1	44.5	1.1	9.8
广 西	1.4	3.8	0.3	0.3	1.7
重 庆	0.0	1.5	0.1	0.1	0.8
四 川	1.2	2.5	1.8	0.1	0.8
贵 州	2.1	3.2	0.7	0.1	1.1
云 南	2.4	8.1	0.3	0.2	2.7
西 藏	2.2	78.5	399.6	34.8	229.6
陕 西	2.2	4.0	1.4	0.2	0.5
甘 肃	3.1	2.9	7.9	0.3	9.9
青 海	2.1	7.5	124.9	9.8	76.9
宁 夏	3.7	0.8	7.2	0.4	2.4
新 疆	3.6	5.7	46.2	4.1	88.3

注：资料来源于国土资源部《中国土地资源调查》。

2—6　分地区农村居民经营耕地面积

（1999 年）

单位：亩/人

	经营耕地面积	#承包耕地面积	所占比重％	#自留地面积	所占比重％
全　国	2.07	1.91	92.63	0.09	4.55
东部沿海 10 省市	1.43	1.34	94.06	0.06	4.49
西部 12 省区市	2.38	2.15	90.23	0.12	5.19
内蒙古	7.16	6.90	96.32	0.10	1.36
广　西	1.29	1.02	79.01	0.09	7.21
重　庆	1.02	0.94	91.90	0.08	7.75
四　川	1.05	0.93	88.66	0.09	8.90
贵　州	1.08	0.89	82.40	0.13	11.88
云　南	1.54	1.25	81.08	0.16	10.63
西　藏	2.19	2.14	97.80	0.05	2.20
陕　西	2.25	2.10	93.57	0.06	2.73
甘　肃	2.78	2.53	90.84	0.21	7.40
青　海	2.81	2.25	80.21	0.20	7.22
宁　夏	3.83	3.34	87.20	0.26	6.76
新　疆	4.28	3.91	91.29	0.16	3.63

2—6 续表

单位：亩/人

	经营山地面积	#承包山地面积	所占比重％	#自留山面积	#植树造林面积
全　国	0.47	0.28	59.09	0.13	0.11
东部沿海 10 省市	0.27	0.13	48.39	0.12	0.05
西部 12 省区市	0.75	0.48	63.53	0.13	0.22
内蒙古	1.58	0.18	11.29	0.02	2.01
广　西	0.57	0.43	75.42	0.11	0.23
重　庆	0.27	0.09	32.94	0.18	0.01
四　川	0.27	0.10	38.11	0.16	0.05
贵　州	0.34	0.21	60.80	0.11	0.03
云　南	1.13	0.66	58.19	0.39	0.07
西　藏					
陕　西	0.52	0.41	79.15	0.10	0.05
甘　肃	0.34	0.28	83.65	0.05	0.02
青　海	6.96	6.95	99.96		
宁　夏	0.04	0.04	100.00		
新　疆	0.01	0.01	91.15		

2—7 分地区农用机械年末拥有量

(1999年)

	农用机械总动力(万千瓦)	大中型拖拉机		小型拖拉机	
		万 台	万千瓦	万 台	万千瓦
全 国	48996.1	78.4	2772.8	1200.3	11008.9
东部沿海10省市	22252.8	30.4	1096.2	431.4	3810.1
西部12省区市	10106.9	19.1	700.7	233.4	2415.0
内蒙古	1241.5	3.1	134.0	40.9	433.8
广 西	1375.2	1.1	39.7	30.5	324.1
重 庆	558.5	0.1	1.1	1.5	16.4
四 川	1606.9	1.5	37.6	14.3	159.1
贵 州	555.4	1.2	31.2	5.8	54.1
云 南	1255.1	1.6	49.9	30.4	298.3
西 藏	99.6	0.2	7.7	2.5	22.9
陕 西	1010.8	2.3	72.5	20.2	223.6
甘 肃	969.9	1.3	50.9	31.6	322.1
青 海	241.9	0.3	11.0	15.9	136.0
宁 夏	377.9	0.4	15.0	14.9	146.7
新 疆	814.2	6.1	250.2	24.8	278.0

2—7 续表 1

	大中型拖拉机配套农具(万部)	小型拖拉机配套农具(万部)	农用水泵(万台)	农用排灌柴油机(万千瓦)	农用排灌电动机(万千瓦)
全 国	132.0	1621.0	1264.7	4934.6	4843.6
东部沿海10省市	55.7	546.1	606.5	2920.3	2591.7
西部12省区市	29.0	238.2	139.5	513.9	733.4
内蒙古	4.6	45.5	22.1	91.6	94.0
广 西	0.9	35.7	19.7	98.4	50.5
重 庆	0.0	0.6	10.5	38.4	45.6
四 川	0.6	13.2	33.0	167.9	127.6
贵 州	0.8	1.5	8.4	36.3	24.0
云 南	0.8	13.9	7.9	25.3	63.8
西 藏	0.1	1.1	0.0	1.1	1.1
陕 西	3.3	24.8	25.0	24.4	137.4
甘 肃	1.9	49.9	7.2	14.3	103.5
青 海	0.6	10.4	0.2	1.1	7.3
宁 夏	0.5	12.2	2.4	1.0	15.1
新 疆	14.9	29.3	3.2	14.0	63.7

2—7 续表 2

	联合收割机		机动收割机		机动脱粒机（万台）
	台	万千瓦	台	万千瓦	
全　国	226036	570.5	44969	40.9	834.0
东部沿海10省市	151460	277.2	18449	20.6	457.7
西部12省区市	22312	89.8	4223	2.1	101.5
内蒙古	4096	24.1	316	0.8	5.3
广　西	215	0.4	341	0.1	20.4
重　庆	33	0.1	412	0.1	10.2
四　川	2681	1.4	102		33.3
贵　州	30	0.1	128	0.1	0.7
云　南	360	0.5	39	0.1	9.2
西　藏	55	0.2	1641	0.2	0.6
陕　西	8005	21.6	220	0.1	13.7
甘　肃	1051	5.1	177	0.1	2.9
青　海	650	5.0	191	0.2	0.9
宁　夏	1346	3.8	59	0.1	1.8
新　疆	3790	27.8	597	0.3	2.6

2—7 续表 3

	渔用机动船		农用载重汽车		农用运输车（万辆）
	艘	万千瓦	万　辆	万千瓦	
全　国	417379	1253.1	93.4	6881.8	261.7
东部沿海10省市	330864	1123.3	41.3	2775.1	174.1
西部12省区市	17487	47.5	22.8	1889.8	30.3
内蒙古	41	0.1	1.6	124.8	1.5
广　西	12844	43.6	2.8	257.1	2.0
重　庆	1649	1.0	2.1	187.5	2.7
四　川	1556	1.0	5.0	387.0	6.7
贵　州	324	0.8	1.4	102.3	2.2
云　南	560	0.5	4.0	346.9	2.8
西　藏			0.6	49.2	0.6
陕　西	245	0.2	1.7	131.8	1.9
甘　肃	14		1.5	123.8	1.2
青　海	19	0.1	0.6	52.0	0.5
宁　夏	5		0.5	47.9	6.9
新　疆	230	0.2	1.1	79.6	1.4

2—8 分地区农田水利基本建设情况

（1999 年）

	乡村办水电站（个）	装机容量（万千瓦）	发电量（万千瓦）	农村用电量（亿千瓦小时）
全 国	31678	655.7	1853756.6	2173.4
东部沿海10省市	11871	356.1	939459.6	1464.8
西部12省区市	11045	177.1	619426.1	308.0
内蒙古	4	0.1	21.9	19.4
广 西	1213	14.8	38419.2	28.6
重 庆	839	21.2	74898.0	26.0
四 川	3121	79.7	319011.0	78.8
贵 州	795	14.1	34450.0	13.2
云 南	2217	26.3	113605.0	30.2
西 藏	222	1.4	2024.3	0.3
陕 西	2168	8.3	18160.0	49.5
甘 肃	208	2.8	5285.6	28.5
青 海	49	1.3	4521.0	2.1
宁 夏				7.8
新 疆	209	7.3	9030.2	23.4

2—8 续表　　单位:千公顷

	有效灌溉面积	旱涝保收面积	机电排灌面积	机电排灌面积占灌溉面积的比重%
全 国	53158	38586	35639	67.0
东部沿海10省市	19313	14630	16727	86.6
西部12省区市	14825	10072	5228	35.3
内蒙古	2249	1236	2012	89.5
广 西	1478	1161	272	18.4
重 庆	621	318	191	30.8
四 川	2428	1681	622	25.6
贵 州	644	535	72	11.2
云 南	1374	826	199	14.5
西 藏	151	85	11	7.2
陕 西	1309	895	845	64.5
甘 肃	973	590	369	37.9
青 海	190	81	17	8.8
宁 夏	344	285	53	15.4
新 疆	3065	2379	565	18.4

2—9　分地区农用化肥施用量

（1999 年）

单位：万吨

	农用化肥施用量	氮　肥	磷　肥	钾　肥	复合肥
全　国	4124.3	2180.9	697.8	365.6	880.0
东部沿海10省市	1588.4	866.8	218.6	139.2	363.8
西部12省区市	983.4	539.0	176.7	74.4	193.4
内蒙古	76.0	45.0	13.2	2.8	15.0
广　西	153.8	55.2	22.4	35.3	40.8
重　庆	71.0	45.8	15.6	2.5	7.0
四　川	210.3	124.2	40.4	9.3	36.4
贵　州	67.7	41.2	10.5	4.6	11.4
云　南	90.5	52.9	15.3	7.8	14.5
西　藏	2.7	1.3	0.4	0.2	0.9
陕　西	132.0	75.1	17.7	6.9	32.4
甘　肃	64.5	30.9	18.4	2.4	12.8
青　海	7.3	3.5	1.3	0.3	2.2
宁　夏	29.3	21.4	3.0	0.1	4.8
新　疆	78.3	42.5	18.4	2.4	15.1

2—10　分地区农用薄膜、柴油、农药使用量

（1999 年）

	农用塑料薄膜使用量（万吨）	#地膜使用量（万吨）	地膜覆盖面积（千公顷）	农用柴油使用量（万吨）	农药使用量（万吨）
全　国	125.9	69.4	10114.6	1354.3	132.2
东部沿海10省市	50.9	20.9	2698.8	754.3	63.8
西部12省区市	37.6	29.3	4824.2	265.9	20.1
内蒙古	3.5	3.0	612.9	29.5	0.9
广　西	1.6	1.0	199.4	37.9	4.3
重　庆	1.9	1.3	152.4	7.8	1.8
四　川	6.8	4.3	670.8	28.6	6.3
贵　州	2.0	1.1	149.4	3.3	0.9
云　南	3.6	2.6	369.4	40.7	2.0
西　藏	0.0	0.0	0.2	0.5	0.1
陕　西	2.8	2.3	505.6	45.8	1.1
甘　肃	6.0	5.0	823.9	19.2	1.1
青　海	0.1	0.0	5.9	4.1	0.2
宁　夏	0.5	0.3	93.3	10.0	0.2
新　疆	8.8	8.2	1241.1	38.6	1.3

2—11 分地区农作物受灾和成灾面积

(1999 年)

单位:千公顷

	受灾面积					比重(%)	
		旱 灾	水 灾	风雹灾	霜冻灾	旱 灾	水 灾
全 国	49981	30156	9020	3590	6626	60.3	18.0
东部沿海10省市	14911	8771	1836	1178	2537	58.8	12.3
西部12省区市	17505	10869	2872	1321	2437	62.1	16.4
内蒙古	3840	3470	52	157	161	90.4	1.4
广 西	2200	1020	372	20	786	46.4	16.9
重 庆	1850	952	387	249	265	51.5	20.9
四 川	976	351	468	86	71	36.0	48.0
贵 州	1230	362	529	155	182	29.4	43.0
云 南	1410	545	429	129	302	38.7	30.4
西 藏	37		22	2	13		58.9
陕 西	2520	2120	185	189	27	84.1	7.3
甘 肃	1810	1310	178	137	184	72.4	9.8
青 海	420	340	47	33		81.0	11.2
宁 夏	347	233	77	33	4	67.1	22.2
新 疆	865	166	126	131	442	19.2	14.6

2—11 续表

单位:千公顷

	成灾面积					比重(%)	
		旱 灾	水 灾	风雹灾	霜冻灾	旱 灾	水 灾
全 国	26731	16614	5071	2037	2690	62.1	19.0
东部沿海10省市	7744	4685	947	645	1149	60.5	12.2
西部12省区市	9214	5864	1534	734	1077	63.6	16.7
内蒙古	1980	1745	35	90	110	88.1	1.8
广 西	918	392	149	12	365	42.7	16.2
重 庆	820	437	198	88	97	53.3	24.1
四 川	512	171	281	47	13	33.4	54.9
贵 州	575	132	283	97	63	23.0	49.2
云 南	836	367	239	85	145	43.9	28.6
西 藏	22		16	1	5		72.4
陕 西	1490	1268	101	120	1	85.1	6.8
甘 肃	1060	867	70	86	32	81.8	6.6
青 海	217	177	27	13		81.6	12.4
宁 夏	261	187	48	24	2	71.6	18.4
新 疆	523	121	87	71	244	23.1	16.7

第三部分

地 区 篇

三、农业生产与成果

3－1　分地区主要农作物播种面积

（1999 年）

单位：千公顷

	农作物总播种面积	粮食作物	油料作物	棉　花	麻　类
全　国	156372.8	113161.0	13906.0	3725.6	205.0
东部沿海 10 省市	45674.6	33527.3	3193.4	942.1	10.7
西部 12 省区市	49540.6	35891.3	4059.9	1156.7	53.9
内蒙古	6077.0	4951.0	679.6	0.6	0.6
广　西	6289.4	3725.5	344.5	1.8	7.9
重　庆	3612.5	2882.1	197.2	1.2	4.7
四　川	9717.7	7296.7	891.1	94.1	27.1
贵　州	4612.5	3135.9	486.6	2.7	3.1
云　南	5484.2	4042.1	156.9	1.6	2.6
西　藏	230.4	200.8	17.1		
陕　西	4726.3	4027.0	308.2	27.7	1.0
甘　肃	3808.6	2910.7	339.3	31	2.1
青　海	571.0	344.8	192.4		
宁　夏	1031.1	835.8	119.9		0.1
新　疆	3379.9	1539.0	327.2	995.9	4.7

3－1 续表

单位：千公顷

	糖　料	烟　叶	药　材	蔬菜、瓜类	其他农作物
全　国	1643.8	1373.7	482.5	15110.8	6764.5
东部沿海 10 省市	256.8	161.8	86.6	6210.8	1285.1
西部 12 省区市	1056.0	790.7	165.8	3440.4	2925.9
内蒙古	65.7	7.1	13.1	205.4	154.0
广　西	552.9	21.2	16.8	875.6	743.2
重　庆	2.1	64.0	9.7	301.4	150.1
四　川	29.4	73.8	28.3	741.2	536.1
贵　州	16.3	224.3	10.2	339.2	394.1
云　南	287.2	328.3	11.0	309.8	344.6
西　藏				7.5	5.1
陕　西	1.8	49.6	15.3	248.9	47.0
甘　肃	18.7	19.1	47.0	199.4	241.3
青　海	0.0	0.1		14.0	19.8
宁　夏	3.4	0.4	2.6	42.1	26.8
新　疆	78.5	3.0	11.7	156.0	263.8

3—2 分地区主要农作物播种面积构成

（1999年）

单位：%

	农作物总播种面积	粮食作物	油料作物	棉 花	麻 类
全 国	100.0	72.4	8.9	2.4	0.1
东部沿海10省市	100.0	73.4	7.0	2.1	0.0
西部12省区市	100.0	72.4	8.2	2.3	0.1
内蒙古	100.0	81.5	11.2	…	…
广 西	100.0	59.2	5.5	…	0.1
重 庆	100.0	79.8	5.5	…	0.1
四 川	100.0	75.1	9.2	1.0	0.3
贵 州	100.0	68.0	10.6	0.1	0.1
云 南	100.0	73.7	2.9	…	…
西 藏	100.0	87.1	7.4		
陕 西	100.0	85.2	6.5	0.6	…
甘 肃	100.0	76.4	8.9	0.8	0.1
青 海	100.0	60.4	33.7		
宁 夏	100.0	81.1	11.6		…
新 疆	100.0	45.5	9.7	29.5	0.1

3—2续表

单位：%

	糖 料	烟 叶	药 材	蔬菜、瓜类	其他农作物
全 国	1.1	0.9	0.3	9.7	4.3
东部沿海10省市	0.6	0.4	0.2	13.6	2.8
西部12省区市	2.1	1.6	0.3	6.9	5.9
内蒙古	1.1	0.1	0.2	3.4	2.5
广 西	8.8	0.3	0.3	13.9	11.8
重 庆	0.1	1.8	0.3	8.3	4.2
四 川	0.3	0.8	0.3	7.6	5.5
贵 州	0.4	4.9	0.2	7.4	8.5
云 南	5.2	6.0	0.2	5.6	6.3
西 藏				3.3	2.2
陕 西	0.0	1.0	0.3	5.3	1.0
甘 肃	0.5	0.5	1.2	5.2	6.3
青 海	…	…		2.5	3.5
宁 夏	0.3	…	0.3	4.1	2.6
新 疆	2.3	0.1	0.3	4.6	7.8

3—3　分地区粮食播种面积和产量

（1999 年）

单位：千公顷、万吨、公斤/公顷

	粮食合计			一、谷物		
	播种面积	总产量	单　产	播种面积	总产量	单　产
全　国	113161.0	50838.6	4492.6	91616.7	45304.1	4945.0
东部沿海10省市	33527.3	17109.4	5103.1	29049.2	15594.5	5368.3
西部12省区市	35891.3	13375.9	3726.8	27032.9	11479.5	4246.5
内蒙古	4951.0	1428.5	2885.3	3309.4	1210.6	3658.1
广　西	3725.5	1575.0	4227.6	3029.7	1464.3	4833.1
重　庆	2882.1	1111.6	3856.9	1892.9	842.5	4450.8
四　川	7296.7	3551.4	4867.1	5612.6	2998.7	5342.8
贵　州	3135.9	1125.2	3588.2	2150.6	912.8	4244.4
云　南	4042.1	1399.3	3461.7	3118.0	1226.2	3932.8
西　藏	200.8	92.2	4593.0	188.8	88.8	4704.0
陕　西	4027.0	1081.6	2685.9	3172.4	960.1	3026.5
甘　肃	2910.7	814.9	2799.8	2230.5	663.8	2975.9
青　海	344.8	103.6	3004.7	248.1	77.9	3139.2
宁　夏	835.8	293.3	3509.4	626.4	259.1	4136.1
新　疆	1539.0	799.3	5193.7	1453.5	774.7	5329.8

3—3 续表 1

单位：千公顷、万吨、公斤/公顷

	（一）稻谷			（二）小麦		
	播种面积	总产量	单　产	播种面积	总产量	单　产
全　国	31283.5	19848.7	6344.8	28855.1	11388.0	3946.6
东部沿海10省市	9402.7	6244.0	6640.7	9873.1	4824.8	4886.9
西部12省区市	7430.3	4783.2	6437.5	8834.5	2516.0	2847.9
内蒙古	116.9	68.8	5887.9	937.9	273.1	2911.7
广　西	2388.7	1284.7	5378.3	19.8	2.6	1316.5
重　庆	788.6	531.8	6743.8	531.6	105.8	1990.2
四　川	2176.0	1687.8	7756.3	1818.3	543.0	2986.4
贵　州	748.0	457.7	6119.4	596.3	107.6	1804.5
云　南	903.0	551.7	6109.7	724.9	158.4	2185.1
西　藏	1.0	0.6	5436.9	54.7	31.2	5700.7
陕　西	154.6	86.1	5569.6	1589.5	405.5	2551.2
甘　肃	7.0	5.5	7752.5	1222.7	320.3	2619.8
青　海				182.9	59.4	3246.2
宁　夏	71.0	65.7	9258.7	267.5	78.2	2923.7
新　疆	75.6	42.9	5677.6	888.5	430.9	4849.7

3—3 续表 2

单位：千公顷、万吨、公斤/公顷

	(三)玉米			(四)谷子		
	播种面积	总产量	单　产	播种面积	总产量	单　产
全　国	25903.7	12808.6	4944.7	1328.9	231.8	1744.1
东部沿海10省市	8199.3	4137.8	5046.5	465.5	98.3	2111.4
西部12省区市	8185.6	3661.3	4472.9	414.8	51.6	1244.7
内蒙古	1571.6	771.4	4908.5	207.1	29.2	1409.7
广　西	594.0	171.6		5.0	0.7	1411.3
重　庆	519.9	191.2				
四　川	1359.2	640.0				
贵　州	725.6	334.8		5.5	0.7	1282.1
云　南	1159.6	459.5	3962.8	0.1	0.0	909.1
西　藏	3.0	1.4	4752.5			
陕　西	1123.4	440.4	3920.2	105.8	9.0	850.7
甘　肃	531.2	255.2	4803.9	70.4	10.6	1508.1
青　海	2.5	2.2	8825.9			
宁　夏	162.7	107.6	6613.4	18.9	1.1	581.7
新　疆	432.9	286.0	6606.5	2.0	0.3	1485.1

3—3 续表 3

单位：千公顷、万吨、公斤/公顷

	二、豆类			#大豆		
	播种面积	总产量	单　产	播种面积	总产量	单　产
全　国	11189.5	1894.0	1692.6	7962.0	1424.5	1789.2
东部沿海10省市	2225.4	404.8	1819.1	1741.7	318.3	1827.7
西部12省区市	3771.8	489.8	1298.5	1922.0	242.8	1263.3
内蒙古	1059.8	107.2	1011.5	736.8	82.5	1119.7
广　西	351.7	43.3	1231.1	275.9	35.1	1272.1
重　庆	194.4	21.9	1126.6	74.2	6.8	916.6
四　川	402.0	78.9	1962.5	137.9	29.2	2117.5
贵　州	319.2	38.5	1206.3	142.2	18.1	1272.7
云　南	539.9	74.7	1383.8	111.4	13.9	1245.1
西　藏	11.8	3.3	2826.8	0.3	0.1	3214.3
陕　西	438.5	41.4	944.2	273.2	29.3	1072.3
甘　肃	247.9	44.4	1789.4	86.2	12.5	1445.2
青　海	52.7	11.0	2081.7			
宁　夏	85.9	9.3	1083.2	40.5	4.2	1036.3
新　疆	68.1	15.9	2334.1	43.4	11.2	2580.6

3－3 续表 4

单位：千公顷、万吨、公斤/公顷

	三、薯类（折粮）			#马铃薯（折粮）		
	播种面积	总产量	单　产	播种面积	总产量	单　产
全　国	10354.8	3640.6	3515.8	4417.7	1122.1	2540.1
东部沿海 10 省市	2252.8	1110.0	4927.4	555.4	191.7	3451.3
西部 12 省区市	5086.6	1406.6	2765.4	2843.9	680.3	2392.1
内蒙古	581.8	110.7	1902.6	576.8	109.0	1889.7
广　西	344.0	67.4	1959.1			
重　庆	794.8	247.2	3110.1	312.3	80.2	2568.3
四　川	1282.1	473.8	3695.5	301.0	94.6	3142.9
贵　州	666.1	173.9	2610.8	449.6	113.4	2522.1
云　南	384.2	98.3	2558.6	279.5	77.7	2779.9
西　藏	0.2	0.1	3750.0	0.2	0.1	6250.0
陕　西	416.1	80.1	1924.8	307.3	50.1	1630.4
甘　肃	432.3	106.8	2470.6	432.3	106.8	2470.6
青　海	44.1	14.8		44.1	14.8	3349.2
宁　夏	123.5	24.9	2016.8	123.5	24.9	2016.8
新　疆	17.3	8.7	5017.3	17.3	8.7	5017.3

3－4　分地区油料作物播种面积和产量

（1999 年）

单位：千公顷、吨、公斤/公顷

	油料合计			#花生		
	播种面积	总产量	单　产	播种面积	总产量	单　产
全　国	13906.0	26011526	1870.5	4268.2	12638539	2961.1
东部沿海 10 省市	3193.4	8267143	2588.8	2000.9	6184022	3090.7
西部 12 省区市	4059.9	5984581	1474.1	576.9	1124376	1949.2
内蒙古	679.6	1008867	1484.6	4.8	6909	1427.5
广　西	344.5	547284	1588.8	226.7	448766	1979.9
重　庆	197.2	240859	1221.7	35.3	60098	1702.5
四　川	891.1	1516368	1701.6	193.2	412329	2134.7
贵　州	486.6	673077	1383.2	40.8	68280	1673.1
云　南	156.9	206212	1314.0	38.5	47768	1241.0
西　藏	17.1	41212	2407.2	0.1	121	2021.7
陕　西	308.2	319218	1035.9	31.8	66849	2103.5
甘　肃	339.3	437919	1290.6	3.1	3507	1116.9
青　海	192.4	285000	1481.6			
宁　夏	119.9	103928	866.6			
新　疆	327.2	604637	1848.0	2.6	9749	3735.2

3—4 续表

单位：千公顷、吨、公斤/公顷

	油菜籽			向日葵籽		
	播种面积	总产量	单　产	播种面积	总产量	单　产
全　国	6898.8	10131805	1468.6	1130.9	1764671	1560.4
东部沿海10省市	933.7	1910972	2046.7	87.0	60099	690.6
西部12省区市	2262.1	3142792	1389.3	609.6	1165646	1912.2
内蒙古	175.2	184617	1054.1	351.1	715518	2038.2
广　西	106.9	88572	828.5			
重　庆	151.8	173302	1141.6	3.4	2727	802.1
四　川	689.9	1094562	1586.6	1.9	2855	1534.9
贵　州	437.7	594157	1357.4	5.6	5291	944.8
云　南	100.0	145434	1454.2	4.5	6229	1381.2
西　藏	17.1	41091	2408.6			
陕　西	153.5	167523	1091.6	49.3	28047	569.3
甘　肃	136.0	211048	1551.8	12.8	20249	1577.0
青　海	186.2	278508	1496.1			
宁　夏	0.3	269	896.7	19.5	27800	1426.4
新　疆	107.7	163709	1520.8	161.5	356930	2209.5

3—5　分地区棉花、麻类播种面积和产量

(1999年)

单位：千公顷、吨、公斤/公顷

	棉　花			麻　类		
	播种面积	总产量	单　产	播种面积	总产量	单　产
全　国	3725.6	3828849	1027.7	205.0	471723	2301.1
东部沿海10省市	942.1	862832	915.9	10.7	28365	2663.4
西部12省区市	1156.7	1497818	1294.9	53.9	94495	1752.8
内蒙古	0.6	1766	2895.1	0.6	302	487.1
广　西	1.8	843	468.3	7.9	15777	2002.2
重　庆	1.2	648	553.8	4.7	6826	1440.1
四　川	94.1	75905	807.1	27.1	39444	1457.1
贵　州	2.7	1364	499.6	3.1	3553	1153.6
云　南	1.6	640	392.6	2.6	2085	808.1
西　藏						
陕　西	27.7	19518	703.6	1.0	906	897.0
甘　肃	31	43134	1390.5	2.1	2041	976.6
青　海						
宁　夏				0.1	195	1392.9
新　疆	995.9	1354000	1359.5	4.7	23366	4971.5

3－5续表

单位：千公顷、吨、公斤/公顷

	#黄红麻			#苎　麻		
	播种面积	总产量	单　产	播种面积	总产量	单　产
全　国	64.8	164474	2540.1	74.1	119517	1613.1
东部沿海10省市	8.7	24453	2807.5	1.2	2754	2333.9
西部12省区市	15.0	28037	1867.9	27.0	37078	1373.3
内蒙古						
广　西	6.8	13764	2024.1	1.1	2013	1863.9
重　庆	0.8	657	864.5	4.0	6153	1553.8
四　川	7.1	12516	1772.8	19.3	26343	1362.1
贵　州	0.3	1030	3029.4	2.0	2107	1048.3
云　南	0.1	66	1320.0	0.2	104	495.2
西　藏						
陕　西		4		0.4	358	895.0
甘　肃						
青　海						
宁　夏						
新　疆						

3－6　分地区糖料作物播种面积和产量

（1999年）

单位：千公顷、吨、公斤/公顷

	播种面积	糖料总产量			每公顷产量
		1998年	1999年	1999年比1998年增长	
全　国	801643.8	97904131	83341213	－14.9	50700.3
东部沿海10省市	256.8	21239001	16429045	－22.6	63971.0
西部12省区市	1056.0	63433599	55517774	－12.5	52574.1
内蒙古	65.7	2591624	1367821	－47.2	20831.9
广　西	552.9	35822959	32206377	－10.1	58247.8
重　庆	2.1	72824	75883	4.2	36134.8
四　川	29.4	1617302	1612877	－0.3	54934.5
贵　州	16.3	547880	568646	3.8	34864.9
云　南	287.2	15980938	15268898	－4.5	53168.4
西　藏					
陕　西	1.8	49637	18073	－63.6	10210.7
甘　肃	18.7	1309493	738484	－43.6	39427.9
青　海	0.0	643	733	14.0	
宁　夏	3.4	309234	117612	－62.0	34591.8
新　疆	78.5	5131065	3542370	－31.0	45102.8

3－6续表

单位:千公顷、吨、公斤/公顷

	1.甘　蔗			2.甜　菜		
	播种面积	总产量	单　产	播种面积	总产量	单　产
全　国	1302.8	74702658	57338.3	341.0	8638555	25334.5
东部沿海10省市	234.2	16078073	68654.0	22.6	350972	15509.1
西部12省区市	887.5	49729431	56031.9	168.5	5788343	34358.3
内蒙古				65.7	1367821	20831.9
广　西	552.9	32206377	58247.8			
重　庆	2.1	75883	36134.8			
四　川	29.2	1610413	55170.0	0.2	2464	14494.1
贵　州	16.3	568376	34977.0	0.1	270	4500.0
云　南	287.0	15265345	53194.9	0.2	3553	16919.0
西　藏						
陕　西	0.1	3037	33744.4	1.7	15036	8950.0
甘　肃				18.7	738484	39427.9
青　海				0.0	733	36650.0
宁　夏				3.4	117612	34591.8
新　疆				78.5	3542370	45102.8

3－7　分地区烟叶播种面积和产量

(1999年)

单位:千公顷、吨、公斤/公顷

	烟叶合计			其中:烤烟		
	播种面积	总产量	单　产	播种面积	总产量	单　产
全　国	1373.7	2469280	1797.5	1216.3	2185111	1796.5
东部沿海10省市	161.8	308896	1908.8	147.3	276132	1874.2
西部12省区市	790.7	1359869	1719.9	703.6	1214301	1725.8
内蒙古	7.1	16134	2282.0	6.1	14233	2321.9
广　西	21.2	32714	1543.1	9.5	13527	1431.4
重　庆	64.0	95653	1495.3	49.7	72005	1450.3
四　川	73.8	118612	1608.1	48.9	69415	1420.1
贵　州	224.3	348034	1551.9	204.3	323180	1582.0
云　南	328.3	626573	1908.6	318.3	609533	1915.2
西　藏						
陕　西	49.6	77823	1570.6	46.7	74585	1596.1
甘　肃	19.1	38065	1992.9	17.7	34189	1927.2
青　海	0.1	105	2100.0			
宁　夏	0.4	781	2002.6	0.4	781	2002.6
新　疆	3.0	5375	1768.1	2.1	2853	1358.6

3—8　分地区蔬菜、药材及其他农作物播种面积

（1999年）

单位：千公顷

	药材作物播种面积	蔬菜瓜类播种面积	#蔬　菜	其它农作物播种面积	#青饲料
全　国	482.5	15110.8	13346.9	6764.5	1848.7
东部沿海10省市	86.6	6210.8	5615.5	1285.1	157.7
西部12省区市	165.8	3440.4	3154.0	2925.9	1258.1
内蒙古	13.1	205.4	164.1	154.0	90.6
广　西	16.8	875.6	815.2	743.2	227.3
重　庆	9.7	301.4	292.6	150.1	80.0
四　川	28.3	741.2	717.4	536.1	319.4
贵　州	10.2	339.2	323.8	394.1	57.2
云　南	11.0	309.8	291.5	344.6	126.3
西　藏		7.5	7.4	5.1	4.7
陕　西	15.3	248.9	217.0	47.0	30.7
甘　肃	47.0	199.4	173.5	241.3	147.5
青　海		14.0	13.9	19.8	17.1
宁　夏	2.6	42.1	33.9	26.8	22.0
新　疆	11.7	156.0	103.7	263.8	135.5

3—9　分地区年末实有茶园、果园面积及产量

（1999年）

单位：千公顷、吨

	茶园面积	茶叶产量	果园面积	水果产量
全　国	1130.3	675871	8667.4	62376432
东部沿海10省市	325.3	295944	4219.9	33844923
西部12省区市	363.6	185585	2633.6	16026418
内蒙古			69.4	208067
广　西	24.6	18158	768.6	4051851
重　庆	23.1	14441	90.2	717046
四　川	79.6	52930	270.2	2345280
贵　州	42.0	18391	70.4	325724
云　南	163.0	75137	199.8	738302
西　藏	0.1	115	1.5	7154
陕　西	30.3	6215	649.3	4934916
甘　肃	0.9	198	305.0	1107397
青　海			5.3	24144
宁　夏			41.6	202343
新　疆			162.4	1364194

3—10 分地区分品种水果产量

(1999 年)

单位:吨

	苹 果	柑 桔	梨	葡 萄
全 国	20801641	10787059	7742331	2708127
东部沿海10省市	10687416	4741252	4520953	1445527
西部12省区市	5387681	2984353	1572483	846062
内蒙古	41757		111872	14867
广 西		1061790	67818	25455
重 庆	5688	526695	53376	9142
四 川	186798	1162243	272066	97005
贵 州	7010	112731	46114	9077
云 南	85919	89435	152099	15599
西 藏	5506		492	
陕 西	3992705	29588	432356	37669
甘 肃	629027	1871	222097	20150
青 海	15897		5931	106
宁 夏	170536		10114	6577
新 疆	246838		198148	610415

3—11 分地区主要林产品产量

(1999 年)

单位:吨

	生 漆	油桐籽	油茶籽	竹笋片	核 桃
全 国	5314	448323	792690	310480	274246
东部沿海10省市	129	23143	115280	228668	63448
西部12省区市	4284	285231	126577	33864	151992
内蒙古					
广 西	13	58972	108410	17086	331
重 庆	413	41294	837	1276	1580
四 川	1274	39626	4273	7886	23842
贵 州	984	113573	8010	3284	4988
云 南	407	19021	4780	3787	60452
西 藏					788
陕 西	1066	12297	267	530	33340
甘 肃	127	448	0	15	10612
青 海					162
宁 夏					118
新 疆					15779

3—12 分地区造林面积

(1999年)

单位:千公顷

	当年造林面积	按用途分				
		用材林	经济林	防护林	薪炭林	特种用材林
全 国	4900.7	1418.1	1403.9	1948.5	115.3	14.3
东部沿海10省市	790.6	176.3	316.0	279.8	16.3	3.3
西部12省区市	2571.8	609.2	720.5	1166.9	70.2	5.4
内蒙古	533.9	72.1	73.1	384.5	4.0	0.1
广 西	64.0	33.9	20.7	3.7	5.6	0.1
重 庆	127.3	18.6	44.6	63.1	0.9	0.9
四 川	404.6	96.3	82.4	222.0	3.0	0.4
贵 州	238.5	96.3	63.2	76.8	1.8	0.9
云 南	387.5	136.7	164.6	73.1	12.2	0.0
西 藏	12.4	12.0	0.4	0.0	0.0	0.9
陕 西	435.7	100.7	166.8	156.5	10.9	1.1
甘 肃	189.3	33.8	54.9	80.4	19.2	0.0
青 海	54.8	5.1	1.1	39.1	9.6	0.0
宁 夏	48.5	0.1	12.4	36.2	0.0	0.7
新 疆	75.6	3.8	36.4	31.6	3.1	0.5

3—12续表

单位:千公顷

	迹地更新面积	零星植树(万株)	育苗面积	幼林抚育作业面积	成林抚育面积
全 国	1042.8	298391.2	220.2	11526.0	8489.2
东部沿海10省市	242.5	64325.1	82.1	3195.9	2258.7
西部12省区市	419.7	107561.0	62.6	3227.8	3021.7
内蒙古	64.3	5493	9.2	566.7	846.4
广 西	89.4	3916	1.6	427.4	290.9
重 庆	1.4	10484	3.4	57.3	94.5
四 川	26.7	28729	10.0	604.0	645.4
贵 州	14.1	5445	1.5	232.9	84.5
云 南	158.4	14934	1.9	128.7	174.2
西 藏	1.4	788	0.1	0.5	8.3
陕 西	16.1	18533	16.0	234.6	285.7
甘 肃	8.7	11710	7.3	153.9	118.3
青 海	29.9	2329	2.9	100.6	2.2
宁 夏	0.0	1151	3.0	128.7	60.2
新 疆	9.4	4050	5.7	592.7	411.1

3—13 分地区主要牲畜出栏量

(1999年)

	当年出栏肉猪（万头）	当年出栏猪占年初存栏比重%	当年出栏肉牛（万头）	当年出栏牛占年初存栏比重%
全国	51977.2	123.0	3766.2	30.3
东部沿海10省市	16949.6	138.0	1088.5	44.1
西部12省区市	15591.1	103.8	1071.1	19.4
内蒙古	869.1	106.5	129.1	34.4
广西	2547.0	122.1	99.9	13.3
重庆	1703.2	114.1	36.3	24.3
四川	5622.5	117.3	187.9	19.7
贵州	1106.0	69.4	47.0	7.5
云南	1944.9	77.5	124.1	16.1
西藏	13.0	60.9	77.5	15.2
陕西	792.5	108.3	57.2	23.9
甘肃	547.0	96.5	73.0	22.1
青海	114.2	100.9	73.1	18.5
宁夏	127.9	105.6	20.1	38.1
新疆	203.9	120.1	146.0	40.1

3—13续表

	当年出栏羊（万只）	当年出栏羊占年初存栏比重%	当年出栏家禽（万只）	当年出栏家禽占年初存栏比重%
全国	18820.4	70.0	743165.1	176.1
东部沿海10省市	6526.9	108.7	393123.9	198.0
西部12省区市	7228.5	47.4	120780.6	181.4
内蒙古	1948.4	52.5	4411.3	99.2
广西	150.9	63.1	33159.4	175.5
重庆	151.3	116.7	9452.3	203.0
四川	837.9	75.3	51097.7	237.9
贵州	153.0	47.7	2601.8	67.6
云南	311.2	38.8	7343.8	
西藏	439.2	26.3		0.0
陕西	410.2	59.3	4640.2	74.8
甘肃	436.8	39.0	2187.0	83.2
青海	423.3	25.8	195.5	63.2
宁夏	145.7	40.6	1587.5	136.7
新疆	1820.7	52.8	4104.1	143.6

3—14　分地区肉类总产量

(1999年)

单位:万吨

	肉类总产量	#猪肉产量	#牛肉产量	#羊肉产量	#禽肉产量
全　国	5949.0	4005.6	505.4	251.3	1115.5
东部沿海10省市	2139.1	1283.0	168.9	71.2	583.0
西部12省区市	1652.5	1205.4	123.0	117.7	183.3
内蒙古	140.6	80.5	17.8	29.8	7.1
广　西	262.9	202.5	8.9	2.3	48.9
重　庆	140.5	120.6	4.0	1.8	13.2
四　川	523.4	405.2	21.4	13.2	76.8
贵　州	117.1	99.5	6.4	3.8	6.8
云　南	192.1	162.2	12.6	5.6	11.0
西　藏	14.7	0.7	8.3	5.7	0.0
陕　西	85.8	64.2	6.7	6.0	7.3
甘　肃	57.7	39.1	7.2	6.9	2.5
青　海	20.1	7.0	6.1	6.7	0.3
宁　夏	17.1	8.8	3.0	2.5	2.4
新　疆	80.4	15.1	20.6	33.6	6.8

3—15　分地区主要畜产品产量

(1999年)

单位:万吨

	奶类产量	禽蛋产量	羊毛产量	羊绒产量
全　国	806.9	2134.7	315001	10180
东部沿海10省市	264.8	1156.9	70676	2388
西部12省区市	320.1	244.4	193762	6984
内蒙古	71.2	23.5	69413	3825
广　西	1.3	14.0		
重　庆	4.7	26.3	8	
四　川	26.9	89.4	4391	41
贵　州	1.5	6.1	272	
云　南	13.5	9.7	1859	2
西　藏	20.9	0.3	9388	638
陕　西	55.7	39.9	4459	700
甘　肃	13.8	10.3	15888	337
青　海	19.6	1.3	15593	281
宁　夏	20.5	7.1	4914	311
新　疆	70.4	16.7	67577	849

3—16 分地区水产品产量

(1999年)

单位:吨

	水产品总产量	#内陆水产品产量	按生产性质分 捕捞产量	养殖产量
全国	41224066	16504858	17253932	23970134
东部沿海10省市	29809078	7398091	14209306	15599772
西部12省区市	3407380	1853120	1095889	2311491
内蒙古	68550	68550	27516	41034
广西	2309345	755085	977771	1331574
重庆	191313	191313	12768	178545
四川	465670	465670	35182	430488
贵州	55032	55032	6264	48768
云南	155266	155266	20907	134359
西藏	1761	1761	1731	30
陕西	56033	56033	2317	53716
甘肃	12861	12861	558	12303
青海	1488	1488	807	681
宁夏	34221	34221	876	33345
新疆	55840	55840	9192	46648

3—17 分地区按人口平均的主要农产品产量

(1999年)

单位:公斤/人

	粮食	#谷物	棉花	油料	糖料
全国	405.5	361.4	3.1	20.7	66.5
东部沿海10省市	376.3	343.0	1.9	18.2	36.1
西部12省区市	374.8	321.7	4.2	16.8	155.6
内蒙古	607.0	514.4		42.9	58.1
广西	335.5	312.0	…	11.7	686.1
重庆	362.4	274.7	…	7.9	2.5
四川	416.8	351.9	0.9	17.8	18.9
贵州	305.4	247.8	…	18.3	15.4
云南	335.7	294.2	…	4.9	366.3
西藏	363.0	349.6		16.2	
陕西	299.9	266.2	0.5	8.8	0.5
甘肃	322.0	262.3	1.7	17.3	29.2
青海	204.5	153.8		56.3	0.1
宁夏	542.6	479.4		19.2	21.8
新疆	454.0	440.0	76.9	34.3	201.2

3—17续1　　单位:公斤/人

	猪牛羊肉产量	1. 猪肉产量	2. 牛肉产量	3. 羊肉产量
全　国	38.0	32.0	4.0	2.0
东部沿海10省市	33.5	28.2	3.7	1.6
西部12省区市	40.5	33.8	3.4	3.3
内蒙古	54.4	34.2	7.6	12.7
广　西	45.5	43.1	1.9	0.5
重　庆	41.2	39.3	1.3	0.6
四　川	51.6	47.5	2.5	1.5
贵　州	29.8	27.0	1.7	1.0
云　南	43.3	38.9	3.0	1.3
西　藏	57.8	2.9	32.7	22.3
陕　西	21.3	17.8	1.9	1.7
甘　肃	21.0	15.4	2.8	2.7
青　海	38.9	13.8	12.0	13.1
宁　夏	26.4	16.3	5.5	4.7
新　疆	39.3	8.6	11.7	19.1

3—17续表2　　单位:公斤/人

	肉类总产量	奶　类	禽　蛋	水产品	水　果
全　国	47.5	6.4	17.0	32.9	49.8
东部沿海10省市	47.0	5.8	25.4	65.6	74.4
西部12省区市	46.3	9.0	6.8	9.5	44.9
内蒙古	59.7	30.3	10.0	2.9	8.8
广　西	56.0	0.3	3.0	49.2	86.3
重　庆	45.8	1.5	8.6	6.2	23.4
四　川	61.4	3.2	10.5	5.5	27.5
贵　州	31.8	0.4	1.6	1.5	8.8
云　南	46.1	3.2	2.3	3.7	17.7
西　藏	57.8	82.2	1.0	0.7	2.8
陕　西	23.8	15.4	11.1	1.6	136.8
甘　肃	22.8	5.5	4.1	0.5	43.8
青　海	39.8	38.8	2.7	0.3	4.8
宁　夏	31.6	37.9	13.1	6.3	37.4
新　疆	45.7	40.0	9.5	3.2	77.5

3—18 分地区农林牧渔业总产值、增加值和中间消耗

（1999年，按当年价格计算）

单位：亿元

	总产值	增加值	中间消耗	中间物质消耗	对非物质生产部门劳务费支出
全　国	24519.1	14457.2	10061.9	9304.8	757.1
东部沿海10省市	10768.0	5931.6	4836.5	4470.1	366.3
西部12省区市	5639.9	3589.4	2050.5	1912.7	137.8
内蒙古	532.3	342.9	189.4	171.7	17.7
广　西	844.8	550.5	294.3	283.9	10.4
重　庆	417.0	270.7	146.3	140.1	6.2
四　川	1376.9	892.1	484.8	461.8	23.1
贵　州	407.1	267.6	139.5	132.8	6.7
云　南	642.5	412.2	230.3	212.9	17.4
西　藏	48.2	35.7	12.5	11.7	0.8
陕　西	452.5	269.5	182.9	169.0	14.0
甘　肃	320.6	191.2	129.4	124.8	4.5
青　海	59.0	40.5	18.5	17.1	1.3
宁　夏	78.0	48.0	29.9	29.3	0.7
新　疆	461.1	268.5	192.6	157.6	35.0

3—19 分地区农林牧渔业增加值、中间消耗占农林牧渔总产值比重

（1999年，按当年价格计算）

单位：亿元

	农林牧渔业增加值	占农林牧渔业总产值的比重(%)	农林牧渔业中间消耗	占农林牧渔业总产值的比重(%)
全　国	14457.2	59.0	10061.9	41.0
东部沿海10省市	5931.6	55.1	4836.5	44.9
西部12省区市	3589.4	63.6	2050.5	36.4
内蒙古	342.9	64.4	189.4	35.6
广　西	550.5	65.2	294.3	34.8
重　庆	270.7	64.9	146.3	35.1
四　川	892.1	64.8	484.8	35.2
贵　州	267.6	65.7	139.6	34.3
云　南	412.2	64.2	230.3	35.8
西　藏	35.7	74.0	12.5	26.0
陕　西	269.5	59.6	182.9	40.4
甘　肃	191.2	59.6	129.4	40.4
青　海	40.5	68.7	18.5	31.3
宁　夏	48.0	61.6	29.9	38.4
新　疆	268.5	58.2	192.6	41.8

3—20　分地区农林牧渔业总产值及构成

（1999年，按当年价格计算）

单位：亿元

	农林牧渔业总产值	农业产值	#种植业	林业产值	牧业产值	渔业产值
全　国	24519.1	14106.2	12881.4	886.3	6997.6	2529.0
东部沿海10省市	10768.4	5815.1	5204.1	325.6	2783.8	1843.9
西部12省区市	5640.2	3507.7	3229.9	221.1	1739.4	172.0
内蒙古	532.3	318.7	285.3	21.0	187.2	5.4
广　西	844.8	454.9	446.8	37.5	261.9	90.6
重　庆	417.0	249.6	234.4	11.6	141.0	14.7
四　川	1376.9	792.8	735.5	45.3	504.7	34.1
贵　州	407.1	278.7	244.9	16.0	108.1	4.4
云　南	642.5	395.0	351.8	45.6	188.8	13.1
西　藏	48.2	26.1	22.2	0.9	21.2	0.0
陕　西	452.5	327.7	290.4	22.3	99.0	3.6
甘　肃	320.6	242.7	223.0	9.3	67.5	1.1
青　海	59.0	29.3	23.7	1.4	28.2	0.1
宁　夏	78.0	51.3	50.6	2.6	22.6	1.5
新　疆	461.2	340.9	321.3	7.6	109.2	3.4
			构成(%)			
全　国	100.0	57.5	52.5	3.6	28.5	10.4
东部沿海10省市	100.0	54.0	48.3	3.0	25.9	17.1
西部12省区市	100.0	62.2	57.3	3.9	30.8	3.1
内蒙古	100.0	59.9	53.6	3.9	35.2	1.0
广　西	100.0	53.9	52.9	4.4	31.0	10.7
重　庆	100.0	59.9	56.2	2.8	33.8	3.5
四　川	100.0	57.6	53.4	3.3	36.7	2.4
贵　州	100.0	68.4	60.2	3.9	26.6	1.1
云　南	100.0	61.5	54.8	7.1	29.4	2.0
西　藏	100.0	54.1	46.1	1.9	44.0	0.0
陕　西	100.0	72.4	64.2	4.9	21.9	0.8
甘　肃	100.0	75.7	69.6	2.9	21.1	0.3
青　海	100.0	49.7	40.2	2.3	47.8	0.2
宁　夏	100.0	65.8	64.9	3.3	29.0	1.9
新　疆	100.0	73.9	69.7	1.6	23.8	0.7

3—21　分地区分部门农林牧渔业中间消耗及构成

（1999年，按当年价格计算）

单位：亿元

	中间消耗	农　业	林　业	牧　业	渔　业
全　国	10061.9	5189.6	256.4	3606.5	1009.4
东部沿海10省市	4981.6	2433.9	103.5	1643.8	800.4
西部12省区市	2050.6	1135.9	57.1	807.2	50.4
内蒙古	189.4	110.5	5.9	71.5	1.5
广　西	294.3	129.3	7.3	131.4	26.3
重　庆	146.3	62.9	2.6	77.4	3.4
四　川	484.8	206.2	9.9	259.4	9.3
贵　州	139.6	91.8	3.3	43.1	1.4
云　南	230.3	131.6	12.2	82.0	4.5
西　藏	12.5	7.8	0.2	4.5	0.0
陕　西	182.9	126.1	7.2	48.0	1.6
甘　肃	129.4	101.4	4.5	23.3	0.2
青　海	18.5	11.2	0.4	6.9	0.0
宁　夏	29.9	15.7	1.1	12.4	0.7
新　疆	192.7	141.4	2.5	47.3	1.5
			构成(%)		
全　国	100.0	51.7	2.5	35.8	10.0
东部沿海10省市	100.0	48.8	2.1	33.0	16.1
西部12省区市	100.0	55.3	2.8	39.4	2.5
内蒙古	100.0	58.3	3.1	37.8	0.8
广　西	100.0	43.9	2.5	44.7	8.9
重　庆	100.0	43.0	1.8	52.9	2.3
四　川	100.0	42.5	2.1	53.5	1.9
贵　州	100.0	65.8	2.3	30.9	1.0
云　南	100.0	57.2	5.3	35.6	1.9
西　藏	100.0	62.3	1.8	35.9	0.0
陕　西	100.0	68.9	4.0	26.2	0.9
甘　肃	100.0	78.4	3.5	18.0	0.1
青　海	100.0	60.7	1.9	37.2	0.2
宁　夏	100.0	52.5	3.7	41.5	2.3
新　疆	100.0	73.4	1.3	24.5	0.8

3—22　分地区分部门农林牧渔业增加值及构成

（1999年，按当年价格计算）

单位：亿元

	增加值	农　业	林　业	牧　业	渔　业
全　国	14457.2	8916.6	629.9	3391.1	1519.6
东部沿海10省市	5931.7	3481.1	228.3	1177.8	1044.5
西部12省区市	3589.7	2371.8	163.8	932.4	121.7
内蒙古	342.9	208.2	15.1	115.7	3.9
广　西	550.5	325.6	30.2	130.5	64.3
重　庆	270.7	186.7	8.9	63.7	11.4
四　川	892.1	586.6	35.4	245.3	24.8
贵　州	267.6	186.9	12.8	64.9	3.0
云　南	412.2	263.4	33.4	106.8	8.6
西　藏	35.7	18.3	0.7	16.7	0.0
陕　西	269.5	201.5	15.1	51.0	1.9
甘　肃	191.2	141.3	4.8	44.2	0.9
青　海	40.5	18.1	1.0	21.4	0.1
宁　夏	48.0	35.6	1.4	10.2	0.8
新　疆	268.5	199.6	5.0	62.0	2.0
			构成(%)		
全　国	100.0	61.7	4.3	23.5	10.5
东部沿海10省市	100.0	58.7	3.8	19.9	17.6
西部12省区市	100.0	66.1	4.5	26.0	3.4
内蒙古	100.0	60.7	4.4	33.7	1.2
广　西	100.0	59.1	5.5	23.7	11.7
重　庆	100.0	69.0	3.3	23.5	4.2
四　川	100.0	65.8	3.9	27.5	2.8
贵　州	100.0	69.8	4.8	24.3	1.1
云　南	100.0	63.9	8.1	25.9	2.1
西　藏	100.0	51.2	2.0	46.8	0.0
陕　西	100.0	74.8	5.6	18.9	0.7
甘　肃	100.0	73.9	2.5	23.1	0.5
青　海	100.0	44.6	2.5	52.7	0.2
宁　夏	100.0	74.1	3.0	21.2	1.7
新　疆	100.0	74.3	1.9	23.1	0.7

第三部分

地区篇

四、农村居民收入与消费

4—1　分地区农村居民总收入及构成

（1999年）

单位：元/人

	总收入	一、基本收入	1. 劳动者报酬收入	2. 家庭经营收入	二、转移性和财产性收入
全　国	2987.44	2841.82	630.25	2211.57	145.53
东部沿海10省市	4004.06	3778.12	1240.59	2537.53	225.94
西部12省区市	2396.95	2287.93	332.89	1955.04	109.02
内蒙古	3225.46	3155.37	259.38	2895.99	70.10
广　西	2751.31	2609.02	395.75	2213.27	142.28
重　庆	2347.25	2152.35	451.32	1701.03	194.90
四　川	2696.94	2560.93	530.40	2030.53	136.02
贵　州	1860.84	1772.14	263.50	1508.65	88.69
云　南	2209.64	2095.32	215.26	1880.06	114.32
西　藏	1698.83	1622.79	98.21	1524.57	76.05
陕　西	1952.88	1845.65	438.04	1407.61	107.23
甘　肃	1795.91	1709.29	278.10	1431.19	86.62
青　海	2008.25	1940.05	277.16	1662.88	68.21
宁　夏	2774.77	2684.67	460.14	2224.53	90.10
新　疆	2917.09	2843.45	109.19	2734.26	73.64
			总收入构成(%)		
全　国	100.0	95.1	21.1	74.0	4.9
东部沿海10省市	100.0	94.4	31.0	63.4	5.6
西部12省区市	100.0	95.5	13.9	81.6	4.5
内蒙古	100.0	97.8	8.0	89.8	2.2
广　西	100.0	94.8	14.4	80.4	5.2
重　庆	100.0	91.7	19.2	72.5	8.3
四　川	100.0	95.0	19.7	75.3	5.0
贵　州	100.0	95.2	14.2	81.1	4.8
云　南	100.0	94.8	9.7	85.1	5.2
西　藏	100.0	95.5	5.8	89.7	4.5
陕　西	100.0	94.5	22.4	72.1	5.5
甘　肃	100.0	95.2	15.5	79.7	4.8
青　海	100.0	96.6	13.8	82.8	3.4
宁　夏	100.0	96.8	16.6	80.2	3.2
新　疆	100.0	97.5	3.7	93.7	2.5

4—2 分地区农村居民纯收入及构成

(1999年)

单位:元/人

	纯收入	一、基本收入	1. 劳动者报酬收入	2. 家庭经营纯收入	二、转移性和财产性收入
全国	2210.34	2078.61	630.25	1448.36	131.73
东部沿海10省市	2667.31	2461.42	1240.59	1220.83	205.89
西部12省区市	1729.71	1632.35	332.89	1299.46	97.36
内蒙古	2002.93	1948.61	259.38	1689.23	54.31
广西	2048.33	1918.41	395.75	1522.66	129.92
重庆	1736.63	1557.09	451.32	1105.77	180.54
四川	1843.47	1722.00	530.40	1191.60	121.48
贵州	1363.07	1282.62	263.50	1019.12	80.45
云南	1437.63	1334.42	215.26	1119.16	103.20
西藏	1309.46	1242.87	98.21	1144.66	66.59
陕西	1455.84	1358.75	438.04	920.71	97.11
甘肃	1357.28	1277.46	278.10	999.36	79.82
青海	1466.67	1410.49	277.16	1133.33	56.17
宁夏	1754.15	1680.97	460.14	1220.83	73.18
新疆	1473.17	1408.65	109.19	1299.46	64.52
纯收入构成(%)					
全国	100.0	94.0	28.5	65.5	6.0
东部沿海10省市	100.0	92.3	46.5	45.8	7.7
西部12省区市	100.0	94.4	19.2	75.1	5.6
内蒙古	100.0	97.3	13.0	84.3	2.7
广西	100.0	93.7	19.3	74.3	6.3
重庆	100.0	89.7	26.0	63.7	10.4
四川	100.0	93.4	28.8	64.6	6.6
贵州	100.0	94.1	19.3	74.8	5.9
云南	100.0	92.8	15.0	77.8	7.2
西藏	100.0	94.9	7.5	87.4	5.1
陕西	100.0	93.3	30.1	63.2	6.7
甘肃	100.0	94.1	20.5	73.6	5.9
青海	100.0	96.2	18.9	77.3	3.8
宁夏	100.0	95.8	26.2	69.6	4.2
新疆	100.0	95.6	7.4	88.2	4.4

4－3　分地区农村居民现金收入及构成

（1999年）

单位:元/人

	现金收入	一、基本收入	1.劳动者报酬收入	2.家庭经营收入	二、转移性和财产性收入	三、储蓄借贷现金收入
全　国	2556.35	2008.66	628.43	1380.23	198.03	349.66
东部沿海10省市	3750.06	3001.65	1238.01	1763.64	282.45	465.95
西部12省区市	1887.62	1456.29	332.54	1123.75	153.46	277.88
内蒙古	2614.56	2035.63	258.27	1777.36	117.10	461.83
广　西	2378.49	1935.61	395.73	1539.88	183.16	259.72
重　庆	1603.85	1158.88	450.81	708.07	244.60	200.37
四　川	1971.91	1549.07	530.32	1018.75	184.84	238.00
贵　州	1295.55	972.24	263.37	708.87	148.38	174.93
云　南	1614.27	1238.95	215.01	1023.94	165.57	209.75
西　藏	1056.66	853.34	97.99	755.35	78.16	125.16
陕　西	1822.28	1317.27	438.04	879.23	156.81	348.20
甘　肃	1195.15	930.98	276.42	654.56	104.58	159.59
青　海	1373.53	1073.10	276.95	796.15	101.32	199.11
宁　夏	2590.89	1986.93	460.14	1526.79	182.38	421.59
新　疆	2725.63	2066.89	109.09	1957.80	107.42	551.31
			现金收入构成(%)			
全　国	100.0	78.6	24.6	54.0	7.7	13.7
东部沿海10省市	100.0	80.0	33.0	47.0	7.6	12.4
西部12省区市	100.0	77.2	17.6	59.5	8.1	14.7
内蒙古	100.0	77.8	9.9	68.0	4.5	17.7
广　西	100.0	81.4	16.6	64.7	7.7	10.9
重　庆	100.0	72.3	28.1	44.1	15.3	12.5
四　川	100.0	78.6	26.9	51.7	9.4	12.1
贵　州	100.0	75.0	20.3	54.7	11.5	13.5
云　南	100.0	76.7	13.3	63.4	10.3	13.0
西　藏	100.0	80.8	9.3	71.5	7.4	11.8
陕　西	100.0	72.3	24.0	48.2	8.6	19.1
甘　肃	100.0	77.9	23.1	54.8	8.8	13.4
青　海	100.0	78.1	20.2	58.0	7.4	14.5
宁　夏	100.0	76.7	17.8	58.9	7.0	16.3
新　疆	100.0	75.8	4.0	71.8	3.9	20.2

4—4 分地区农村居民支出及构成

(1999年)

单位:元/人

	总支出	1. 家庭经营费用支出	2. 购置生产性固定资产支出	3. 税费支出	4. 生活消费支出	5. 其他非借贷性支出
全 国	2390.37	599.72	57.63	99.98	1577.42	55.62
东部沿海10省市	2997.93	667.13	63.74	95.31	2087.61	84.14
西部12省区市	2044.08	606.40	62.53	82.41	1255.80	36.93
内蒙古	2798.03	887.02	119.56	209.39	1533.72	48.34
广 西	2191.52	616.03	53.53	35.53	1457.43	29.00
重 庆	1941.67	502.30	13.42	59.43	1329.21	37.29
四 川	2258.35	688.59	26.48	91.93	1426.07	25.28
贵 州	1588.99	413.86	32.29	36.54	1069.81	36.49
云 南	2045.51	656.42	41.68	43.08	1269.33	35.00
西 藏	1156.60	244.95	116.32	10.10	767.14	18.09
陕 西	1706.34	359.73	58.18	82.69	1161.10	44.64
甘 肃	1354.92	334.12	57.22	54.31	880.65	28.62
青 海	1694.45	396.19	62.63	44.50	1133.63	57.50
宁 夏	2379.68	823.96	115.65	91.79	1269.68	78.60
新 疆	2818.15	1138.61	156.12	195.48	1282.49	45.45
			支出构成(%)			
全 国	100.0	25.1	2.4	4.2	66.0	2.3
东部沿海10省市	100.0	22.3	2.1	3.2	69.6	2.8
西部12省区市	100.0	29.7	3.1	4.0	61.4	1.8
内蒙古	100.0	31.7	4.3	7.5	54.8	1.7
广 西	100.0	28.1	2.4	1.6	66.5	1.3
重 庆	100.0	25.9	0.7	3.1	68.5	1.9
四 川	100.0	30.5	1.2	4.1	63.1	1.1
贵 州	100.0	26.0	2.0	2.3	67.3	2.3
云 南	100.0	32.1	2.0	2.1	62.1	1.7
西 藏	100.0	21.2	10.1	0.9	66.3	1.6
陕 西	100.0	21.1	3.4	4.8	68.0	2.6
甘 肃	100.0	24.7	4.2	4.0	65.0	2.1
青 海	100.0	23.4	3.7	2.6	66.9	3.4
宁 夏	100.0	34.6	4.9	3.9	53.4	3.3
新 疆	100.0	40.4	5.5	6.9	45.5	1.6

4—5　分地区农村居民现金支出及构成

（1999年）

单位:元/人

	现金支出	1. 家庭经营费用支出	2. 购买生产性固定资产支出	3. 税费支出	4. 生活消费支出	5. 其他非借贷性支出	6. 储蓄借贷支出
全　国	2338.08	470.73	57.63	93.06	1144.61	151.19	420.85
东部沿海10省市	3319.72	564.49	63.74	83.32	1708.28	220.63	679.25
西部12省区市	1732.28	434.56	62.53	76.14	798.51	90.51	270.03
内蒙古	2409.50	612.93	119.56	208.76	1011.92	110.36	345.97
广　西	2217.62	511.42	53.53	22.98	1012.72	82.51	534.46
重　庆	1430.28	293.07	13.42	58.73	752.80	133.92	178.34
四　川	1847.90	450.94	26.48	83.33	909.09	95.23	282.83
贵　州	1108.79	235.91	32.29	34.65	547.39	104.37	154.19
云　南	1516.31	389.73	41.68	23.45	753.24	88.81	219.40
西　藏	867.24	145.99	116.32	10.10	536.76	14.58	43.48
陕　西	1602.47	285.25	58.18	79.28	864.53	69.39	245.83
甘　肃	1058.95	241.23	57.22	47.41	501.19	56.76	155.13
青　海	1165.66	259.50	62.63	44.11	606.41	77.12	115.89
宁　夏	2296.64	658.11	115.65	91.79	866.27	173.91	390.92
新　疆	2686.20	1021.32	156.12	195.40	874.52	95.87	342.97
				现金支出构成(%)			
全　国	100.0	20.1	2.4	4.0	49.0	6.5	18.0
东部沿海10省市	100.0	17.0	1.9	2.5	51.5	6.6	20.5
西部12省区市	100.0	25.1	3.6	4.4	46.1	5.2	15.6
内蒙古	100.0	25.4	5.0	8.7	42.0	4.6	14.4
广　西	100.0	23.1	2.4	1.0	45.7	3.7	24.1
重　庆	100.0	20.5	0.9	4.1	52.6	9.4	12.5
四　川	100.0	24.4	1.4	4.5	49.2	5.2	15.3
贵　州	100.0	21.3	2.9	3.1	49.4	9.4	13.9
云　南	100.0	25.7	2.7	1.5	49.7	5.9	14.5
西　藏	100.0	16.8	13.4	1.2	61.9	1.7	5.0
陕　西	100.0	17.8	3.6	4.9	54.0	4.3	15.3
甘　肃	100.0	22.8	5.4	4.5	47.3	5.4	14.6
青　海	100.0	22.3	5.4	3.8	52.0	6.6	9.9
宁　夏	100.0	28.7	5.0	4.0	37.7	7.6	17.0
新　疆	100.0	38.0	5.8	7.3	32.6	3.6	12.8

4—6 分地区农村居民生活消费支出及构成

(1999 年)

单位:元/人

	生活消费支出	1. 食品支出	#主食	#副食	2. 衣着支出	3. 居住支出	#住房
全国	1577.42	829.02	285.48	352.65	92.04	232.69	138.00
东部沿海10省市	2087.61	985.20	293.92	434.75	124.53	341.83	218.92
西部12省区市	1255.80	727.95	277.68	309.04	73.14	159.08	88.81
内蒙古	1533.72	774.75	328.28	285.11	108.14	229.13	102.57
广西	1457.43	849.38	279.18	367.62	52.46	199.95	140.18
重庆	1329.21	819.51	262.31	424.47	62.67	173.56	89.43
四川	1426.07	841.47	253.52	422.20	72.89	192.96	109.12
贵州	1069.81	722.17	278.32	351.47	48.58	106.56	57.61
云南	1269.33	815.67	299.10	378.63	56.59	128.13	77.82
西藏	767.14	531.13	176.49	191.18	99.27	37.47	19.19
陕西	1161.10	552.68	245.41	163.85	77.95	174.59	113.94
甘肃	880.65	498.75	295.15	122.91	45.88	114.15	46.84
青海	1133.63	699.44	298.82	289.31	97.97	124.18	46.63
宁夏	1269.68	671.01	295.41	242.60	98.87	179.26	115.54
新疆	1282.49	686.37	296.11	262.47	119.81	147.52	68.50
				支出构成(%)			
全国	100.0	52.6	18.1	22.4	5.8	14.8	8.7
东部沿海10省市	100.0	47.2	14.1	20.8	6.0	16.4	10.5
西部12省区市	100.0	58.0	22.1	24.6	5.8	12.7	7.1
内蒙古	100.0	50.5	21.4	18.6	7.1	14.9	6.7
广西	100.0	58.3	19.2	25.2	3.6	13.7	9.6
重庆	100.0	61.7	19.7	31.9	4.7	13.1	6.7
四川	100.0	59.0	17.8	29.6	5.1	13.5	7.7
贵州	100.0	67.5	26.0	32.9	4.5	10.0	5.4
云南	100.0	64.3	23.6	29.8	4.5	10.1	6.1
西藏	100.0	69.2	23.0	24.9	12.9	4.9	2.5
陕西	100.0	47.6	21.1	14.1	6.7	15.0	9.8
甘肃	100.0	56.6	33.5	14.0	5.2	13.0	5.3
青海	100.0	61.7	26.4	25.5	8.6	11.0	4.1
宁夏	100.0	52.8	23.3	19.1	7.8	14.1	9.1
新疆	100.0	53.5	23.1	20.5	9.3	11.5	5.3

4－6 续表

单位:元/人

	4. 家庭设备用品及服务支出	5. 医疗保健支出	6. 交通和通讯支出	7. 文教娱乐用品及服务支出	8. 其他商品及服务支出
全　国	82.27	70.02	68.73	168.33	34.33
东部沿海10省市	129.20	100.70	121.18	232.30	52.66
西部12省区市	56.50	54.47	38.36	123.45	22.85
内蒙古	64.54	95.19	68.03	170.35	23.60
广　西	66.94	41.53	46.29	172.71	28.17
重　庆	62.08	47.82	37.16	111.05	15.37
四　川	63.15	57.13	37.74	140.92	19.82
贵　州	45.08	23.62	24.69	83.81	15.31
云　南	53.43	58.40	27.96	102.86	26.27
西　藏	52.54	17.02	10.24	7.78	11.70
陕　西	58.81	64.93	36.18	171.04	24.93
甘　肃	39.86	41.22	25.69	97.83	17.27
青　海	46.04	56.94	35.38	50.17	23.50
宁　夏	72.50	69.75	37.37	118.10	22.83
新　疆	50.84	72.84	59.03	107.75	38.33
			支出构成(%)		
全　国	5.2	4.4	4.4	10.7	2.2
东部沿海10省市	6.2	4.8	5.8	11.1	2.5
西部12省区市	4.5	4.3	3.1	9.8	1.8
内蒙古	4.2	6.2	4.4	11.1	1.5
广　西	4.6	2.8	3.2	11.9	1.9
重　庆	4.7	3.6	2.8	8.4	1.2
四　川	4.4	4.0	2.6	9.9	1.4
贵　州	4.2	2.2	2.3	7.8	1.4
云　南	4.2	4.6	2.2	8.1	2.1
西　藏	6.8	2.2	1.3	1.0	1.5
陕　西	5.1	5.6	3.1	14.7	2.1
甘　肃	4.5	4.7	2.9	11.1	2.0
青　海	4.1	5.0	3.1	4.4	2.1
宁　夏	5.7	5.5	2.9	9.3	1.8
新　疆	4.0	5.7	4.6	8.4	3.0

4—7 分地区农村居民生活消费现金支出及构成

(1999年)

单位:元/人

	生活消费现金支出	1. 食品支出	#主食	#副食	2. 衣着支出	3. 居住支出	#住房
全国	1144.61	425.98	41.77	207.22	91.48	203.60	137.75
东部沿海10省市	1708.28	623.15	46.93	332.98	123.64	325.67	218.73
西部12省区市	798.51	297.46	41.64	129.94	72.79	132.73	88.49
内蒙古	1011.92	320.29	84.68	90.91	108.10	161.83	102.57
广西	1012.72	424.03	26.92	212.71	52.46	180.71	138.22
重庆	752.80	282.83	25.10	130.83	62.61	134.42	89.43
四川	909.09	359.74	28.85	174.04	72.59	158.28	108.92
贵州	547.39	211.06	33.22	92.84	48.55	95.37	57.35
云南	753.24	313.01	47.39	138.44	56.57	114.74	77.82
西藏	536.76	311.76	115.57	85.31	99.27	26.47	19.19
陕西	864.53	278.96	41.60	107.42	77.84	151.85	113.94
甘肃	501.19	150.53	21.30	54.57	45.82	82.98	46.84
青海	606.41	214.86	53.42	86.27	97.63	81.93	45.91
宁夏	866.27	278.00	23.71	133.29	98.87	168.85	115.54
新疆	874.52	290.65	49.29	148.75	116.66	138.42	68.40
				现金支出构成(%)			
全国	100.0	37.2	3.6	18.1	8.0	17.8	12.0
东部沿海发达省市	100.0	36.5	2.7	19.5	7.2	19.1	12.8
西部12省区市	100.0	37.3	5.2	16.3	9.1	16.6	11.1
内蒙古	100.0	31.7	8.4	9.0	10.7	16.0	10.1
广西	100.0	41.9	2.7	21.0	5.2	17.8	13.6
重庆	100.0	37.6	3.3	17.4	8.3	17.9	11.9
四川	100.0	39.6	3.2	19.1	8.0	17.4	12.0
贵州	100.0	38.6	6.1	17.0	8.9	17.4	10.5
云南	100.0	41.6	6.3	18.4	7.5	15.2	10.3
西藏	100.0	58.1	21.5	15.9	18.5	4.9	3.6
陕西	100.0	32.3	4.8	12.4	9.0	17.6	13.2
甘肃	100.0	30.0	4.2	10.9	9.1	16.6	9.3
青海	100.0	35.4	8.8	14.2	16.1	13.5	7.6
宁夏	100.0	32.1	2.7	15.4	11.4	19.5	13.3
新疆	100.0	33.2	5.6	17.0	13.3	15.8	7.8

4—7 续表

单位:元/人

	4. 家庭设备用品及服务支出	5. 医疗保健支出	6. 交通和通讯支出	7. 文教娱乐用品及服务支出	8. 其他商品及服务支出
全　国	82.14	70.02	68.73	168.33	34.33
东部沿海10省市	128.97	100.70	121.18	232.30	52.66
西部12省区市	56.40	54.47	38.36	123.45	22.85
内蒙古	64.54	95.19	68.03	170.35	23.60
广　西	66.83	41.53	46.29	172.71	28.17
重　庆	61.54	47.82	37.16	111.05	15.37
四　川	62.87	57.13	37.74	140.92	19.82
贵　州	44.97	23.62	24.69	83.81	15.31
云　南	53.43	58.40	27.96	102.86	26.27
西　藏	52.54	17.02	10.24	7.78	11.70
陕　西	58.81	64.93	36.18	171.04	24.93
甘　肃	39.85	41.22	25.69	97.83	17.27
青　海	46.01	56.94	35.38	50.17	23.50
宁　夏	72.50	69.75	37.37	118.10	22.83
新　疆	50.84	72.84	59.03	107.75	38.33
			现金支出构成(%)		
全　国	7.2	6.1	6.0	14.7	3.0
东部沿海10省市	7.5	5.9	7.1	13.6	3.1
西部12省区市	7.1	6.8	4.8	15.5	2.9
内蒙古	6.4	9.4	6.7	16.8	2.3
广　西	6.6	4.1	4.6	17.1	2.8
重　庆	8.2	6.4	4.9	14.8	2.0
四　川	6.9	6.3	4.2	15.5	2.2
贵　州	8.2	4.3	4.5	15.3	2.8
云　南	7.1	7.8	3.7	13.7	3.5
西　藏	9.8	3.2	1.9	1.4	2.2
陕　西	6.8	7.5	4.2	19.8	2.9
甘　肃	8.0	8.2	5.1	19.5	3.4
青　海	7.6	9.4	5.8	8.3	3.9
宁　夏	8.4	8.1	4.3	13.6	2.6
新　疆	5.8	8.3	6.8	12.3	4.4

4—8 分地区农村居民主要食品消费情况

(1999 年)

单位:千克/人

	粮 食	蔬 菜	食用油	#植物油	干鲜瓜果类	猪 肉	牛羊肉
全 国	247.45	108.89	6.17	4.58	18.35	12.70	1.17
东部沿海10省市	240.72	107.70	6.29	5.18	21.40	11.85	0.76
西部12省区市	240.07	97.99	5.50	3.69	14.99	15.33	2.19
内蒙古	249.49	78.90	3.91	2.44	14.74	17.47	4.65
广 西	240.75	125.00	4.24	2.00	13.21	13.23	0.37
重 庆	239.57	169.03	6.00	1.67	9.49	26.25	0.11
四 川	236.72	133.27	5.99	3.62	9.67	24.66	0.38
贵 州	230.11	131.45	5.31	3.31	6.79	23.07	0.20
云 南	245.11	115.97	4.66	1.22	13.08	21.75	1.01
西 藏	244.78	32.04	6.75	5.59	1.55	2.33	9.96
陕 西	214.93	56.51	5.67	4.98	20.92	6.87	0.35
甘 肃	253.38	25.79	3.91	3.28	8.86	6.85	0.44
青 海	257.81	41.92	9.93	9.49	6.48	8.99	8.14
宁 夏	253.63	78.43	7.25	6.37	39.48	8.67	2.77
新 疆	243.48	82.54	7.53	7.38	44.77	1.63	9.43

4—8续表

单位:千克/人

	牛羊奶及制品	家 禽	禽 蛋	水产品	卷烟(盒)	食 糖	酒
全 国	0.96	2.48	4.28	3.82	23.09	1.46	6.98
东部沿海10省市	0.43	3.60	6.46	7.06	25.61	1.83	10.21
西部12省区市	2.27	1.78	1.88	1.04	20.22	1.29	4.53
内蒙古	8.23	0.81	3.16	1.38	25.98	1.41	9.67
广 西	0.02	6.16	1.01	2.83	10.54	1.40	6.14
重 庆	0.12	1.41	4.86	1.84	34.18	2.36	6.61
四 川	0.25	2.15	2.74	1.52	23.73	1.43	5.86
贵 州	0.03	0.88	1.08	0.31	25.26	1.03	4.77
云 南	0.24	2.51	1.78	1.04	25.67	1.56	5.24
西 藏	14.33	0.02	0.65	0.03	13.05	2.70	0.88
陕 西	0.96	0.30	1.69	0.23	25.22	0.97	2.50
甘 肃	0.22	0.43	1.25	0.07	15.11	0.63	1.43
青 海	15.40	0.27	0.52	0.38	13.15	1.01	1.83
宁 夏	0.82	1.44	1.95	0.65	18.28	1.71	1.15
新 疆	4.04	1.08	1.11	0.44	3.42	0.41	1.25

4—9　分地区农村居民主要耐用消费品年末拥有量

（1999年，平均每百户）

	自行车（辆）	缝纫机（架）	手　表（只）	电风扇（台）	洗衣机（台）	电冰箱（台）	摩托车（辆）
全　国	136.85	67.06	152.76	116.07	24.32	10.64	16.49
东部沿海10省市	191.74	79.28	193.10	181.51	39.09	23.50	29.49
西部12省区市	93.59	57.83	144.28	56.88	14.65	3.25	8.60
内蒙古	104.61	76.55	110.24	6.84	21.50	4.03	19.22
广　西	156.15	74.89	140.48	166.75	2.99	2.16	9.87
重　庆	22.07	17.47	163.47	107.13	4.27	3.53	2.27
四　川	68.95	22.93	174.43	111.98	15.65	3.43	7.15
贵　州	14.15	25.71	125.04	20.36	10.22	1.16	5.45
云　南	74.25	113.21	152.54	6.71	12.38	2.13	3.75
西　藏	73.33	42.92	87.29	0.83	4.17	0.83	0.21
陕　西	137.97	70.32	134.46	57.03	25.86	4.28	9.14
甘　肃	125.06	71.00	166.89	7.39	15.89	1.89	6.50
青　海	82.67	52.67	169.67	0.83	12.67	1.67	9.00
宁　夏	176.00	69.83	130.17	13.33	30.67	5.67	11.50
新　疆	143.40	66.33	113.93	11.00	20.87	8.53	17.73

4—9续表

	大衣柜（个）	沙　发（个）	收音机（台）	黑白电视（只）	彩色电视（台）	收录机（台）	照相机（台）
全　国	86.47	84.24	26.97	62.35	38.24	31.99	2.69
东部沿海10省市	95.38	125.72	37.60	61.09	56.92	37.32	5.29
西部12省区市	75.39	69.76	18.64	57.51	26.96	32.51	1.41
内蒙古	44.13	47.18	23.11	58.16	36.94	29.32	1.55
广　西	84.89	70.26	16.54	65.93	18.18	26.15	0.65
重　庆	106.73	43.07	8.20	68.53	21.67	19.93	1.20
四　川	93.98	65.10	13.88	70.60	25.90	26.23	1.08
贵　州	66.88	41.25	6.52	50.40	12.28	22.10	0.76
云　南	49.63	73.50	15.00	43.29	31.21	34.08	1.50
西　藏	45.83	14.38	34.79	4.38	10.00	39.38	1.67
陕　西	74.91	74.41	30.27	57.97	37.03	23.20	2.30
甘　肃	79.83	94.17	29.39	49.83	30.28	44.28	1.50
青　海	59.50	140.67	34.00	51.17	23.83	54.00	2.50
宁　夏	84.17	140.50	17.00	49.83	51.00	40.33	1.17
新　疆	84.47	100.53	22.07	62.20	28.27	61.07	2.53

4—10 分地区农村居民居住情况

(1999年)

单位:平方米/人、元/平方米

	年内新建房屋面积	#砖木结构面积	#生活用房面积	年内新建房屋造价
全国	1.28	0.29	0.74	148.32
东部沿海10省市	1.51	0.33	0.86	188.06
西部12省区市	0.97	0.27	0.58	128.62
内蒙古	1.06		0.42	103.18
广西	1.01	0.09	0.99	201.54
重庆	1.38	0.29	0.62	96.21
四川	0.81	0.37	0.63	182.83
贵州	0.47	0.08	0.36	134.38
云南	0.65	0.12	0.29	102.65
西藏	0.66		0.40	135.17
陕西	1.83	0.32	0.87	119.83
甘肃	0.94	0.23	0.41	77.45
青海	0.54	0.15	0.43	107.97
宁夏	1.28	1.01	1.12	194.66
新疆	1.07	0.33	0.50	68.34

4—10续表

单位:平方米/人、元/平方米

	年末住房面积	#砖木结构面积	#钢筋混凝土面积	年末住房价值
全国	24.23	12.28	6.35	157.57
东部沿海10省市	28.22	15.87	9.70	224.52
西部12省区市	20.66	6.67	3.36	102.15
内蒙古	17.41	7.66	0.28	108.80
广西	22.68	8.27	8.25	112.12
重庆	26.60	10.79	6.65	99.04
四川	25.45	10.09	4.48	98.65
贵州	17.79	8.15	3.29	90.87
云南	21.37	2.63	1.76	105.23
西藏	14.99	0.64		77.65
陕西	21.35	7.44	6.56	126.61
甘肃	16.03	3.50	0.26	74.03
青海	14.24	1.55	0.23	67.36
宁夏	16.85	7.89	0.05	104.67
新疆	16.90	4.24	0.96	111.22

4—11　分地区农村居民建筑材料购买情况

（1999 年）

单位:公斤/户、立方米/户、件/户、块/户

	水　泥	木　材	钢　材	水泥预制件	砖　瓦	石　灰	沙　石
全　国	285.11	0.11	24.89	1.83	865.44	84.50	5.93
东部沿海10省市	371.61	0.05	66.32	1.12	824.31	122.05	1.99
西部12省区市	211.96	0.03	8.75	2.88	377.27	51.26	10.86
内蒙古	196.74	0.09	5.53	0.10	944.68	28.69	0.65
广　西	440.41	0.05	66.32	1.12	824.31	122.05	1.99
重　庆	194.48	0.03	8.75	2.88	377.27	51.26	10.86
四　川	213.79	0.03	10.94	1.19	622.04	41.87	2.93
贵　州	203.44	0.07	16.50	13.39	337.09	41.21	0.89
云　南	195.84	0.17	13.63	1.25	382.37	34.06	41.12
西　藏	7.77	0.71					
陕　西	249.45	0.11	13.68	0.76	797.62	77.55	5.19
甘　肃	116.46	0.62	5.65	0.05	624.88	9.77	0.95
青　海	63.40	0.18	0.88		260.76	6.74	0.26
宁　夏	215.71	0.11	8.05	0.01	1403.99	35.62	1.06
新　疆	114.51	0.08	4.56	0.16	569.78	7.26	0.26

4—12　分地区农村居民生产资料购买情况

（1999 年）

单位:公斤/户

	化　肥	饼　肥	农　药	农用薄膜	生产用柴油	生产用汽油	生产用煤
全　国	547.66	5.21	7.20	2.96	29.24	7.17	50.31
东部沿海10省市	542.85	7.44	9.88	3.37	29.36	9.85	18.09
西部12省区市	509.85	5.63	3.76	3.94	26.12	6.20	106.91
内蒙古	567.64	0.02	1.72	3.92	67.72	21.97	4.44
广　西	595.04	7.84	9.57	0.86	18.28	3.10	14.16
重　庆	391.03	0.52	3.46	0.95	3.87	0.37	164.73
四　川	483.93	6.83	3.44	1.33	12.01	6.55	96.28
贵　州	318.52	2.51	1.14	0.75	4.87	1.30	309.85
云　南	454.28	0.67	3.79	2.37	16.77	3.75	238.71
西　藏	188.45		1.50		68.38	40.34	
陕　西	572.39	0.56	4.13	2.37	18.23	4.11	23.07
甘　肃	542.26	3.50	3.14	4.37	19.96	2.60	75.32
青　海	310.84	1.35	3.16	0.44	59.13	2.61	33.62
宁　夏	789.90		2.61	3.21	47.66	2.43	65.08
新　疆	800.94	40.28	4.26	30.67	71.40	4.90	89.37

第三部分

地 区 篇

五、农村社区环境与基础设施

5—1　分地区农村(乡镇)社区基本情况

单位:个

	通电的村	通邮的村	通电话的村	通公路的村	通自来水的村
全　国	718113	675769	357099	653925	130170
东部沿海10省市	286397	282489	212649	261189	93881
西部12省区市	192681	162699	41598	171830	19739
内蒙古	13103	11676	3622	9584	1075
广　西	13550	13937	4041	12730	1185
重　庆	20957	20631	2483	15334	2029
四　川	52557	38811	8254	45222	3917
贵　州	20418	8175	1574	18067	2472
云　南	11942	12640	12253	11373	2489
西　藏	1145	967	92	4693	128
陕　西	29800	28801	4488	26559	2584
甘　肃	15789	15776	1632	14844	1423
青　海	3186	2140	192	3216	650
宁　夏	2589	2192	432	2230	294
新　疆	7645	6953	2535	7978	1493

5—1续表

单位:个

	集贸市场个数	1. 综合市场	2. 专业市场
全　国	53276	39198	14078
东部沿海10省市	18335	12838	5506
西部12省区市	17025	13815	3210
内蒙古	745	650	95
广　西	2133	1873	260
重　庆	1395	1143	252
四　川	5218	3466	1752
贵　州	1904	1790	114
云　南	2210	2125	85
西　藏	33	28	5
陕　西	1435	1151	284
甘　肃	1071	905	166
青　海	128	89	39
宁　夏	177	151	26
新　疆	576	444	132

* 本部分数据来源于第一次全国农业普查。

5—2 分地区农村(乡镇)基础设施建设情况

单位:个、万部

	汽车站	供水站	发电站	电话装机数量	#程控电话	广播站	电视差转台
全 国	10791	24869	21551	1705.4	1591.4	37037	22364
东部沿海10省市	5426	13157	7841	1178.4	1106.3	11084	5130
西部12省区市	1574	7462	8032	178.1	158.8	14113	10690
内蒙古	181	306	123	19.1	16.7	721	647
广 西	111	679	745	21.6	20.2	1215	1340
重 庆	149	1124	841	20.4	18.7	1512	1045
四 川	569	2728	2439	41.0	34.7	4527	3322
贵 州	41	435	611	10.0	7.8	951	882
云 南	178	543	2026	22.9	20.3	1018	343
西 藏	7	26	136	0.8	0.7	49	222
陕 西	117	536	690	16.6	15.7	1794	1376
甘 肃	101	575	188	9.8	8.5	1287	991
青 海	24	46	58	5.1	5.0	147	185
宁 夏	11	102	4	2.3	2.3	218	57
新 疆	85	362	171	8.5	8.1	674	280

5—2续表

单位:个/乡镇、部/乡镇

	汽车站	供水站	发电站	电话装机数量	#程控电话	广播站	电视差转台
全 国	0.25	0.58	0.50	395.57	369.12	0.86	0.52
东部沿海10省市	0.45	1.08	0.65	970.62	911.23	0.91	0.42
西部12省区市	0.09	0.42	0.45	100.81	89.89	0.80	0.61
内蒙古	0.12	0.21	0.08	130.80	113.94	0.49	0.44
广 西	0.09	0.53	0.58	169.01	158.28	0.95	1.05
重 庆	0.11	0.81	0.60	146.56	133.98	1.08	0.75
四 川	0.12	0.58	0.52	87.10	73.64	0.96	0.71
贵 州	0.03	0.31	0.44	71.92	56.38	0.68	0.63
云 南	0.12	0.38	1.40	158.36	140.59	0.70	0.24
西 藏	0.01	0.03	0.15	8.70	7.16	0.05	0.24
陕 西	0.06	0.26	0.33	79.02	74.92	0.85	0.65
甘 肃	0.07	0.39	0.13	65.96	57.57	0.87	0.67
青 海	0.06	0.11	0.13	118.03	116.87	0.34	0.43
宁 夏	0.04	0.38	0.01	85.15	84.55	0.80	0.21
新 疆	0.11	0.46	0.22	107.84	103.84	0.86	0.36

5—3　分地区农村(乡镇)文教卫生和福利事业

单位:个

	小　学	中　学	职业技术学　校	幼儿园、托儿所	敬老院、福利院	文化站
全　国	165747	56602	8265	28402	28079	33898
东部沿海10省市	49973	19509	3330	11865	10649	10634
西部12省区市	87372	16589	2256	9163	7666	12070
内蒙古	5081	1291	127	341	880	1239
广　西	14685	2221	127	793	370	1209
重　庆	8068	1295	248	2366	908	927
四　川	13792	3956	753	3924	2439	2927
贵　州	6713	1356	114	369	503	600
云　南	18485	1715	206	483	488	1456
西　藏	1361	40	7	21	90	64
陕　西	3269	1892	275	323	800	1430
甘　肃	6083	1342	168	331	534	1118
青　海	847	287	24	31	75	174
宁　夏	3624	296	10	20	212	250
新　疆	5364	898	197	161	367	676

5—3续表1　　单位:个/乡镇

	小　学	中　学	职业技术学　校	幼儿园、托儿所	敬老院、福利院	文化站
全　国	3.8	1.3	0.2	0.7	0.7	0.8
东部沿海10省市	4.1	1.6	0.3	1.0	0.9	0.9
西部12省区市	4.9	0.9	0.1	0.5	0.4	0.7
内蒙古	3.5	0.9	0.1	0.2	0.6	0.8
广　西	11.5	1.7	0.1	0.6	0.3	0.9
重　庆	5.8	0.9	0.2	1.7	0.7	0.7
四　川	2.9	0.8	0.2	0.8	0.5	0.6
贵　州	4.8	1.0	0.1	0.3	0.4	0.4
云　南	12.8	1.2	0.1	0.3	0.3	1.0
西　藏	1.5	0.0	0.0	0.0	0.1	0.1
陕　西	1.6	0.9	0.1	0.2	0.4	0.7
甘　肃	4.1	0.9	0.1	0.2	0.4	0.8
青　海	2.0	0.7	0.1	0.1	0.2	0.4
宁　夏	13.4	1.1	0.0	0.1	0.8	0.9
新　疆	6.8	1.1	0.3	0.2	0.5	0.9

5—3 续表 2

单位:个

	图书馆	体育场馆	医院、卫生院	医生数	病床数
全　国	7125	3570	51361	904925	957954
东部沿海 10 省市	3658	1140	15134	338489	375238
西部 12 省区市	1488	1388	20861	253243	263569
内蒙古	186	88	1481	17816	18528
广　西	181	461	1315	20232	22166
重　庆	74	70	2165	28574	25191
四　川	216	168	6278	79878	78947
贵　州	75	26	1807	19307	16896
云　南	141	212	1674	26818	30977
西　藏	15	6	691	4360	3165
陕　西	181	49	2534	23409	27038
甘　肃	121	187	1626	19146	19278
青　海	25	14	408	3194	4078
宁　夏	21	6	94	1414	1570
新　疆	252	101	788	9095	15735

5—3 续表 3

单位:个/乡镇

	图书馆	体育场馆	医院、卫生院	医生数	病床数
全　国	0.2	0.1	1.2	21.0	22.2
东部沿海 10 省市	0.3	0.1	1.2	27.9	30.9
西部 12 省区市	0.1	0.1	1.2	14.3	14.9
内蒙古	0.1	0.1	1.0	12.2	12.7
广　西	0.1	0.4	1.0	15.8	17.4
重　庆	0.1	0.1	1.6	20.5	18.1
四　川	0.0	0.0	1.3	17.0	16.8
贵　州	0.1	0.0	1.3	13.9	12.1
云　南	0.1	0.1	1.2	18.6	21.4
西　藏	0.0	0.0	0.8	4.8	3.5
陕　西	0.1	0.0	1.2	11.1	12.9
甘　肃	0.1	0.1	1.1	12.9	13.0
青　海	0.1	0.0	0.9	7.4	9.4
宁　夏	0.1	0.0	0.3	5.2	5.8
新　疆	0.3	0.1	1.0	11.6	20.1

5—4　分地区有基础设施建设的乡镇数及占乡镇总数的比重

单位:个

	供水站	汽车站	发电站	电话装机数量	#程控电话
全　国	8940	14300	9788	40276	36282
东部沿海10省市	3923	5050	2646	12030	11812
西部12省区市	1450	5775	4347	15529	12383
内蒙古	167	214	34	1357	922
广　西	111	608	442	1197	1175
重　庆	140	833	513	1333	1224
四　川	498	2229	1451	4223	3329
贵　州	41	365	440	1164	702
云　南	161	399	687	1434	1125
西　藏	7	13	112	89	54
陕　西	113	411	312	1995	1721
甘　肃	94	241	141	1431	1049
青　海	23	42	49	324	234
宁　夏	11	67	3	268	267
新　疆	84	353	163	714	581
			占乡镇总数的(%)		
全　国	20.7	33.2	22.7	93.4	84.2
东部沿海10省市	32.3	41.6	21.8	99.1	97.3
西部12省区市	8.2	32.7	24.6	87.9	70.1
内蒙古	11.4	14.6	2.3	92.8	63.1
广　西	8.7	47.6	34.6	93.7	92.0
重　庆	10.0	59.8	36.8	95.6	87.8
四　川	10.6	47.3	30.8	89.7	70.7
贵　州	2.9	26.2	31.6	83.6	50.4
云　南	11.1	27.6	47.5	99.2	77.9
西　藏	0.8	1.4	12.2	9.7	5.9
陕　西	5.4	19.6	14.9	95.0	81.9
甘　肃	6.3	16.2	9.5	96.4	70.7
青　海	5.3	9.7	11.3	75.0	54.2
宁　夏	4.1	24.7	1.1	98.9	98.5
新　疆	10.7	45.0	20.8	91.1	74.1

5—5 分地区有集贸市场建设的乡镇数及占乡镇总数的比重

单位:个

	集贸市场个数	1. 综合市场	2. 专业市场
全 国	28369	25986	6800
东部沿海10省市	8662	7510	2833
西部12省区市	10566	10202	1498
内蒙古	568	531	74
广 西	1198	1181	143
重 庆	923	894	126
四 川	2890	2735	713
贵 州	1174	1164	59
云 南	1256	1244	52
西 藏	28	24	5
陕 西	1092	1051	149
甘 肃	804	778	76
青 海	79	71	23
宁 夏	144	135	18
新 疆	410	394	60
		占乡镇总数的(%)	
全 国	65.8	60.3	15.8
东部沿海10省市	71.3	61.9	23.3
西部12省区市	59.8	57.7	8.5
内蒙古	38.9	36.3	5.1
广 西	93.8	92.5	11.2
重 庆	66.2	64.1	9.0
四 川	61.4	58.1	15.1
贵 州	84.3	83.6	4.2
云 南	86.9	86.1	3.6
西 藏	3.1	2.6	0.5
陕 西	52.0	50.0	7.1
甘 肃	54.2	52.4	5.1
青 海	18.3	16.4	5.3
宁 夏	53.1	49.8	6.6
新 疆	52.3	50.3	7.7

5—6　分地区有文教卫生和福利设施的乡镇数及占乡镇总数的比重

单位:个

	文化站	图书馆	影剧院	小　学	中　学	职业技术学　校	幼儿园、托儿所
全　国	33100	6562	14158	33127	36965	7735	16671
东部沿海10省市	10474	3367	5147	8746	11805	3100	6464
西部12省区市	11581	1358	4456	15644	12409	2092	5245
内蒙古	1199	177	169	1079	1110	114	221
广　西	1201	171	694	1231	1242	121	559
重　庆	913	51	449	1381	917	207	821
四　川	2796	196	1451	4593	2968	712	2406
贵　州	598	70	310	1364	1021	113	323
云　南	1342	91	565	1367	1299	164	272
西　藏	32	15	47	702	34	6	17
陕　西	1390	176	230	1443	1607	267	224
甘　肃	1020	117	177	1229	1090	157	215
青　海	172	25	40	261	203	24	20
宁　夏	242	18	52	270	261	10	19
新　疆	676	251	272	724	657	197	148
				占乡镇总数的(%)			
全　国	76.8	15.2	32.8	76.8	85.7	17.9	38.7
东部沿海10省市	86.3	27.7	42.4	72.0	97.2	25.5	53.2
西部12省区市	65.6	7.7	25.2	88.5	70.2	11.8	29.7
内蒙古	82.0	12.1	11.6	73.8	75.9	7.8	15.1
广　西	94.0	13.4	54.3	96.4	97.3	9.5	43.8
重　庆	65.5	3.7	32.2	99.1	65.8	14.8	58.9
四　川	59.4	4.2	30.8	97.5	63.0	15.1	51.1
贵　州	43.0	5.0	22.3	98.0	73.3	8.1	23.2
云　南	92.9	6.3	39.1	94.6	89.9	11.3	18.8
西　藏	3.5	1.6	5.1	76.6	3.7	0.7	1.9
陕　西	66.2	8.4	10.9	68.7	76.5	12.7	10.7
甘　肃	68.7	7.9	11.9	82.8	73.5	10.6	14.5
青　海	39.8	5.8	9.3	60.4	47.0	5.6	4.6
宁　夏	89.3	6.6	19.2	99.6	96.3	3.7	7.0
新　疆	86.2	32.0	34.7	92.3	83.8	25.1	18.9

5—6 续表　　单位:个

	敬老院、福利院	医院、卫生院	医　生	病　床	体育场馆	广播站	电视差转台
全　国	26271	41857	41656	39710	2546	35388	17432
东部沿海10省市	10109	11935	11884	11597	820	10762	4063
西部12省区市	7058	16844	16810	15457	967	13029	7808
内蒙古	876	1425	1399	1301	47	710	569
广　西	354	1247	1237	1178	308	1204	870
重　庆	763	1371	1362	1313	40	1299	653
四　川	2100	4573	4550	4200	139	3960	2413
贵　州	491	1372	1359	1283	26	921	709
云　南	473	1423	1425	1402	142	936	292
西　藏	77	661	769	428	4	48	213
陕　西	747	2062	2035	1891	48	1651	915
甘　肃	531	1461	1431	1337	92	1267	704
青　海	71	385	390	310	14	145	152
宁　夏	208	92	93	93	6	215	57
新　疆	367	772	760	721	101	673	261
				占乡镇总数的(%)			
全　国	60.9	97.1	96.6	92.1	5.9	82.1	40.4
东部沿海10省市	83.3	98.3	97.9	95.5	6.8	88.6	33.5
西部12省区市	40.0	95.3	95.1	87.5	5.5	73.7	44.2
内蒙古	59.9	97.5	95.7	89.0	3.2	48.6	38.9
广　西	27.7	97.7	96.9	92.2	24.1	94.3	68.1
重　庆	54.7	98.4	97.7	94.2	2.9	93.2	46.8
四　川	44.6	97.1	96.6	89.2	3.0	84.1	51.2
贵　州	35.3	98.6	97.6	92.2	1.9	66.2	50.9
云　南	32.7	98.5	98.6	97.0	9.8	64.8	20.2
西　藏	8.4	72.2	84.0	46.7	0.4	5.2	23.3
陕　西	35.6	98.1	96.9	90.0	2.3	78.6	43.6
甘　肃	35.8	98.5	96.4	90.1	6.2	85.4	47.4
青　海	16.4	89.1	90.3	71.8	3.2	33.6	35.2
宁　夏	76.8	33.9	34.3	34.3	2.2	79.3	21.0
新　疆	46.8	98.5	96.9	92.0	12.9	85.8	33.3

5－7　分地区农村小城镇(建制镇)镇区基本情况

	建制镇个数(个)	镇区总户数(户)	镇区总人数(个)		镇区占地面积(平方公里)
				#非农业人口	
全　国	16126	19691043	72866508	33405183	36037.4
东部沿海10省市	6719	9492573	34448691	14946470	16239.4
西部12省区市	4539	4357870	15870860	7784285	8426.1
内蒙古	191	342791	1202222	665451	1180.1
广　西	574	542214	2349891	1078275	1030.8
重　庆	612	462538	1406098	913829	580.4
四　川	1505	1513420	4951158	2789130	2488.5
贵　州	604	446605	1689298	617424	886
云　南	249	260507	946084	400693	399.7
西　藏	30	37419	168378	99451	52.5
陕　西	478	343121	1379120	472287	924.3
甘　肃	123	162238	714903	343790	371.1
青　海	28	27341	129395	47550	72.3
宁　夏	41	29289	127524	55269	75.3
新　疆	104	190387	806789	301136	365.1

5－7续表

	平均每个建制镇			
	镇区总户数(户)	镇区总人数(人)		镇区占地面积(平方公里)
			#非农业人口	
全　国	1221	4519	2072	2.2
东部沿海10省市	1413	5127	2225	2.4
西部12省区市	960	3497	1715	1.9
内蒙古	1795	6294	3484	6.2
广　西	945	4094	1879	1.8
重　庆	756	2298	1493	0.9
四　川	1006	3290	1853	1.7
贵　州	739	2797	1022	1.5
云　南	1046	3800	1609	1.6
西　藏	1247	5613	3315	1.8
陕　西	718	2885	988	1.9
甘　肃	1319	5812	2795	3.0
青　海	976	4621	1698	2.6
宁　夏	714	3110	1348	1.8
新　疆	1831	7758	2896	3.5

5—8 分地区小城镇(建制镇)镇区企业与集贸市场情况

单位:个、人

	企业个数	从业人员数	集贸市场个数	1. 综合市场	2. 专业市场
全国	538428	20073162	30209	20279	9930
东部沿海10省市	277783	12210603	12374	8277	4106
西部12省区市	96321	3245060	8194	5932	2262
内蒙古	5299	162670	242	199	43
广西	9905	311797	1257	1036	221
重庆	10892	469891	937	706	231
四川	36459	1388262	3182	1856	1326
贵州	6716	167774	940	871	69
云南	4271	192808	512	464	48
西藏	1137	11877	15	13	2
陕西	10910	244551	659	470	189
甘肃	4839	201429	197	152	45
青海	669	14523	56	37	19
宁夏	416	29692	47	41	6
新疆	4808	49786	150	87	63

5—8续表

单位:个/建制镇、人/建制镇

	平均每个建制镇				
	企业个数	从业人员数	集贸市场个数	1. 综合市场	2. 专业市场
全国	33.4	1244.8	1.9	1.3	0.6
东部沿海10省市	41.3	1817.3	1.8	1.2	0.6
西部12省区市	21.2	714.9	1.8	1.3	0.5
内蒙古	27.7	851.7	1.3	1.0	0.2
广西	17.3	543.2	2.2	1.8	0.4
重庆	17.8	767.8	1.5	1.2	0.4
四川	24.2	922.4	2.1	1.2	0.9
贵州	11.1	277.8	1.6	1.4	0.1
云南	17.2	774.3	2.1	1.9	0.2
西藏	37.9	395.9	0.5	0.4	0.1
陕西	22.8	511.6	1.4	1.0	0.4
甘肃	39.3	1637.6	1.6	1.2	0.4
青海	23.9	518.7	2.0	1.3	0.7
宁夏	10.1	724.2	1.1	1.0	0.1
新疆	46.2	478.7	1.4	0.8	0.6

5－9　分地区农村小城镇(建制镇)社区基础设施建设

单位:个、部

	汽车站	供水站	发电站	电话装机数量	#程控电话	广播站	电视差转台
全　国	7471	14642	10492	13487845	12637893	15994	10082
东部沿海10省市	4269	8240	5643	9997813	9406418	6407	3347
西部12省区市	1016	3747	2752	1237129	1126376	4954	3616
内蒙古	87	74	6	113082	106161	154	140
广　西	88	392	420	166879	157171	565	571
重　庆	126	778	485	193372	177105	779	454
四　川	422	1516	945	329040	286884	1951	1268
贵　州	36	310	326	90761	72285	527	471
云　南	90	191	296	115025	105712	223	100
西　藏	3	3	19	3602	2599	14	22
陕　西	69	238	187	103077	99531	483	397
甘　肃	47	143	19	51584	48686	118	102
青　海	15	15	8	27737	27717	17	17
宁　夏	8	37	3	8320	8320	35	18
新　疆	25	50	38	34650	34205	88	56

5－9 续表

单位:个/建制镇、部/建制镇

	汽车站	供水站	发电站	电话装机数量	#程控电话	广播站	电视差转台
全　国	0.5	0.9	0.7	836.4	783.7	1.0	0.6
东部沿海10省市	0.6	1.2	0.8	1488.0	1400.0	1.0	0.5
西部12省区市	0.2	0.8	0.6	272.6	248.2	1.1	0.8
内蒙古	0.5	0.4	0.0	592.1	555.8	0.8	0.7
广　西	0.2	0.7	0.7	290.7	273.8	1.0	1.0
重　庆	0.2	1.3	0.8	316.0	289.4	1.3	0.7
四　川	0.3	1.0	0.6	218.6	190.6	1.3	0.8
贵　州	0.1	0.5	0.5	150.3	119.7	0.9	0.8
云　南	0.4	0.8	1.2	461.9	424.5	0.9	0.4
西　藏	0.1	0.1	0.6	120.1	86.6	0.5	0.7
陕　西	0.1	0.5	0.4	215.6	208.2	1.0	0.8
甘　肃	0.4	1.2	0.2	419.4	395.8	1.0	0.8
青　海	0.5	0.5	0.3	990.6	989.9	0.6	0.6
宁　夏	0.2	0.9	0.1	202.9	202.9	0.9	0.4
新　疆	0.2	0.5	0.4	333.2	328.9	0.8	0.5

5—10 分地区农村小城镇(建制镇)文教卫生和福利设施建设

单位:个

	小 学	中 学	职业技术学 校	幼儿园、托儿所	图书馆	文化站
全 国	77903	28534	4741	17874	4382	14745
东部沿海10省市	35078	11644	2345	8240	2594	6165
西部12省区市	28877	6962	1086	5420	670	4058
内蒙古	575	266	36	143	40	170
广 西	7691	1235	99	497	136	564
重 庆	4566	918	195	1713	67	583
四 川	6188	2234	430	2209	145	1410
贵 州	3424	838	73	285	56	353
云 南	3431	448	72	188	65	281
西 藏	73	16	2	11	7	8
陕 西	1142	611	100	180	72	387
甘 肃	639	182	30	118	27	155
青 海	51	39	9	13	10	22
宁 夏	563	52	4	11	6	37
新 疆	534	123	36	52	39	88

5—10续表1

单位:个/建制镇

	小 学	中 学	职业技术学 校	幼儿园、托儿所	图书馆	文化站
全 国	4.8	1.8	0.3	1.1	0.3	0.9
东部沿海10省市	5.2	1.7	0.3	1.2	0.4	0.9
西部12省区市	6.4	1.5	0.2	1.2	0.1	0.9
内蒙古	3.0	1.4	0.2	0.7	0.2	0.9
广 西	13.4	2.2	0.2	0.9	0.2	1.0
重 庆	7.5	1.5	0.3	2.8	0.1	1.0
四 川	4.1	1.5	0.3	1.5	0.1	0.9
贵 州	5.7	1.4	0.1	0.5	0.1	0.6
云 南	13.8	1.8	0.3	0.8	0.3	1.1
西 藏	2.4	0.5	0.1	0.4	0.2	0.3
陕 西	2.4	1.3	0.2	0.4	0.2	0.8
甘 肃	5.2	1.5	0.2	1.0	0.2	1.3
青 海	1.8	1.4	0.3	0.5	0.4	0.8
宁 夏	13.7	1.3	0.1	0.3	0.1	0.9
新 疆	5.1	1.2	0.3	0.5	0.4	0.8

5—10 续表 2

单位:个

	体育场馆	医院、卫生院	医生数	病床数	敬老院、福利院
全　国	2281	22676	568034	603788	13312
东部沿海 10 省市	934	8917	247430	275807	6130
西部 12 省区市	644	7410	139082	144313	3113
内蒙古	55	219	6131	7424	157
广　西	271	621	13152	14596	210
重　庆	48	1264	21794	19161	604
四　川	84	2849	54633	54095	1314
贵　州	15	908	12211	11231	282
云　南	66	389	10473	13119	124
西　藏	2	32	963	739	18
陕　西	28	789	11553	13296	243
甘　肃	52	169	4731	5255	61
青　海	8	36	1189	2041	7
宁　夏	2	32	795	846	36
新　疆	13	102	1457	2510	57

5—10 续表 3

单位:个/建制镇

	体育场馆	医院、卫生院	医生数	病床数	敬老院、福利院
全　国	0.1	1.4	35.2	37.4	0.8
东部沿海 10 省市	0.1	1.3	36.8	41.0	0.9
西部 12 省区市	0.1	1.6	30.6	31.8	0.7
内蒙古	0.3	1.1	32.1	38.9	0.8
广　西	0.5	1.1	22.9	25.4	0.4
重　庆	0.1	2.1	35.6	31.3	1.0
四　川	0.1	1.9	36.3	35.9	0.9
贵　州	0.0	1.5	20.2	18.6	0.5
云　南	0.3	1.6	42.1	52.7	0.5
西　藏	0.1	1.1	32.1	24.6	0.6
陕　西	0.1	1.7	24.2	27.8	0.5
甘　肃	0.4	1.4	38.5	42.7	0.5
青　海	0.3	1.3	42.5	72.9	0.3
宁　夏	0.0	0.8	19.4	20.6	0.9
新　疆	0.1	1.0	14.0	24.1	0.5

5—11 分地区农村小城镇(建制镇)农业社会化服务情况

单位:个

	农业科技推广站	农机站	畜牧兽医站	植保站	排灌站	种子站
全　国	16608	15506	17186	2721	7200	5967
东部沿海12省市	6848	6401	6826	1226	2999	2877
西部12省区市	4803	4559	5248	576	1665	904
内蒙古	173	171	203	0	6	74
广　西	587	542	586	28	123	42
重　庆	679	689	771	58	369	75
四　川	1755	1822	1970	407	1081	393
贵　州	596	502	568	32	16	50
云　南	252	218	251	9	15	27
西　藏	12	7	20	0	0	0
陕　西	463	326	571	25	25	143
甘　肃	126	120	136	9	6	36
青　海	30	26	30	2	1	14
宁　夏	40	39	39	2	10	28
新　疆	90	97	103	4	13	22

5—11续表

单位:个/建制镇

	农业科技推广站	农机站	畜牧兽医站	植保站	排灌站	种子站
全　国	1.03	0.96	1.07	0.17	0.45	0.37
东部沿海12省市	1.02	0.95	1.02	0.18	0.45	0.43
西部12省区市	1.06	1.00	1.16	0.13	0.37	0.20
内蒙古	0.91	0.90	1.06	0.00	0.03	0.39
广　西	1.02	0.94	1.02	0.05	0.21	0.07
重　庆	1.11	1.13	1.26	0.09	0.60	0.12
四　川	1.17	1.21	1.31	0.27	0.72	0.26
贵　州	0.99	0.83	0.94	0.05	0.03	0.08
云　南	1.01	0.88	1.01	0.04	0.06	0.11
西　藏	0.40	0.23	0.67	0.00	0.00	0.00
陕　西	0.97	0.68	1.19	0.05	0.05	0.30
甘　肃	1.02	0.98	1.11	0.07	0.05	0.29
青　海	1.07	0.93	1.07	0.07	0.04	0.50
宁　夏	0.98	0.95	0.95	0.05	0.24	0.68
新　疆	0.87	0.93	0.99	0.04	0.13	0.21

附　　录

附录1:党和国家领导人论西部大开发

邓小平同志关于“两个大局”的论述

我们的政策是让一部分人、一部分地区先富起来,以带动和帮助落后的地区,先进地区帮助落后地区是一个义务。我们坚持走社会主义道路,根本目标是实现共同富裕,然而平均发展是不可能的。过去搞平均主义,吃“大锅饭”,实际上是共同落后,共同贫穷,我们就是吃了这个亏。改革首先要打破平均主义,打破“大锅饭”,现在看来这个路子是对的。

【邓小平:《拿事实来说话》(1986年3月28日),《邓小平文选》第三卷第155页】

中国的资源很多分布在少数民族地区,包括西藏和新疆。如果这些地区开发起来,前景是很好的。我们帮助少数民族地区发展的政策是坚定不移的。

【邓小平:《立足民族平等,加快西藏发展》(1987年6月29日),《邓小平文选》第三卷第246页】

沿海地区要加快对外开放,使这个拥有两亿人口的广大地带较快地先发展起来,从而带动内地更好地发展,这是一个事关大局的问题。内地要顾全这个大局。反过来,发展到一定的时候,又要求沿海拿出更多力量来帮助内地发展,这也是个大局。那时沿海也要服从这个大局。

【邓小平:《中央要有权威》(1988年9月12日),《邓小平文选》第三卷第277、278页】

走社会主义道路,就是要逐步实现共同富裕。共同富裕的构想是这样提出的:一部分地区有条件先发展起来,一部分地区发展慢点,先发展起来的地区带动后发展的地区,最终达到共同富裕。如果富的愈来愈富,穷的愈来愈穷,两极分化就会产生,而社会主义制度就应该而且能够避免两极分化。解决的办法之一,就是先富起来的地区多交点利税,支持贫困地区的发展。当然,太早这样办也不行,现在不能削弱发达地区的活力,也不能鼓励吃“大锅饭”。什么时候突出地提出和解决这个问题,在什么基础上提出和解决这个问题,要研究。可以设想,在本世纪末达到小康水平的时候,就要突出地提出和解决这个问题。到那个时候,发达地区要继续发展,并通过多交利税和技术转让等方式大力支持不发达地区。不发达地区又大都是拥有丰富资源的地区,发展潜力是很大的。总之,就全国范围来说,我们一定能够逐步顺利解决沿海同内地贫富差距的问题。

【邓小平:《在武昌、深圳、珠海、上海等地的谈话要点》(1992年1月18日—2月21日)《邓小平文选》第三卷第373、374页】

江泽民同志谈“西部大开发”

——论述摘编

江泽民在西北五省区国有企业改革和发展座谈会上发表的重要讲话指出

加快西部地区开发步伐，从现在起，这要作为党和国家一项重大的战略任务，摆到更加突出的位置

1999年6月17日，在西安举行的西北五省区国有企业改革和发展座谈会上，中共中央总书记、国家主席、中央军委主席江泽民就加快中西部地区发展发表了重要讲话。

他说，现在我们正处在世纪之交，应该向全党和全国人民明确提出，必须不失时机地加快中西部地区的发展，特别是抓紧研究西部地区大开发。江泽民强调，加快开发西部地区，对于推进全国的改革和建设，对于保持党和国家的长治久安，是一个全局性的发展战略，不仅具有重大的经济意义，而且具有重大的政治和社会意义。加快中西部地区发展的条件已经基本具备，时机已经成熟。从现在起，这要作为党和国家一项重大的战略任务，摆到更加突出的位置。

江泽民在座谈会上指出，逐步缩小全国各地区之间的发展差距，实现全国经济社会的协调发展，最终达到全体人民的共同富裕，是社会主义本质的要求，也是关系我国跨世纪发展全局的一个重大问题。中央对中西部地区的改革和发展是高度重视的，强调要把逐步缩小东部与中西部地区发展的差距作为一条长期坚持的重要方针，并采取了一系列政策措施，促进中西部地区的发展。在中央和其他地区的支持下，中西部地区广大干部群众自力更生，团结奋斗，改革和建设取得了很大的成就。

江泽民在讲话中阐述了邓小平同志关于实现地区经济协调发展的战略思想。他说，80年代，当改革开放和现代化建设全面展开以后，邓小平同志对全国经济的协调发展就进行过深刻的考虑。他提出了“两个大局”的思想。一个大局，就是东部沿海地区加快对外开放，使之较快地先发展起来，中西部地区要顾全这个大局。另一个大局，就是当发展到一定时期，比如本世纪末全国达到小康水平时，就要拿出更多的力量帮助中西部地区加快发展，东部沿海地区也要服从这个大局。我国地域辽阔，人口众多，生产力不发达，要在一个时期实现同步富裕、同等富裕是不现实的，必然会有的先富起来，有的后富。在发展战略布局上，必须有全盘的构想。邓小平同志的这个战略设想是，根据生产力发展水平和各方面的条件，东部地区先加快发展，然后带动和支持中西部地区发展，最终实现全国各地区共同繁荣和共同富裕。实践证明，这是完全正确的。

江泽民指出，加快开发西部地区，是全国发展的一个大战略、大思路。改革

开放以来，沿海发达地区运用自身较好的经济基础、优越的地理位置和国家支持的政策，经济和社会发展已经积累了相当的实力。现在，加快中西部地区开发的时机已经到来。中西部地区范围很大，如何加快开发，要有通盘的考虑。加快西部地区的经济发展，是保持国民经济持续快速健康发展的必然要求，也是实现我国现代化建设第三步战略目标的必然要求。西部地域广大，自然资源丰富，有巨大的发展潜力，也是一个巨大的潜在市场，加快发展西部地区可以促进各种资源的合理配置和流动，为国民经济的发展提供广阔的空间和巨大的推动力量。

在谈到改善西部地区生态环境问题时，江泽民说，由于千百年来多少次战乱、多少次自然灾害和各种人为的原因，西部地区自然环境不断恶化，特别是水资源短缺，水土流失严重，生态环境越来越恶劣，荒漠化年复一年地加剧，并不断向东推进。这不仅对西部地区，而且对其他地区的经济社会发展也带来不利的影响。改善生态环境，是西部地区的开发建设必须首先研究和解决的一个重大课题。如果不从现在起，努力使生态环境有一个明显的改善，在西部地区实现可持续发展的战略就会落空。

江泽民指出，西部地区少数民族聚居比较集中，又地处边疆。加快西部地区的发展，对于保持西部地区政治和社会稳定、促进民族团结和保障边疆安全具有重大意义。维护民族地区的稳定，很重要的一条就是要不断加快这些地区的经济发展和社会进步。经济发展了，社会进步了，各民族共同富裕了，就会进一步巩固和发展平等、团结、互助的社会主义民族关系，就会大大增强整个中华民族的凝聚力。保持民族地区的稳定和巩固祖国边防，也就具有了更加强大的物质基础和思想政治基础。

江泽民强调，在发展社会主义市场经济的条件下，加快开发西部地区，要有新的思路。要适应建立社会主义市场经济体制的要求和新的对外开放环境，充分考虑国内外市场需求的新变化，按客观经济规律办事。国家要加强宏观调控，研究提出符合实际的政策措施。要按照有所为、有所不为的原则，统筹安排，有计划有步骤地进行开发，防止刮风，防止“一哄而起”。在编制下一个五年计划时，要把加快开发西部地区作为一个重要方针。

江泽民说，加快开发西部地区，必须充分考虑各种有利和不利的因素，充分调动广大干部群众和各个方面的积极性。总的原则是：把加快西部经济社会发展同保持政治社会稳定、加强民族团结结合起来，把西部发展同实现全国第三步发展战略目标结合起来，在国家财力稳定增长的前提下，通过转移支付，逐步加大对西部地区的支持力度；在充分调动西部地区自身积极性的基础上，通过政策引导，吸引国内外资金、技术、人才等投入西部开发，有目标、分阶段地推进西部地区人口、资源、环境与经济社会的协调发展。加快开发西部地区应该是全面的，要把水资源的开发和有效利用放在突出位置。生态环境建设、普及科学教育、推广实用技术、发展特色旅游、交通通信设施建设等方面，都要统筹规划。

江泽民指出，国家已经采取的支持西部地区发展的措施要继续落实好，包括优先安排基础设施建设项目，支持技术改造和产品结构调整，在企业增资减债、下岗分流、完善社会保障制度方面给予更多支持，加大对中西部地区财政转移支付的力度。

江泽民最后说,加快开发西部地区,是一个巨大的系统工程,也是空前艰难的历史任务。既要有紧迫感,抓紧研究方案、步骤和政策措施,又要做好长期奋斗的充分思想准备。西部各省区的广大干部群众,要抓住这个历史机遇,坚持发扬自力更生、艰苦奋斗的光荣传统,利用自己的优势,创造新的业绩。我们要下决心通过几十年乃至整个下世纪的艰苦努力,建设一个经济繁荣、社会进步、生活安定、民族团结、山河秀美的西部地区。

朱镕基同志谈“西部大开发”

——论述摘编

朱镕基在陕西考察工作时强调
下定决心持之以恒治理黄土高原水土流失

1999年8月5日至8月9日，中共中央政治局常委、国务院总理朱镕基在陕西省考察治理水土流失、改善生态环境和黄河防汛工作。他指出，要认真贯彻落实江泽民总书记“再造一个山川秀美的西北地区”的批示和最近关于治理开发黄河的重要指示，从根本上把黄河的事情办好。他强调，黄河中上游各省区要解放思想，采取退田还林（草）、封山绿化、个体承包、以粮代赈的措施，动员广大人民群众，大搞植树种草，改善生态环境，为根治黄河奠基，为子孙后代造福。

朱镕基指出，搞好水土保持，加强生态环境建设，是中华民族生存与发展的长远大计，必须从实施可持续发展战略的高度，充分认识生态环境建设的重大意义。他说，改革开放以来，特别是近些年，我国人民在党中央领导下，开展以治理水土流失为主的生态环境建设，取得很大成绩。但是，治理力度还不够，一些地方边治理、边破坏，天然林砍伐并未完全停止，绿色植被继续减少，水土流失还在扩展，生态环境形势严峻。如果这种状况不从根本上改变，必将危及中华民族的生存与发展，贻害我们的子孙后代。对此，我们必须有一个清醒的认识。朱镕基指出，防治水土流失，是当前生态环境建设的紧迫任务。我们一定要以对人民、对历史、对子孙后代高度负责的态度，发扬艰苦创业精神，下定决心，持之以恒，植树种草，绿化荒山，保持水土，经过一代又一代的不懈努力，根本改善长江、黄河中上游地区的生态环境。

朱镕基强调，治理黄土高原水土流失，加强生态环境建设，是治理黄河，让黄河造福于中华民族的一项根本措施。他指出，新中国成立以来，黄河治理开发取得举世瞩目的成就，兴修了一批水利工程设施，初步形成了黄河防洪工程体系。但是，黄河洪水威胁仍是心腹之患。根本原因是黄河中上游地区水土流失严重，加快了下游河道淤积，河床抬高，加剧了洪水威胁，给黄河防洪治理和水利工程运行带来严重隐患。因此，防治黄河洪水灾害，刻不容缓的任务是加大黄河中上游地区水土流失治理力度，减少下游泥沙淤积，增强排洪能力。这样才能事半功倍，从根本上除害兴利，让黄河永久安澜。为此，要抓紧制定黄河中上游地区水土流失治理规划，及早做好前期准备，并抓紧加快实施。林业部门要组织科研力量，选育适宜黄土高原地区生长的林草良种，推广先进种植技术，开展飞机播种，乔、灌、草结合。国家将加大治理水土流失的投资力度，重点支持黄河、长江中上游地区的水土流失治理，力争用10年或更长一点时间，使这一地区的生态环境得到明显改善。

朱镕基说,做好黄河中上游地区的水土保持工作,改善生态环境,重要的是解放思想,调整思路。他指出,在过去粮食短缺时期,黄河中上游的一些地方,在山顶、陡坡开荒种粮,缓解了粮食供给不足的矛盾。但现在情况不同了,随着国家农业政策的成功,农业科技的发展,粮食生产能力明显提高,粮食供给平衡有余。在这种情况下,如果还继续在山顶、陡坡开荒种粮,不仅投资大、成本高、产量低、效益差,而且加剧水土流失,势必严重危害黄河下游的防洪治理和经济发展。因此,黄河中上游地区不要再以牺牲生态环境为代价生产粮食,而是要治理水土流失,改善生态环境,为下游治理和经济发展创造良好的生态条件。各有关省区一定要及早调整农业结构,大力植树种草,扩大绿色植被,搞好水土保持。由此而减少的粮食产量,完全可以通过减少水土流失,减轻下游洪水灾害而增产的粮食得到补偿。国家将采取有效措施,解决黄河中上游地区坡耕地退耕后农民所需的口粮问题,支持生态环境建设。

朱镕基强调,治理水土流失,要采取退田还林(草)、封山绿化、个体承包、以粮代赈的措施。他说,当前最重要的是,黄河中上游地区要坚决实行坡耕地退田还林,坚决停止新的毁林毁草开荒,做到树上山、粮下川。这是治理水土流失的关键措施。要封山绿化,保护植被,发展林草业及相关产业,开展多种经营,开辟新的增收门路。退耕的坡地造林,可以实行个体承包的办法,把造林任务承包到户、到人,谁造林、谁所有、谁受益。建立健全责任制,明确造林权益,落实管护措施。对造林种草所需苗木、种子和用工,国家给以适当补贴,个人要保种保活。对退耕并达到造林要求的农户的口粮,在一定年限内,由国家采取以粮代赈、无偿提供的办法解决,以调动农户退田还林的积极性。

在谈到延安的生态环境建设时,朱镕基说,延安是革命圣地,延安人民为夺取中国革命的胜利作出了重要贡献。现在,延安经济、社会有了较快发展,各项事业取得明显进步。但是,延安自然条件差,生态环境还未得到根本改善。国家有关部门和陕西省要把延安作为生态环境建设的重点,加大资金投入,给以政策支持。延安人民要继续发扬艰苦奋斗精神,把过去“兄妹开荒”的革命精神,发展为“兄妹造林”,大力开展植树种草,治理水土流失,为建设一个山清水秀的延安作出新贡献。

附录 2：西部大开发会议纪要及备忘录

不失时机实施西部大开发战略
要集中力量抓好五项重点工作

——国务院西部地区开发领导小组
在京召开的西部大开发会议纪要

2000 年 1 月 19 日至 22 日，国务院西部地区开发领导小组在京召开了西部大开发会议。会议的主要议题是学习、领会党中央关于实施西部大开发的重要决策和指示精神，统一思想，提高认识，研究加快西部地区发展的基本思路和战略任务。

中共中央政治局常委、国务院总理朱镕基出席会议并发表讲话，阐述了实施西部大开发战略，加快中西部地区发展的重大意义，分析了当前的有利条件和时机，提出了做好近期重点工作任务的要求。他强调，各部门、各地区要站在我国现代化建设全局和战略的高度，把思想和行动统一到党中央的重大决策上来，不失时机地推进西部地区大开发。

中共中央政治局委员、国务院副总理温家宝主持会议，作了工作报告。

会议认为，实施西部大开发战略，加快中西部地区的发展，是以江泽民同志为核心的党中央根据邓小平关于我国现代化建设“两个大局”的战略思想，高瞻远瞩、统揽全局、面向新世纪作出的重大决策。这是进行经济结构战略性调整，促进地区经济协调发展的重大部署；是扩大国内需求，促进国民经济持续快速健康发展的重大举措；是增进民族团结，保持社会稳定和巩固边防的根本保证；是逐步缩小地区差距，最终实现共同富裕的必然要求。实施西部大开发战略，不仅对于振兴中西部地区经济，而且对促进全国经济更大发展、实现我国现代化长远发展的宏伟目标，都将起到极大的推动作用。

会议指出，加快中西部地区发展的条件已经基本具备，时机已经成熟。新中国成立 50 年，特别是改革开放 20 年来，我国综合国力显著增强，人民生活接近小康水平，国家有能力加大对中西部地区的支持力度。特别是当前正在实施扩大内需的积极财政政策，可以用更多的财力直接支持西部开发。现在我国已基本解决全国人民的吃饭问题，粮食出现了阶段性的供过于求，这是在生态脆弱地区，有计划、分步骤退耕还林(草)，改善生态环境的大好时机。随着我国加入世界贸易组织进程的加快，对外开放进入了一个新的阶段，中西部地区也将像东部沿海地区一样更加开放。我们必须充分认识和抓住当前的有利时机，增强历史责任感，坚定不移地贯彻落实党中央的重大战略决策。

会议认为，实施西部大开发是一项规模宏大的系统工程，也是一项艰巨的历史任务。当前和今后一个时期，要集中力量抓好几件关系西部地区开发全局的重点工作：

第一,加快基础设施建设。必须从战略眼光出发,下更大的决心,以更大的投入,先行建设,适当超前。要以公路建设为重点,加强铁路、机场、天然气管道干线建设;加强电网、通信和广播电视等基础设施建设;加强水利基础设施建设,特别是要坚持把水资源的合理开发和节约利用放在突出的位置。要在做好充分论证的基本上,着力抓好一批重大骨干工程。

第二,切实加强生态环境保护和建设。这是推进西部开发重要而紧迫的任务。要加大天然林保护工程实施力度,同时采取"退耕还林(草)、封山绿化、以粮带赈、个体承包"的政策措施,由国家无偿向农民提供粮食和苗木,对陡坡耕地有计划、分步骤地退耕还林还草。坚持"全面规划、分步实施,突出重点、先易后难,先行试点、稳步推进",因地制宜,分类指导,做到生态效益和经济效益相统一。坚持先搞好实施规划和试点示范。试点的规模要适当,不宜铺得太大,防止一哄而起。要加强政策引导,尊重群众意愿,不能搞强迫命令。

第三,积极调整产业结构。实施西部大开发战略,起点要高,不能搞重复建设。要抓住我国产业结构进行战略性调整的时机,根据国内外市场的变化,从各地资源特点和自身优势出发,依靠科技进步,发展有市场前景的特色经济和优势产业,培育和形成新的经济增长点。要加强农业基础,调整和优化农业结构,增加农民收入;合理开发和保护资源,促进资源优势转化为经济优势;加快工业调整、改组和改造步伐;大力发展旅游等第三产业。

第四,发展科技和教育,加快人才培养。要充分发挥老工业基地、军工企业、科研机构和高等院校现有科技力量的作用,加快科技成果的转化和推广应用,积极引进国内外先进技术。要确保教育优先发展,在办好高等教育的同时,特别要加快少数民族地区和贫困地区教育的发展,提高劳动者素质。要千方百计使用好现有人才,采取积极措施从国外引进人才,大力培养各类人才。

第五,加大改革开放力度。实施西部大开发,不能沿用传统的发展模式,必须研究适应新形势的新思路、新方法、新机制,特别是要采取一些重大政策措施,加快西部地区改革开放的步伐。要转变观念,面向市场,大力改善投资环境,采取多种形式更多地吸引国内外资金、技术、管理经验。要深化国有企业改革,大力发展城乡集体、个体、私营等多种所有制经济,积极发展城乡商品市场,逐步把企业培育成为西部开发的主体。

会议强调,实施西部大开发,不仅是西部地区的大事,也是东部地区和全国的大事,也是东部地区和全国的大事,要充分发挥我们的政治优势,动员全社会力量支持西部开发建设。国家要适当集中财力,增加对西部地区的财政转移支付力度,扩大西部地区的公共投资规模,支持西部地区加快发展。要深化投融资改革,拓宽开发建设筹资渠道。中央各部门要采取多种方式帮助和支持西部地区。东部地区要把支持西部大开发作为责无旁贷的任务。改善和加强对西部地区的对口支援和各种形式的协作,促进共同发展。西部大开发最根本的是靠西部地区广大干部群众自力更生,艰苦奋斗。要坚持物质文明和精神文明共同进步,经济和社会协调发展。

会议要求,要切实加强领导。当前必须要在深入调查研究的基础上,制定切实可行的总体规划和专项规划,并纳入国民经济和社会发展"十五"计划。所有的重要建设项目都要纳入规划,进行充分论证。推进西部大工发,既要有紧迫感,也要有长期奋斗的思想准备,不能急于求成。要坚持从实际出发,按客观规律办事,积极进取,量力而行,注重实效。既要解放思想,勇于探索,又要认真执行国家法律和政策,不能乱集资、乱受费,增加企业和农民负担。要加强民族团结,巩固和发展安定团结的社会政治局面,保证西部开发扎扎实实地健康发展。

西部大开发备忘录

“八五”计划后，针对东西部发展差距明显增大的问题，江泽民总书记在党的十四届五中全会上作出重要讲话，明确指出：“对于东部地区与中西部地区经济发展中出现的差距扩大问题必须认真对待，正确处理。解决地区发展差距，坚持区域经济协调发展，是今后改革和发展的一项战略任务”。

1996 年 3 月 17 日，在八届全国人大四次会议通过的《国民经济和社会发展“九五”计划与 2010 年远景目标规划纲要》中，把“坚持区域经济发展，逐步缩小地区差距”作为我国在此之后的 15 年国民经济和社会发展的重要方针之一。

1997 年 9 月，江泽民总书记在党的十五大报告中指出：“中西部地区要加快改革开放和开发，发挥资源优势，发展优势产业。国家要加大对中西部地区的支持力度……”

1998 年 10 月 14 日，党的第十五届三中全会作出的《中共中央关于农业和农村工作若干重大问题的决定》重申了中央将“优先安排基础设施重点建设项目，支持中西部地区经济发展”。

1999 年 6 月 9 日，在中央扶贫开发工作会议上，江泽民同志指出，现在加快中西部地区步伐的条件已经具备，时机已经成熟。在继续加快东部沿海地区发展的同时，必须不失时机地加快中西部地区的发展。从现在起，这要作为党和国家的一项重大的战略任务，摆到更加突出位置。

1999 年 6 月 17 日，在西安召开的西北五省区国有企业改革和发展座谈会上，江泽民总书记就加快中西部地区发展发表了重要讲话。他再次强调，加快开发西部地区，是全国发展的一个大战略、大思路，并提出了加快开发西部地区的总的原则。

1999 年 9 月 22 日，党的十五届四中全会提出要不失时机地实施西部大开发战略，并强调指出，这一开发战略是直接关系到扩大内需，促进经济增长，关系到东西部协调发展和最终实现共同富裕的重大问题，是党中央总揽全局，面向新世纪做出的重大决策。

1999 年 10 月 21 日，朱镕基总理赴甘肃、青海、宁夏进行考察。在实地调研工作中，他强调说，为了加快西部地区的大开发，国家已经并要继续加大对西部地区的投入力度，东部沿海地区和社会各个方面都要采取多种形式给予大力支持，西部地区要进一步解放思想，加快改革步伐。

1999 年 11 月 20 日，全国计划会议举行，“加快西部地区大开发，促进区域协调发展”成为会议提出的 2000 年经济和社会发展的九项任务之一。

2000 年 1 月 19 日，国务院西部地区开发领导小组在京召开西部地区开发会议，朱镕基总理出席会议并发表讲话，阐述了实施西部大开发战略，加快中西部地区发展的重大意义，分析了当前的有利条件和时机，提出了做好近期重点工作任务的要求。

2000 年 1 月，国务院西部地区开发领导小组成立。中国国务院批准成立西部地区开发领导小组，统筹主持西部地区开发工作，由朱镕基任组长，温家宝任副组长，小组成员囊括在任的国务院 17 个正部长。国务院西部开发领导小组下设办公室，在国家发展计划委员会单设机构，具体承担国务院西部地区开发领导小组的日常工作。

在此背景下，西部各省区市纷纷召开经济工作会议，开展各项准备，筹划部署开发工作，一系列支持西部开发的政策相继出台，西部开发全面启动。

附录3:主要统计指标解释

主要统计指标解释

国内生产总值(GDP):指一个国家(或地区)所有常住单位在一定时期内生产活动的最终成果。国内生产总值有三种表现形态,即价值形态、收入形态和产品形态。从价值形态看,它是所有常住单位在一定时期内生产的全部货物和服务价值超过同期中间投入的全部非固定资产货物和服务价值的差额,即所有常住单位的增加值之和;从收入形态看,它是所有常住单位在一定时期内创造并分配给常住单位和非常住单位的初次收入分配之和;从产品形态看,它是所有常住单位在一定时期内最终使用的货物和服务价值与货物和服务净出口价值之和。在实际核算中,国内生产总值有三种计算方法,即生产法(总产出减中间投入)、收入法(由劳动者报酬、生产税净额、固定资产折旧、营业盈余组成)和支出法(由最终消费、资本形成总额、货物和服务净出口组成)。三种方法分别从不同的方面反映国内生产总值及其构成。

支出法国内生产总值:指一个国家(或地区)所有常住单位在一定时期内用于最终消费、资本形成总额,以及货物和服务的净出口总额,它反映本期生产的国内生产总值的使用及构成。

最终消费:指常住单位在一定时期内对于货物和服务的全部最终消费支出,也就是常住单位为满足物质、文化和精神生活的需要,从本国经济领土和国外购买的货物和服务的支出;不包括非常住单位在本国经济领土内的消费支出。最终消费分为居民消费和政府消费。

三次产业:指根据社会生产活动历史发展的顺序对产业结构的划分,产品直接取自自然界的部门称为第一产业,对初级产品进行再加工的部门称为第二产业,为生产和消费提供各种服务的部门称为第三产业。我国的三次产业划分是:第一产业为农业(包括种植业、林业、牧业和渔业),第二产业为工业(包括采掘业,制造业,电力、煤气及水的生产和供应业)和建筑业,第三产业为除第一、第二产业以外的其他各业。

当年价格:也称现行价格,指报告期内的实际市场价格。按现行价格计算的各种综合指标可以反映当年国民经济发展水平及比例关系,但因其变化受实物数量增减和价格升降因素的影响,在不同时期之间缺乏可比性。

可比价格:指计算各种总量指标所采用的扣除了价格变动因素的价格,可进行不同时期总量指标的对比。按可比价格计算总量指标有两种方法:一种是直接用产品产量乘某一年的不变价格计算;另一种是用价格指数进行缩减。

不变价格:指以同类产品某年的平均价格作为固定价格,用于计算各年的产品价值。按不变价格计算的产品价值消除了价格变动因素,不同时期对比可以反映生产的发展速度。新中国成立后,随着工农业产品价格水平的变化,国家统计局先后五次制定了全国统一的工业产品不变价格和农业产品不变价格。从1952年到1957年使用1952年工(农)业产品不变价格,从1957年到1970年使用1957年不变价格,从1971年到1980年使用1970年不变价格,从1981年到1990年使用1980年不变价格,从1991年开始使用1990年不变价格。

人口数:指一定时点、一定地区范围内有生命的个人总和。年度统计的年末人口数指每年12月31日24时的人口数。年度统计的全国人口总数内未包括台湾省和港澳同胞以及海外华侨人数。

人口自然增长率:指在一定时期内(通常为一年)人口自然增加数(出生人数减死亡人数)与该时期内平均人数(或期中人数)之比,一般用千分率表示。计算公式为:

人口自然增长率=(本年出生人数-本年死亡人数)/年平均人数×1000‰

=人口出生率-人口死亡率

从业人员:指从事一定社会劳动并取得劳动报酬或经营收入的人员,包括全部职工、再就业的离退休人员、私营业主、个体户主、私营和个体从业人员、乡镇企业从业人员、农村从业人员和其他从业人员(包括民办教师、宗教职业者、现役军人等)。

固定资产投资额:指以货币表现的建造和购置固定资产活动的工作量,分为基本建设投资、更新改造投资、房地产开发投资和其他固定资产投资四个部分。

基本建设投资:指企业、事业、行政单位以扩大生产能力或工程效益为主要目的的新建、扩建工程及有关工作的投资。

更新改造投资:指企业、事业单位对原有设施进行固定资产更新和技术改造,以及相应配套的工程和有关工作(不包括大修理和维护工程)的投资。

房地产开发投资:指房地产开发公司、商品房建设公司及其他房地产开发法人单位和附属于其他法人单位实际从事房地产开发或经营的活动单位统一开发的包括统代建、拆迁还建的住宅、厂房、仓库、饭店、宾馆、度假村、写字楼、办公楼等房屋建筑物和配套的服务设施,土地开发工程(如道路、给水、排水、供电、供热、通讯、平整场地等基础设施工程)的投资;不包括单纯的土地交易活动。

财政收入:指国家财政参与社会产品分配所取得的收入,是实现国家职能的财力保证。财政收入所包括的内容几经变化,目前主要包括各项税收、专项收入、其他收入(如基本建设贷款归还收入、基本建设收入、捐赠收入等)和国有企业计划亏损补贴。

财政收入按财政体制划分为中央本级收入和地方本级收入。1994年分税制财政体制以后,属于中央财政的收入包括关税、海关代征消费税和增值税,消费税,中央企业所得税,地方银行和外资银行及非银行金融企业所得税,铁道、银行总行、保险总公司等集中缴纳的营业税、所得税、利润和城市维护建设税,增值税的75%部分,证券交易税(印花税)50%部分和海洋石油资源税。属于地方财政的收入包括营业税,地方企业所得税,个人所得税,城镇土地使用税,固定资产投资方向调节税,城镇维护建设税,房产税,车船使用税,印花税,屠宰税,农牧业税,农业特产税,耕地占用税,契税,增值税25%部分,证券交易税(印花税)50%部分和除海洋石油资源税以外的其他资源税。

财政支出:国家财政将筹集起来的资金进行分配使用,以满足经济建设和各项事业的需要,主要包括基本建设支出、企业挖潜改造资金、地质勘探费用、科技三项费用、支援农村生产支出、农林水利气象等部门的事业费用、工业交通商业等部门的事业费、文教科学卫生事业费、抚恤和社会福利救济费、国防支出、行政管理费和价格补贴支出。

财政支出按照政府在经济和社会活动中的不同职权，划分为中央财政支出和地方财政支出。中央财政支出包括国防支出，武装警察部队支出，中央级行政管理费和各项事业费，重点建设支出以及中央政府调整国民经济结构、协调地区发展、实施宏观调控的支出。地方财政支出主要包括地方行政管理和各项事业费，地方统筹的基本建设、技术改造支出，支援农村生产支出，城市维护和建设经费，价格补贴支出等。

农村居民家庭纯收入：指农村常住居民家庭总收入中，扣除从事生产和非生产经营费用支出、缴纳税款和上交承包集体任务金额以后剩余的，可直接用于进行生产性、非生产性建设投资、生活消费和积蓄的那一部分收入。农村居民家庭纯收入包括从事生产性和非生产性的经营收入，取自在外人口寄回、带回和国家财政救济、各种补贴等非经营性收入；既包括货币收入，又包括自产自用的实物收入。但不包括向银行、信用社和亲友借款等属于借贷性的收入。

邮电业务总量：指以货币表现的邮电业生产和服务的总量。邮电业务量按专业分类包括函件、包件、汇票、报刊发行、邮政快件、特快专递、邮政储蓄、集邮、公众电报、用户电报、传真、长途电话、出租电路、市话无线寻呼、移动电话、分组交换数据通信、出租代维等。核算方法为各类产品乘以相应的平均单价（不变价）之和，再加上出租电路和设备、代用户维护电话交换机和线路等的服务收入。

社会消费品零售总额：指国民经济各行业直接售给城乡居民和社会集团的消费品总额。社会消费品零售总额包括售给城乡居民作为生活用的商品和修建房屋用的建筑材料；售给社会集团的各种办公用品和公用消费品；售给机关、团体、学校、部队、企业、事业单位的职工食堂和旅店（招待所）附设专门供本店旅客食用，不对外营业的食堂的各种食品、燃料；企业、单位和国营农场直接售给本单位职工和职工食堂的自己生产的产品；售给部队干部、战士生活用的粮食、副食品、衣着品、日用品、燃料；售给来华的外国人、华侨、港澳台同胞的消费品；居民自费购买的中、西药品，中药材及医疗用品；报社、出版社直接售给居民和社会集团的报纸、图书、杂志，集邮公司出售的新、旧纪念邮票、特种邮票、首日封、集邮册、集邮工具等；旧货寄售商店自购、自销部分的商品；煤气公司、液化石油气站售给居民和社会集团的煤气灶具和罐装液化石油气；农民售给非农业居民和社会集团的商品。

海关进出口总额：指实际进出我国国境的货物总金额。包括对外贸易实际进出口货物，来料加工装配进出口货物，国家间、联合国及国际组织无偿援助物资和赠送品，华侨、港澳台同胞和外籍华人捐赠品，租赁期满归承租人所有的租赁货物，进料加工进出口货物，边境地方贸易及边境地区小额贸易进出口货物（边民互市贸易除外），中外合资、中外合作、外商独资经营企业进出口货物和公用物品，到、离岸价格在规定限额以上的进出口货样和广告品（无商业价值、无使用价值和免费提供出口的除外），从保税仓库提取在中国境内销售的进口货物，以及其他进出口货物。我国规定出口货物按离岸价格统计，进口货物按到岸价格统计。

乡镇个数：指农村中经省、自治区、直辖市人民政府批准成立的乡一级行政区划的数量。不包括城关镇、城市街道办事处、工矿区。

村委会个数：指农村中经上级政府批准，按居住地区设立的基层群众性自治组织的个数。含城关镇中的村。

乡村户数：是指户口在农村的常住户数，包括参加乡村各级举办和各种行业的合作经济组织，并从中直接取得实物或货币收入家庭户数。但不包括乡村区域内的国有经济的机关、团体、学校、企业、事业单位的集体户。在统计乡村户数时按公安部门的常住户进行统计，凡符合1993年6月关于统计上城乡划分标准规定的乡村地区范围内上述条件的居民户均包括在内。集体户口无论其人数多少，都以一户进行统计。

乡村人口数：指乡村户数中的常住人口数。包括常住人口中外出的民工、工厂合同工及户口在家的在外学生，但不包括户口在家领取工资的国家职工。

乡村人口统计主要依据公安部门的户籍统计。

乡村劳动力：指乡村人口中经常参加合作经济组织（包括乡村办企业事业单位）和从事家庭经营生产劳动的整、半劳动力。其行业划分是按从事的主业划分的，如以农为主（时间相同按收入）、兼营商业的，仍作为农业劳动力。乡村劳动力统计与农业普查中的农村从业人员统计主要区别在于，常规农业统计中的乡村劳动力从业时间至少要两个月才算，同时一般是以村为填报单位，按户籍册上的人口年龄加以估算，超过或没有达到劳动年龄而从事劳动的有的按半劳动力计算，有的未计算，农业普查中的农村从业人员不受年龄限制，只要从业时间在10天以上的人员都包括在内。

耕地：是指能够种植农作物、经常进行耕锄的田地。包括熟地、当年新开荒地、连续撂荒未满三年的耕地和当年的休闲地（轮歇地）。以种植农作物为主并附带种植桑树、茶树、果树和其它林木的土地及沿海、沿湖地区已围垦利用的"海涂"、"湖田"等也包括在内。但不包括专业性的桑园、茶园、果木苗圃、林地、芦苇地、天然草原等。南方小于一米、北方小于两米宽的渠、路、田埂，包括在耕地中。

国家基建占地：指经县以上政府主管部门批准的各级新建或扩建工矿企业，修筑公路、铁路、民航机场等工程、兴修水利工程，以及建筑机关学校用房等基本建设而实际占用的耕地面积。

乡村集体占地：指乡村集体新建或扩建乡村企业，兴修水利工程，修筑公路，以及建筑生产用房，办公室和生产设施用耕地，如晒场、畜棚、猪圈等基本建设而实际占用的耕地面积。

农民个人建房占地：指本年度内乡村农民兴建或扩建个人用房实际占用的耕地面积。包括住宅、畜棚、猪圈等。不论是否批准，只要已占建，都有应统计在内。但虽经批准而未建成，仍在种植农作物的耕地面积不统计为当年农民个人建房占地，也不包括占用的非耕地面积。

农业机械总动力：指用于农、林、牧、渔业生产的各种动力机械的动力之和，包括耕作机械、农用排灌机械、收获机械、植保机械、林业机械、渔业机械、农产品加工机械、农用运输机械、其他农用机械。按能源又分为柴油、汽油、电力和其他动力。总动力按法定计量单位千瓦计算。（注：1马力=735.5瓦特=0.735千瓦）

农用大中型拖拉机：指发动机额定功率为14.7千瓦及以上的专门用于农作物田间作业和以农作物田间作业为主进行综合利用的拖拉机，包括轮式和履带式两种。不包括用于森工、基建、营林等方面的拖拉机。

小型拖拉机：指专门或主要用于农作物田间作业的不足14.7千瓦的拖拉机。包括四轮拖拉机和手扶拖拉机。

农用载重汽车：指主要用于农林牧渔业生产运输的载重汽车。

有效灌溉面积：指具有一定的水源，地块比较平整，灌溉工程或设备已经配套，在一般年景下当年能够进行正常灌溉的耕地面积。在一般情况下，有效灌溉面积应等于灌溉工程或设备已经配备，能够进行正常灌溉的水田和水浇地面积之和。

（1）灌溉工程或设备已经配套，可以灌溉，但由于雨水及时或所种作物不需要灌溉等原因,当年没有进行灌溉的,应统计为有效灌溉面积。

(2)灌溉工程或设备不配套(如只有深水井,没有安装机器)、渠系不健全(如只有水库,没有修渠)、地块不平整,当年不能发挥灌溉效益的灌溉面积,不应统计为有效灌溉面积。

(3)北方地区没有灌溉工程或设备的引洪淤灌的耕地面积,不应统计为有效灌溉面积。

(4)南方地区没有灌溉工程或设备,完全靠雨蓄水的"冬水田"、"屯水田"、"望天田"、"雷响田"等水田面积,不应统计为有效灌溉面积。

(5)没有灌溉工程或设备,遇到旱年临时抗旱点种的耕地面积,不应统计为有效灌溉面积。

(6)原有的灌溉工程或设备,由于受到破坏等原因不能起灌溉作用,这部分耕地面积不应统计为有效灌溉面积。

旱涝保收面积:指在有效灌溉面积中,灌溉设施齐全,抗灾能力较强,土地肥力较高,遇到较大的旱涝灾害能保证遇旱能灌、遇涝能排的耕地面积。灌溉设施的抗旱能力和排涝能力,全国各地根据当地的气候执行不同的标准。一般抗旱能力;南方在50－100天,北方在30－50天;排涝能力达到5年至10年一遇的标准,防洪一般达到20年一遇的标准。旱涝保收面积应小于或等于有效灌溉面积。

化肥施用量:指本年度内实际用于农业生产的化学肥料数量,包括氮肥、磷肥、钾肥和复合肥。施用量要求按折纯量计算数量,即各类化学肥料的实际施用数量按其含氮、含五氧化二磷、含氧化钾的比例折成百分之百计算。

农村用电量:指本年度内,扣除在农村中的国有工业、交通、基建等单位的用电量以后的农村生产和生活的全年用电总量。包括国家电网供电和农村自办电站供电量。

农作物总播种面积:指本日历年度内收获农产品的作物播种面积之和,包括实际播种或移植有农作物面积。凡是实际种植有作物面积,不论种植在耕地上还是种植在非耕地上,均包括在农作物播种面积中。在播种季节基本结束后,因遭受灾害而重新改种和补种的农作物面积也包括在内。

农作物包括范围(1)谷物　包括稻谷、小麦、玉米、谷子、高粱和其他谷物,不包括豆类和薯类。谷类作物一律按脱粒后的原粮计算。

(2)豆类作物　是以食用种籽或及其制成品的豆科植物,包括大豆和杂豆。大豆包括黄豆、黑豆、青豆三类。产量按去荚后的干豆计算。

(3)薯类作物　包括甘薯和马铃薯。不包括芋头、木薯等。芋头一般应作为"蔬菜"计算,木薯作为其他作物计算。城市郊区以蔬菜种植为主把马铃薯产量统计在蔬菜内。

(4)油料作物　是以榨取油脂为主要用途的一类作物。种子含油率约达20－60%。包括花生、油菜籽、芝麻、胡麻籽、向日葵籽等。不包括木本油料和野生油料。花生以带壳干花生计算。

(5)棉花　不包括木棉,按去籽后的皮棉计算,3千克籽棉折1千克皮棉。棉花产量从1999年起在主产区实行抽样调查(河北、江苏、安徽、山东、河南、湖北、湖南、新疆),非主产区仍按全面统计

(6)糖料　包括甘蔗和甜菜。甘蔗以蔗杆计算,甜菜以块根计算。

(7)药材　指人工栽培的各种药材作物,不包括野生药材。

(8)蔬菜　包括菜用瓜、茭白、芋头、生姜等在内。

(9)瓜类作物　指果用瓜,如西瓜、甜瓜(香瓜)、白兰瓜、哈密瓜、脆瓜等,但不包括菜用瓜。

(10)其他作物　包括饲料作物、苇子、莲子、席草等。

(11)饲料作物　指人工栽培的主要用于喂养牲畜的作物,如苜蓿等。有些地方在饲料地上种植粮食作物,除了种植目的就是作为青饲料用的可作为饲料作物统计以外,收获主产品以后,副产品不管是否作为饲料的,仍应分别列入谷物,豆类作物,薯类等项下统计产量,不得列入饲料作物内。

粮食总产量:指全社会的产量。包括国营农场等国有经济的、集体统一经营的和农民家庭经营的产量,还包括工矿企业办的农场和其他生产单位的产量。粮食除包括稻谷、小麦、玉米、高粱、谷子、其他杂粮外,还包括薯类和大豆。其产量计算方法,豆类按去豆荚后的干豆计算,薯类(包括甘薯和马铃薯,不包括芋头和木薯)1963年以前按每4千克鲜薯折1千克粮食计算,从1964年以后按5千克鲜薯折1千克粮食计算。其他原粮食一律按脱粒后的原粮计算。

粮食统计范围大于国际上谷物范围,相当于谷物+豆类+薯类。

茶叶产量:指本年度内生产的全部茶叶产量。包括从成片茶园和零星种植的茶树以及荒芜未垦复的茶树上所采摘的全部产量。不论自食的或出售的,都应统计在内。茶叶的产量按经过初步加工的干毛茶的重量计算。由于加工毛茶的方法不同,以分为红毛茶、绿毛茶、乌龙茶、紧压茶、其他茶。紧压茶是指作紧压茶原料的茶叶产量。其他茶是上述四种毛茶之外的毛茶。

水果产量:指本年度内从果树上收获的全部水果产量。不论自食的或出售的,都应计算在内。但不包括果用瓜(如西瓜、甜瓜、白兰瓜、哈密瓜、脆瓜等)和主要作蔬菜食用的藕、西红柿等。不包括采集的野生水果。水果的产量按鲜果计算,干枣、葡萄干、柿饼、桔饼等应统一折成鲜果计算。香蕉不包括大蕉、龙牙蕉、粉蕉、西贡蕉等。

林产品产量:指从人工栽培的竹木上,不经砍伐竹木的根而取得的各种林产品数量。包括生漆、棕片、五倍子、松脂、笋干、油桐籽、油茶籽、乌柏籽、核桃、板栗等各种林木果实以及修剪竹木所获得的枝叶(如荆条、柳条、蒲葵叶)等。不包括桑叶、茶叶、水果,也不包括野生的林产品。如果某些林产品人工栽培和野生的混在一起,不易划分,则应根据它的主要来源决定其应计入林产品产量统计中还是其他农业内采集野生植物果实产量统计中,但不要两方面都算,以免重复。

林产品产量的计算方法为:

(1)油茶籽、油桐籽、乌柏籽、核桃、文冠果 按去掉果皮、外壳的干籽计算产量。

(2)五倍子 以干籽计算产量。

(3)生漆、松脂 按从树上割下来的生漆、松脂计算产量。

(4)棕片和竹笋 按干片和笋干计算产量。

(5)板栗 按除去毛荚的果实计算产量。

(6)油橄榄 按果实计算产量。

(7)紫胶(虫胶) 按原胶计算产量。

畜牧业生产

猪、牛、羊、禽等主要畜禽的存栏、出栏及产品产量。1999年畜牧调查和数据采集方式发生变化。非农户生产经营单位按全面统计的组织方式逐级上报;农户(含规模饲养农户)采取抽样调查,全部调查工作在国家调查(行政)村进行。抽中村中规模饲养农户(制定的规模养殖参照标准)要进行逐个调查。非规模饲养农户，应按随机原则，抽选 10 个有代表性的农户进行入户调查访问。同时，在调查村要建立畜牧业统计台账，并按要求定期填报有关资料。调查工作由县统计机构组织有关人员完成。

当年出栏的畜禽数：指当年（报告期内）乡村各种合作经济和农民、国有农场、机关、团体、学校、工矿企业、部队等单位及城镇居民饲养的，已屠宰或出售的全部畜禽数，包括交售给国家，集市上出售和农民自食的部分。不包括个别地区习惯吃的“烤小猪”或出口的“乳猪”。

期初（末）畜禽存栏头（只数）：指本期（报告期）期初（末），农村与城市的全部畜禽存栏头（只）数。除科学研究单位专门用于试验研究的牲畜和军马以外，农村各种合作经济组织和国营农场、农民个人、机关、团体、学校、工矿企业、部队等单位以及城镇居民饲养的各种畜禽，不分大小、公母、品种、用途一律包括在内。专业运输组织的运输用牲畜也应包括在内。但商业部门库存的和运输途中的活牲畜不进行统计。

肉类总产量：指当年出栏并已屠宰的畜禽肉产量，即屠宰后除去头蹄下水后带骨肉的重量，也叫酮体重，通过抽样调查制定全省统一标准。

牛奶产量、羊奶产量：指全社会产量。包括出售给国家、农贸市场交易和农牧民自食部分。无论是纯种牛、杂种牛、黄牛或兼用牛产的奶；无论是奶山羊、绵羊或其他改良羊所产的奶都要计算为产量。牛犊、羊羔直接吮食部分，不统计产量。

细羊毛：指细毛及其改良羊所产的羊毛量。

半细羊毛：指半细毛羊及其改良羊所产的羊毛产量。

禽蛋产量：指鸡、鸭、鹅三种家禽的禽蛋产量，包括出卖和农民自食以及种蛋。

蚕茧产量：指本年度内生产的全部蚕茧产量，无论自用的或出售的，都应计算在内。在计算产量时，要把土茧、改良茧和种茧包括在内，桑蚕茧、柞蚕茧均按鲜茧计算，木薯蚕茧和蓖麻蚕茧等的产量均按茧壳的重计算。

渔业生产

水产品产量：指当年捕捞的水产品（包括人工养殖并捕捞的水产品和捕捞天然生长的水产品）产量。

海水产品产量：指从海洋和海水养殖水域中捕捞的海水产品产量。包括海水中的鱼类、虾蟹类、贝类、藻类。

内陆水域水产品产量：指淡（咸）水湖泊、水库、河沟和池塘以及其他内陆水域内捕涝的水产品产量。包括鱼类、虾蟹类、贝类，不包括淡水水生植物。

养殖产量：指从海水养殖面积和内陆水域养殖面积中捕捞的产量。

捕捞产量：指捕捞天然生长的水产品产量。

农林牧渔业总产值：指以货币表现的农、林、牧、渔业全部产品的总量，它反映一定时期内农业生产总规模和总成果。农业总产值的计算方法通常是按农业林牧渔业产品及其副产品的产量分别乘以各自单位产品价格求得；少数生产周期较长，当年没有产品或产品产量不易统计的，则采用间接方法匡算其产值；然后将四业产品产值相加即为农业总产值。

1957 年以前的农业总产值中包括了厩肥和农民自给性手工业（如农民自制衣服、鞋、袜，自己从事粮食初步加工等）。1958 年及以后的农业总产值，林业中增加了村及村以下竹木采伐产值；牧业中取消了厩肥产值；副业中取消了农民自给性手工业产值，增加了村及村以下办的工业产值；渔业中增加了海洋捕捞水产品产值。1980 年及以后的农业农业总产值，在副业中增加了农民家庭兼营工业商品部分产值。从1984年起村及村以下工业产值划归工业。从1993年起取消副业，将野生动物的捕猎划入牧业、野生植物采集和农民家庭兼营商品性工业划归农业。

1996年第一次农业普查以后，由于畜牧业产品产量年报数据与普查数据之间存在一定的差距，国家统计局农调总队对畜牧业年报数据与普查数据进行了衔接，相应的畜牧业产值进行了调整。